你所不知道的美国

[法] 帕特里克·波诺 著
X先生 金迪 译

時代文艺出版社

图书在版编目（CIP）数据

你所不知道的美国 / （法）帕特里克 · 波诺　X先生著；金迪译.
—长春：时代文艺出版社，2015.12（2018.1重印）

ISBN 978-7-5387-4828-4

I. ①你…　II. ①帕…　②金…　III. ①美国－概况　IV. ①D771.2

中国版本图书馆CIP数据核字（2015）第210492号

出 品 人　陈　琛
产品总监　郭力家
责任编辑　方　伟
助理编辑　胡　军
装帧设计　孙　利
排版制作　杨纪云

吉林省版权局著作权合同登记　图字：07-2015-4504号

你所不知道的美国

[法] 帕特里克 · 波诺　X先生 著　金迪 译

出版发行 / 时代文艺出版社
地址 / 长春市泰来街1825号　时代文艺出版社　邮编 / 130011
总编办 / 0431-86012927　发行部 / 0431-86012957　北京开发部 / 010-63108163
官方微博 / weibo.com / tlapress 天猫旗舰店 / sdwycbsgf.tmall.com
印刷 / 三河市京兰印务有限公司
开本 / 710mm × 1000mm　1 / 16　字数 / 227千字　印张 / 17.75
版次 / 2015年12月第1版　印次 / 2018年1月第2次印刷　定价 / 48.00元

图书如有印装错误　请寄回印厂调换

目录

献给永远离开我们的路易！

1 阿尔伯特·爱因斯坦
——联邦调查局的眼中钉

除非我们假装不知道他，否则我们不会忘记他，他就是——爱因斯坦。他是全世界最著名的科学家，被美国的《时代》杂志称为20世纪的重要人物。从某种程度上来说，他也是一位政治家，因为他完全介入到社会政治中，从反对纳粹主义到反对美国的种族隔离，他参与所有反对宗派性的斗争并支持所有正义的斗争。

爱因斯坦是一位人道主义者。他主张建立一个世界政府来结束战争，他认为消除压迫的唯一途径就是建立一个社会主义社会。他说，在这个社会中，教育制度将以智力发展规律为指导。

爱因斯坦是一位和平主义者。他在1930年写过这样一句话："如果一个人能从伴随着军乐旋律走在队伍的方阵中获得快乐，单凭这一点，就足以让我鄙视他。他错长了一颗脑袋，一根脊梁骨就够他用的了。"加入了美国国籍的爱因斯坦曾给罗斯福总统发出过警告，让他警惕希特勒的科学家们在核方面的进展，这也间接成为爱因斯坦研制原子弹的原因。

根据新近的解密文件，我们得知，爱因斯坦的这些"介入行为"给他招来了种种恐吓，并使他成为联邦调查局密切监视的对象。联邦调查局的终身老大埃德加·胡佛（Edgar Hoover）[1]为了驱逐他出境，一直在秘密行动。作为一名犹太人、外国人和“极左”分子，爱因斯坦很自然地成为埃德加·胡佛的眼中钉，为了干掉爱因斯坦，埃德加想尽了一切办法。

阿尔伯特·爱因斯坦（Albert Einstein）从来没有放弃过他的思想。他绝不是那种性格古怪、有点异想天开又对世事漠不关心的科学家，而是每当有伟大事业需要他时，他总是义无反顾地走出他的象牙塔。爱因斯坦18岁时就从他就读的中学（Gymnasium[2]）中逃出，因为年轻的爱因斯坦无法忍受这些旨在培养国家精英的教育机构里近乎军事化的管理和纪律。当时俾斯麦统治下的德国要服兵役，为了避免服兵役，爱因斯坦逃离了德国。

于是，反对军国主义的爱因斯坦在瑞士定居下来了。他首先进入苏黎世联邦理工学院学习，后来就职于伯尔尼专利局，并取得了瑞士国籍。这份在专利局不起眼的工作让爱因斯坦有时间来思考和学习。在这一时期，他撰写了5篇震惊物理学界的论文，1905年论述了狭义相对论，之后又对光的性质提出了新的定义。10年后，爱因斯坦把这些理论发展成为广义相对论。

很快，这位物理界的无名小卒就声名鹊起，并在大学里获得了显赫的职位。第一次世界大战爆发前，当时德国最有名的科学家之一——马克斯·普朗克（Max Planck），为爱因斯坦在柏林提供了一个教授职位。爱因斯坦接受了这一职位，但是很快，他就和他的新同事们划清界限，因为他的大部分同事都支持战争政策，是帝国的扩张主义者。

1 参见第6章——作者注。（编者按：本书注释若无特殊说明皆为作者注）。
2 德国的教育机构，相当于我们的中学。

一战爆发期间，爱因斯坦公开呼吁和平，还起草了一份《告欧洲人民书》。这让他被德国的科学家团体排斥在外，但这丝毫没有影响爱因斯坦继续为和平付出努力。一战后，他的广义相对论的理论通过实验，得到了一些英国科学家的认可。没过多久，值得一提的是，尽管有部分德国科学家对他充满了敌意，但爱因斯坦仍然获得了诺贝尔物理奖。

获得诺贝尔奖之后，随之而来的是巨大的荣誉和国际知名度。很快，爱因斯坦就成了科学界真正的明星，他占据了世界各大报纸的头条。有意思的是，那些颂扬他的人大部分几乎理解不了他的理论。

所有的人都想见爱因斯坦，不管他到哪里，都会受到英雄般的礼遇。他那科学怪人的形象毫无疑问让他更受欢迎：蓬乱的头发，嘴里叼着烟斗，穿着没有型的套头衫，戴着不像帽子的帽子。很多方面，他都像极了向日葵教授（《丁丁历险记》中的人物，行为古怪，有点神经质——译者注）。

然而，这位被狂热追捧的科学家却想利用他的名望来宣传他的政治思想以及人道主义精神。他不仅继续坚持不懈地在每次公开露面的场合为和平布道，而且还揭露世界各国涌现出的越来越多的专制制度。因此，他谴责日本对中国的入侵，并且，由于被富兰克林·罗斯福的社会改革计划所迷惑而极力赞成其当选美国总统。

1932 年，当爱因斯坦在美国受到隆重而热烈的欢迎时，他毫不犹豫地在那里宣传他的思想。然而，就是在美国，他第一次遭受了猛烈的抨击。抨击的发起者是由美国悍妇组成的一个协会——爱国妇女运动，这是一个既反对女权主义又反对社会主义的组织。该组织指责爱因斯坦是一个树立了坏榜样的外国人：因为他是一个反对军队、敌视权威的和平主义者，而且已经到了鼓励服兵役者拒绝服兵役的程度。这些妇女视他为异教徒、颠覆分子和无政府共产主义者！

这些接二连三发生在美国的指控，是由在美国南部十分活跃的极右运动发出的，掩饰了强烈的反犹太主义。而在大西洋的另一边，同样存在反犹太主义。在法国，爱因斯坦成为反犹太主义极右派嘲讽的对象，他们利用人们无法理解相对论来嘲讽相对论。

路易·费迪南·塞利纳（Louis-Ferdinand Céline）[1]：

无论是哪个雅利安流浪汉，就算他喝得烂醉躺在呕吐物中，他身上的一个腐烂的脚趾甲，不论如何，不管何时，都要胜过站在耀眼的荣光中的爱因斯坦千倍万倍。

需要指出的是：这些反对妇女参政的美国妇女们对爱因斯坦指控的主要内容也同样出现在后来联邦调查局调查爱因斯坦的档案中。爱因斯坦对此只是一笑置之，他在《纽约时报》的首页上嘲笑这些警惕心强的女公民们，还不忘开玩笑说过去罗马就是被一群忠诚的鹅的嘎嘎叫声拯救了。不管怎样，这件事丝毫没有动摇爱因斯坦为他认为是正确的事做斗争的决心。

然而，再次被邀请去美国，爱因斯坦必须在美国驻柏林领事馆那里接受一场真正严格按照手续进行的审讯，证明爱国妇女们的事是有迹可循的。

可是爱因斯坦拒绝回答大部分问题，绕过了这件事，最终成功脱身。也许拒绝这位世界上最有名的科学家进入美国是一件十分困难的事情。于是，爱因斯坦于1933年初离开了德国，之后再也没有回去过。他到达加利福尼亚刚刚一个月，就得知纳粹掌权了的消息。身为犹太人又是和平主义战士，爱因斯坦很自然地成为纳粹迫害的对象：听命于纳粹的德国媒体群起反对爱因斯坦，并且他的财产也被没收了。此后，爱

---

1 引自哈尔夫·斯科尔（Ralph Schor）的《法国三十年代期间的反犹太主义》，康普莱克斯出版社，1991年。

因斯坦再也不可能回到柏林了。

然而，爱因斯坦为了搞清楚德国的形势，又回到了欧洲，回到了比利时。当他明白希特勒正牢牢地把持着政权时，他又回到了美国，并且在1940年成为美国公民，可是却没有放弃他的瑞士国籍。

移居美国的爱因斯坦不想放弃他的言论自由。尽管他支持罗斯福当选总统，但在他认为必要时，他还是会毫不犹豫地指责罗斯福。在20世纪30年代，有两件事一直萦绕在他心头，激起他的愤慨。首先是美国不愿意接收被盖世太保登记在册的德国犹太人，借口是这些人中可能有共产党。爱因斯坦也经常指责美国政府对纳粹当局的反犹太主义定罪太轻。事实上，当时有一些商人，像乔·肯尼迪（约翰·肯尼迪之父），还有一些企业家，像亨利·福特，都赞成希特勒的政策。

爱因斯坦对美国在西班牙内战中保持中立的态度也同样不满。他认为华盛顿有义务去帮助合法政府，也就是西班牙共和政府。而罗斯福却下令向西班牙共和军禁运武器。爱因斯坦对此是极力反对的，并竭力援助由大约2800名美国人组成的阿罕拉伯·林肯作战队，这支作战队与西班牙共和军一起并肩作战，成为国际纵队的一部分。

爱因斯坦此举给联邦调查局的档案提供了资料：对于1938年新成立的反美活动调查委员会来说，所有支持西班牙共和党的人必然都是共产党。从那时起，爱因斯坦就成为联邦调查局的老大——埃德加·胡佛的监视对象。

弗雷德·杰罗姆（Fred Jerome）[1]：

在刚到美国的那些年，爱因斯坦就欧洲所发生的事对罗斯福的政策

1 美国历史学家，2000年接触到联邦调查局关于阿尔伯特·爱因斯坦的档案。他以此写出一本书，这本书也是爱因斯坦十分详尽的传记：《爱因斯坦——联邦调查局眼中的叛徒》，Frison-Roche出版社，2005年。

多次表现出不满。即使每次主题不同，但问题的本质是一样的，即富兰克林·德拉诺·罗斯福反对纳粹主义到何种程度？爱因斯坦支持犹太难民的行为让他经常与当局不和。罗斯福政府的移民政策，至少部分是，要拒犹太人于国门之外的。国务卿科德尔·赫尔（Cordell Hull）认为柏林是抵御莫斯科的壁垒，拒绝接受那些要他揭露纳粹的反犹太主义的迫切要求。1933年，当美国犹太人大会的一个代表团请求他发表公开声明时，他说收到的美国驻柏林大使馆的电报"似乎没有表现出严重的局势"。然而，他并不是完全沉默的。他对有关"所谓的犹太人在德国遭受的虐待"的报道中他称之为"对恐怖和暴行的夸张报道"提出了批判。

联邦调查局对爱因斯坦的敌视一直都是秘而不宣的，从来没有公然表现出来，但这种敌意势必将会导致严重的后果。1939年夏天，爱因斯坦受一所享有盛名的科研机构的邀请来到普林斯顿，在那里他受到改变了他的一生也同样改变了人类历史的一次拜访。拜访他的人叫利奥·西拉德（Leo Szilard），是一位杰出的匈牙利物理学家。这两位科学家之前就见过面并彼此欣赏对方。利奥·西拉德曾经在柏林求学，与德国科学界一直保持联系，他刚刚得到了一些令人担忧的消息，想把这些消息紧急告知爱因斯坦。

西拉德得知的消息是：刚刚侵入捷克斯洛伐克的德国想占有从捷克矿场里提取的铀。毫无疑问，这意味着希特勒已经启动了研制原子弹的计划。

爱因斯坦从事的工作正好让他知道这一计划是可实现的，因为他的理论成果和他著名的方程式 $E = MC^2$ 表明物质可储存巨大的能量。即使他离这方面的研究有一定距离，但他不是不知道一些欧洲科学家，比如恩里科·费米（Enrico Fermi）和弗雷德里克·约里奥（Frédéric

Joliot)，刚刚通过实验证实铀的裂变释放中子，因此可以通过链式反应产生能量。

第二次世界大战前夕，这一目标的实现近在眼前。这就是为什么西拉德告知他的好友爱因斯坦反法西斯阵营必须尽快动员起来反对德国的研究，因为如果希特勒第一个拥有这一强大武器，那他会成为世界的主人！

因此，爱因斯坦被督促利用他的巨大名气去说服罗斯福总统尽快启动核研究项目，尽管当时美国尚未处在战争中。让爱因斯坦懊恼的是，他原本希望罗斯福能与英国联手更早着手此事。

这位深入人心的和平主义者鼓吹制造最具有破坏性的军事导弹，无论如何这是一件令人吃惊的事。这件事让很多和平主义者都指责他。然而，爱因斯坦，他首先想到的是避免纳粹主义带来的危险，必须不惜一切代价去消除的危险。他甚至后来还在美国海军部参与了一些研究爆炸物的工作。

于是爱因斯坦给罗斯福写了一封长信，信中他表明了他的担忧，并鼓动罗斯福总统启动核试验项目。这件事并没有立即商定，因为那些美国物理学家们丝毫没有预料到制造原子弹的可能性。

阿尔伯特·爱因斯坦[1]：

总统先生：

最近，费米和西拉德两位教授曾把他们的一些研究报告，以手抄本的形式送交我们。这些报告使我们深信：不久的将来，铀将成为一种新的并且是极为重要的能源。根据目前某些方面的情况来看，我们政府应该在这方面及时警觉，同时，在必要时得采取迅速行动。因此，我认为

1　该信是1939年8月2日爱因斯坦写给罗斯福总统的，旨在敦促他启动原子弹的研究。

有责任提醒您注意下列的一些事实以及我的建议：

在过去的四个月，由于法国的约里奥和美国的费米及西拉德的努力，使得在大量的铀中能够引起一种链式核反应，大有实现的希望。在这种反应中，能产生极大的能量，同时也会产生大量新的像镭一样的放射性元素。现在我们几乎可以确定，在不久的将来就能完成这种反应。这种新现象同时也提示我们，可以制造一种新型炸弹。虽然把握较小，但这种想法还是可信的。一颗这样的威力极大的新型炸弹，可用船舶将它运送到一个港口，并予以引爆。它的力量足够炸毁整个港口四周的一些地区。

纳粹在欧洲日益猖狂的军事行动——先是入侵比利时，接着入侵法国——最终说服了罗斯福总统。此后，罗斯福积极主动地推出“铀计划”，而该计划的基金仅仅只有几千美元。这导致爱因斯坦和他的朋友西拉德再次提笔劝说总统于1941年成立国防科学委员会，该委员会就是拟定在洛斯阿拉莫斯设计和制造原子弹的“曼哈顿计划”的机构。

该计划汇集了众多欧洲和美国的科学家。当然，这些被召来为美国军方秘密工作的科学家们必须经过精心挑选。因此，美军的情报部门事先进行了一些调查并要求联邦调查局的合作。当调查到爱因斯坦时，联邦调查局出示了他的档案。内容包括妇女爱国者们的无聊编造，以及爱因斯坦支持西班牙共和党人和犹太人的介入行为。因此，他们断定爱因斯坦是一个危险人物，根据他的信仰，他极有可能是一个向苏联提供情报的地下共产党。

尽管缺乏证据，爱因斯坦还是被排斥在“曼哈顿计划”之外了，虽然他是该计划真正的倡导者。因此，虽然爱因斯坦并没有参与研制原子弹的工作，但是有人长期声称爱因斯坦对原子弹的构想负有责任。不管是爱因斯坦，还是所有那些参与“曼哈顿计划”的人都没有想到会真的使用原子弹，他们最多认为原子弹具有威慑作用。证据是：这些科学家中有许多人被投放的两枚原子弹的可怕后果吓坏了，当爱因斯坦在二战后发起创建原子能科学家紧急委员会时，他们和爱因斯坦站在了一起。

当此之际，爱因斯坦要求核武器必须要由美国、英国和苏联三国组成的国际机构控制。然而，美国军方小心翼翼地看守着他们的原子弹，没有丝毫想分享的意图。而且，在苏联，爱因斯坦此举也并不是太受欢迎：苏联想拥有他们自己的原子弹。苏联的想法于1949年成真，这得益于间谍活动。

战争结束后，爱因斯坦依然是联邦调查局监控的在选目标。由于冷战已经开始，爱因斯坦不再满足于为和平布道，从而开始拥护另一项事业：为反对私刑而斗争。这里的私刑通常是种族主义者对非裔美国人施以的私刑。1946年，美国南部各州发生了一次史无前例的暴力浪潮，有50多名黑人被私刑处死。黑人们开始奋起反抗，经过二战中的斗争，他们决定不再忍受种族隔离和种族歧视的屈辱。由于地方当局采取被动态度甚至还和三K党暗中勾结，三K党的杀手们也开始行动起来。

在这次反对种族主义的斗争中，爱因斯坦和罗斯福的妻子埃莉诺聚在了一起。埃莉诺也是埃德加·胡佛的眼中钉，胡佛提到埃莉诺只会称她为“老猫头鹰”。胡佛对埃莉诺的厌恶之情在大战期间埃莉诺站在她的丈夫身边指控联邦调查局变成了盖世太保时变得更加强烈。

无论如何，由于支持这项新的事业，爱因斯坦加重了自己的案情。胡佛从来没有真正掩盖自己是种族主义者的身份——当他后来反对马丁·路德·金时，我们就能看出这一点。事实上，胡佛认为黑人受共产党特工的操控而制造反对种族主义的混乱局面，给美国的国内安全带来危险。

麦卡锡主义的兴起为爱因斯坦抗议猎巫——旨在猎杀共产党或者是那些仅仅被怀疑同情共产党的进步主义人士——提供了一个新的理由。

在这一时期，有一些人受到参议员麦卡锡的怀疑并被传讯到反美活动调查委员会。因此，当得知爱因斯坦建议一位年轻的教授通过援引宪法第一修正案拒绝回答委员会的问题时，麦卡锡大发雷霆，公开宣称爱因斯坦是美国的敌人。

尽管爱因斯坦反对麦卡锡的猎巫，但是他还是安全的：没有人敢直接对付他。然而在暗处，胡佛一直在等待时机。虽然爱因斯坦拥有美国国籍，但是胡佛想将他驱除出境。对于这位联邦调查局的老大来说，爱因斯坦仍然是一位不受欢迎的外国人。联邦调查局在没有得到司法部门许可的情况下，秘密监视爱因斯坦的一举一动，包括监听电话和监视邮件。

胡佛不仅相信这位科学家是一名危险的活动分子，还声称爱因斯坦是共产党间谍。他是真的这样认为的吗？他坚持这种观点会不会是为了达到驱除爱因斯坦出境的目的呢？胡佛是足够奸诈的，他完全可以假装相信这些并收集一些虚假证据来证实自己的猜疑。所以，当克劳斯·福克斯案件曝光时，他不能不庆幸。

福克斯是一位参与了“曼哈顿计划”的德裔英国科学家，他向苏联泄露了机密，这些机密或许让苏联在核研究上节省了宝贵的数年时间。福克斯的叛变一经发现，联邦调查局就在曾经在洛斯阿拉莫斯国家实验室工作过的科学家中开始了一场真正的猎谍活动。尤其是奥本海默，这位美国原子弹制造的真正领导者长期受到怀疑，并为此失去了“国防机密”特权。

但是，胡佛显然加大了火力对准爱因斯坦，因为他企图排除万难证明这位相对论之父是福克斯案件的幕后主谋。胡佛和长期监视爱因斯坦的联邦调查局特工逐渐认为福克斯被招募到洛斯阿拉莫斯国家实验室是由于爱因斯坦的一封推荐信，因此爱因斯坦是故意派一名苏联间谍到洛斯阿拉莫斯国家实验室的。于是，联邦调查局力图证实福克斯和爱因斯坦之间有联系——除了这两位科学家都是来自德国的之外。

然而，这项任务并不容易，因为这项调查依然需要保持高度机密。比如，为了避免丑闻，是不会考虑向爱因斯坦的朋友打听情况的。尽管爱因斯坦是一名政治立场和美国的主张对立的人道主义者，但是这丝毫没有影响到这位科学家的受欢迎程度。联邦调查局继续对爱因斯坦进行全方位的调查。胡佛警告全美国的军队情报部门和联邦调查局所有的办公室注意监控爱因斯坦，他甚至还求助于某些匿名证人。

功夫不负有心人，胡佛得到了第一条有价值的情报：爱因斯坦的儿子小阿尔伯特很有可能在苏联。这就让人怀疑爱因斯坦也许是被苏联要挟或逼迫的。可是，后来的调查推翻了这一猜测：爱因斯坦从来就没有过一个叫阿尔伯特的儿子。他的两个孩子，被确定从来就没有去过苏联。

根据其他消息，可能是福克斯的父亲说出他儿子被洛斯阿拉莫斯国家实验室招募是通过爱因斯坦的推荐。而这一线索被证实是假的：在《华盛顿邮报》的记者的询问下，福克斯的父亲否认了这一说法。

因为这件事，爱因斯坦最终知道了自己在被调查。尽管他有科学家们都有的那种漫不经心，但是他还是觉察到了一些监控手段，知道自己在被监控。比如，他知道自己的电话在被窃听。然而，因为他没有什么好隐瞒的，所以他觉得这很好玩！

紧接着，间谍福克斯的姐姐也被怀疑了，因为她坚持认为她的弟弟是得益于爱因斯坦的推荐。然而，对于联邦调查局来说很不幸的是，他们很快发现这位女人得了精神分裂症。

至于福克斯本人，他完全否认和爱因斯坦之间有任何接触。因而联邦调查局必须承认他们弄错了。

可是胡佛并不承认自己失败了，他仍然确信爱因斯坦是一名共产党。调查爱因斯坦的特工清查了 70 个得到爱因斯坦支持的协会组织，从西班牙的保卫自由委员会到美苏友谊协会。对于联邦调查局来说，这些都是搞颠覆破坏的协会组织。战前，爱因斯坦是法西斯受害者国际救援委员会的一分子。该委员会是由一位名叫威利·米森贝格（Willy Müsenberg）的共产国际的成员创建的。威利·米森贝格是一位杰出的宣传者，他召集了一些很有名望的知识分子，这些知识分子通常都不是共产党。然而威利·米森贝格后来被斯大林的手下肃清了。胡佛对此却不管，依然认为属于该委员会就是爱因斯坦与共产党有牵连的铁证。

作为有信念的社会主义者，爱因斯坦对莫斯科的极权主义政权没有丝毫的好感。在这一方面，爱因斯坦曾强烈指责苏联的人民之父（指斯大林——译者注）的反犹太主义，特别是“医生案件”发生时，那些犹太医生在斯大林死后才得救。但这也并没有使胡佛停手，在福克斯案件上失策后，他继续通过各种手段证明爱因斯坦是共产党的间谍。

胡佛甚至还想证明在爱因斯坦来到美国之前，曾与德国共产党甚至苏联情报部门有联系。因为如果爱因斯坦在进入美国时对他的过去说过谎，他就很容易被驱逐出境了。为此，需要去德国调查：联邦调查局请求美军情报部门——陆军参谋部二部调查他发现的信息。美军的地面部队在德国的西部。当然，美国军方对此并不是太有热情，但在联邦调查局无所不能的老大面前不得不低头答应。

发现到的第一条线索表明，爱因斯坦在柏林的住所可能充当了为苏联间谍服务的信箱。该信息来源于一位老共产党，之后又归附于第三帝国（即纳粹德国）的安全部门，但是这个人一直执拗地拒绝做证。很快，这条信息也被证实完全是瞎编的。

联邦调查局接着又对另外两名假证人感兴趣：一个是谎话连篇者，另一个人是去了西方的共产国际的老成员。这两个人提供的信息后来被证实比前面的消息更不靠谱。最终，由于麦卡锡主义走向没落，联邦调查局关闭了爱因斯坦的档案。从联邦调查局在爱因斯坦这件事上花费的精力来看，胡佛毋庸置疑失败了。然而，在美国的保守派和极右派中，有很多人仍然相信这位相对论的发明者是一位伪装了的共产党。

至于爱因斯坦，一直到1955年，他生命的尽头，都一直在满足那些请求他帮助的人，只要他认为他们所做的事是正确的。

尤其是，爱因斯坦真心又审慎地支持犹太复国主义者。虽然他赞成建立希伯来语国家，但是他又担心那些领导者们成为民族主义者，又对霸权有欲望。因此，当人们在1952年让他当以色列总统时，爱因斯坦拒绝了。后来，他对他的继女说出了理由："如果我当了总统，那在某个特定的时刻，我就必须要对以色列人说他们不想听的话了。"

十分奇怪的是，爱因斯坦案件在1998年又重新浮出水面。这一年，著名的苏富比拍卖行推出了9封爱因斯坦写给他的其中一位情人的情书。玛加丽达·科涅库娃（Margareta Konenkova）是苏联人，是一位雕塑家的妻子，这位雕塑家在战前为爱因斯坦雕刻过一个半身铜像。虽然曾有人指控说爱因斯坦厌恶女性，但是爱因斯坦是非常喜欢这位美女的。几年后又重新遇见玛加丽达时，爱因斯坦与她开始了交往。然而，据著名的苏联情报人员帕维尔·苏多普拉托夫（Pavel Soudoplatov）称，玛加丽达可能与克格勃有关。她甚至还可能承担着让那些科学家聚集在普林斯顿的使命，其中包括爱因斯坦。只是，历史学家的研究让人对这位苏多普拉托夫先生的可信度还是产生了怀疑。

2 卡洛·图奥米——双面间谍

对于情报人员来说，他们是“非法人员”。这些人是在国外从事情报活动而没有外交掩护就潜入当地社会的特工。其实，这种称号通常是被用来表示那些秘密潜入西方国家的克格勃的情报人员以及东欧国家的情报人员。但是显然，在铁幕国家也有“非法人员”。冷战的结束当然并没有结束各国的情报侦察，特别是在经济情报变得越来越重要的时期。

我们要说的这位“非法人员”叫卡洛·图奥米（Kaarlo Tuomi）。尽管无论在东方国家还是在西方国家，都有很多档案解密了，但是时至今日，他依然还是一个谜一般的人物。他到底是什么人？他真正的使命是什么？他是一位双面间谍吗？他真正背叛的是谁？是美国还是苏联？还是两者兼而有之？

在间谍身上通常都有一个难以发现的弱点。这个弱点可以解释为什么他们从事地下工作或者说为什么他们能被情报部门招募。也许是一个被隐瞒的罪行，一段不可告人的过去……

那么，卡洛·图奥米究竟犯了什么过错让自己要为克格勃效命呢？

卡洛·图奥米的生平资料引发的问题比它提供的答案还要多。正如他的姓：图奥米的真名其实是鲁道夫·罗伯托维奇·萨斯塔莫宁（Rudolph Robertovitch Sastamoinen）……他为什么要改成图奥米这个姓呢[1]？

图奥米，人们一般这样称呼他，出生在一战期间美国的一个芬兰移民团体中。这个团体中的流亡者都是来自卡累利阿。卡累利阿是当时的俄罗斯和长期统治芬兰的瑞典之间激烈争论的一个边境省份，第二次世界大战结束后，被苏联吞并。

小图奥米跟他的母亲和继父生活在一起。他的继父是一位意志坚定的共产主义战士，他的意志坚定到在20世纪30年代初期带着他的全家去了苏联。自然，图奥米和他的家人在已经并入苏联的卡累利阿定居下来。

他们轻松地取得了苏联国籍。然而，在斯大林大清洗运动期间，图奥米的继父被抓，而且可能被流放到西伯利亚了，他们再也没有见过他。为了养家糊口，卡洛·图奥米当起了伐木工人。第二次世界大战来临之际，他被动员加入了红军，对抗纳粹德国的盟友芬兰。

在这场对抗自己同胞的战斗中，很可能就能找到间谍图奥米的短处。

在战争中图奥米被俘了，战争结束后他重新找回了自由。斯大林对待被敌人俘虏过的红军士兵尤其不那么温情。很多被俘士兵都被当作叛徒对待，直接被送往古拉格集中营了。而图奥米，却是落网之鱼！克格勃，也被称为MGB（国家安全部），也许早已注意到这位出生于美国，了解美国并会说英语的公民了。或许图奥米愿意成为一名情报员，又或许他不想去西伯利亚，总之，图奥米没有犹豫太久就成了克格勃的一名特工了。

---

1 图奥米（Tuomi）与图奥尼（Tuoni）很接近，图奥尼在芬兰语中是死亡之神的意思。

关于图奥米被招入克格勃还有另外一个版本：这位年轻人可能因一起偷窃案件受到牵连，是克格勃布下的陷阱……

苏联中央早已想让他成为“非法人员”？他具有当“非法人员”的素质条件？

在苏联情报部门内部，一些“非法人员”成了一种贵族。当那些真正的英雄重返苏联领土时，就会受到贵族般的待遇。他们会被授予勋章，他们的照片会被挂在克格勃大楼里面，并且还可以住在舒适的别墅里。但是这一切都是他们应得的：这些特工们在得到大干一番表现自己的许可前经受了太久的考验。

他们意识形态的可靠性是通过克格勃交给他们的小任务来衡量：比如监视一些政治立场容易偏离主流的公民。图奥米要完成任务的地点在基洛夫，一个位于莫斯科北边1000公里的城市。为了提高他的英语水平，交给他的任务是监视他的大学同学和老师，并要告发那些思想上不正确的人。这种告密的任务也是为了训练那些候选者。因为当你开始答应做这些卑鄙的事时，就很难停止或拒绝做下去。克格勃在这方面可是行家能手。

附带说一下：在基洛夫，图奥米遇见了一位叫妮娜（Nina）的女人，他和她结了婚并生了三个孩子。克格勃十分赞同此事，因为一个结了婚的特工被派到国外后，就有了牵制他的线了。事实上，苏联中央永远担心自己的“非法人员”们受到西方生活方式的诱惑而最终变节。

图奥米是一个聪明的讨人喜欢的并且记忆力超强的小伙子，让他的雇主很是满意。正因为如此，克格勃提拔了他：他被任命为英语系的助教。图奥米的生活条件变得更好了。同时，他开始了他的特工培训。他要学习那些常用的技术：“死信箱”系统、跟踪和反跟踪、信息加密、隐形书写等。但是，最关键的是要编一个“故事”，也就是要造一份假履历！

因此，对于图奥米来说，过去的一切都需要编造，尤其是要填补他刚到苏联那几年的空白。苏联的情报部门和其他的东方国家的情报部门一样，都在系统地搜寻那些破产的企业或者是那些档案丢失了的企业。他们也同样标记出那些被摧毁的企业大楼，或者那些在欧洲因被炸毁而丢失了民事登记资料的市政厅。有了这些资料就可以重建新的所有的身份证件，但是这还是不够，作为未来的"非法人员"，除了要熟练掌握将被派往国家的语言之外，还要完全融入当地的生活：传统、习俗、服饰、饮食、文学、宗教等。在这一方面，克格勃拥有一些在国外生活过多年的老师以及一些影片，能让特工熟悉他将要寄居的国家的生活。

这种细致的培训将要持续至少三年时间，对于将要到未知世界生活的人来说十分有用。

一旦在国外定居下来，"非法人员"的第一项任务是要不被人注意并要融入社会。因此，他被要求广结人缘，常去教堂、俱乐部等地方，以便确认出能给他向苏联提交有用信息的人员。他要和与他交往的那些人相处得越来越融洽，甚至当他们身处困境时，他还要向他们提供帮助。比如，当他们遇到金钱方面的困难时，"非法人员"要借钱给他们来帮他们摆脱困境。

紧接着，如果这名"非法人员"做得令人满意的话，他能成为管着一些招募进来的特工的小官。至于女性关系方面，并不禁止"非法人员"与女性发生关系，如果那些女性能让他获取一些信息就更好了。但是规定了他只能选择成年的单身女性，尤其是要避免和她们产生感情。

在漫长的培训期间，图奥米让他的上级十分满意。但是他还没有熬到头：他必须比他预想的要更早地去西方……情况十分紧急。

热诺乌法·埃蒂安纳（Genovefa Etienne）和克劳德·莫里克（Claude Moniquet）[1]**：**

“非法人员”，通常都是在上学期间被招募的，为了避免暴露身份，他从来不会去上正规的情报学院。他会单独在克格勃的秘密公寓里上一些课程，这些课程会经常因频繁去国外小住而打断。去国外是为了让他的“故事”更可信，也是为了慢慢让他适应他将来要生活的环境。接着，“非法人员”要在安排给他的目标国家里住下来，在他的岗位上一待就是好几年，甚至几十年。然后，他就要开始一段“真实的”生活，与所有苏联机构不能有任何公开的联系。他甚至还要消除他脑子里自己是苏联人的想法（也有一些“非法人员”不是苏联人。克格勃也会例外招募一些特别擅长这种工作的外国特工）。他的目标通常是与他所驻国家的情报部门或国家机构相关的，这些目标由他自己去实现或者通过操纵其他特工来实现。他受克格勃“S部门”（即第一总局对外情报侦察部门——译者注）的指挥，“S部门”为“非法人员”提供后勤和技术支持，并为那些被派到驻地属于“N线”的情报官员提供资金。（《对“非法人员”的支持》）

在20世纪50年代，苏联在美国的情报工作受到重挫。鲁道夫·阿贝尔（Rudolf Abel）［真名叫费舍尔（Fischer）］，苏联最优秀的“非法人员”之一，他指挥的“原子弹间谍”网让苏联在1949年研制出第一枚原子弹，他因另一名间谍的背叛而被暴露身份。或许是巧合，这个告发他的人叫海罕南（Hayhanen），也是来自芬兰，他的父母和图奥米的父母一样，也是离开美国来到苏联生活。

然而，图奥米和维克（Vik，维克是海罕南的代号）的特点完全不

---

1 《世界间谍史》，Editions du félin 出版社，1997年。

同。维克是一个喜欢寻欢作乐的人，经常花天酒地，而图奥米却是一个有节制的人，过着规规矩矩的生活。

这次重挫之后，联邦调查局逮捕了阿贝尔并加强了安全措施，克格勃不得不重新建立一个新的间谍网。这就是为什么图奥米收到了紧急去往美国的命令，但他并不是当时唯一一个被派往美国的“非法人员”。诚然，他并没有学完他的特工培训课程，可是，他熟悉美国，即便他少年时期离开了美国，他的“故事”已经编好了。

为了尽快真实地贴合人物，避免可能出现的意外，图奥米扮成一名美籍芬兰人。而且，他强壮的身体和金色的头发都很符合这个人物。按他编造的故事，他出生于密歇根州，这个地方是他青少年时期的的确确生活过的地方。至于他的名字，即使会让人感到很奇怪，但是他还是决定简单地保留他在苏联时的名字——卡洛·图奥米。

职业上，由于他有在战前当过伐木工人的经历，他用符合规定格式的假工作证相继在木工厂和锯木厂得到了几份工作。接着，这个白手起家的人，放弃了木工的工作，开始学习会计。从此之后，他就是一名求职者。

他的家庭情况也同样需要精心设计：他的祖母已经去世很久了，他的妻子和他一样也是密歇根州的，但是她离开他了，走之后就再也没有来过消息了。为防止他在以后生活中出现差池，最后一个防御措施是：他的上级让他去西欧旅游两个月，以便让他熟悉资本主义社会的生活。拿着名字是罗伯特·怀特的护照，他在克格勃特工的直接监视下完美地扮演了一个美国游客的角色。

他还游览了几个西欧国家，其中包括法国。每一次出行过程中，他都小心防范被跟踪，并且在要过境时精心制作他的假证件。之后，他回到了苏联，向他的上级做了汇报，见了见他的朋友们和他真正的妻子。然后，他就要出发了！

1958年底，在巴黎和布鲁塞尔转机之后，图奥米乘上了飞往蒙特利尔的飞机。到达加拿大之后，他又坐上了开往芝加哥的火车，他顺利地过境了。那些海关人员似乎对他太过友好了，其中一个年轻的喝醉了的人甚至还利用安检的机会要请他喝波旁威士忌酒。图奥米拒绝了，但他松了一口气：他到美国的生活开端良好。

在纽约休息了几天之后，他要去他的最终目的地了，他要在那儿建立与莫斯科联系的死信箱。于是，他又坐上火车，去了他被认为生活过并工作过的地方。图奥米小心地来到他所谓的过去生活过的地方。然而，很快他就感到了不妙：在密尔沃基的一条街上，有两人询问他的身份，其中一个甚至叫出了他的名字——图奥米！而另一个，正是在加拿大到芝加哥的火车上要请他喝波旁威士忌酒的那个年轻的酒鬼。

图奥米很快明白他进入美国后就被跟踪了。他试着让自己不要惊慌，紧紧抓住他唯一的一根救命稻草——他的“故事”。这是他在特工培训时学到的。

这两个人也很快做了自我介绍：他们是联邦调查局的特工！图奥米刚一到北美就被发现了，这是为什么呢？

首先，联邦调查局的警察们十分清楚大部分想潜入美国的苏联特工们都经由加拿大。其次，就是图奥米的芬兰裔身份。芬兰与苏联接壤，并且有一部分领土被并入苏联。反间谍机构一般认为这里是一个培养间谍的摇篮。更何况在他之前这里出过一个芬兰间谍，就是告发鲁道夫·阿贝尔的那个人。所以，图奥米被跟踪了，也许是他在纽约的死信箱时露了马脚。

然而，还有另外一种解释，这种解释就太令人震惊了：剧本早已写好，对图奥米的询问是事先安排好的！

克里斯多夫·安德烈（Christopher Andrew）[1]：

“非法人员”四海为家，风光无限，并能让他们的同志们相信苏联体制的美好未来的时代已经一去不复返了。根据独裁方针来管理那些受过教育的苏联公民，使他们的思想局限于斯大林领导的经济体制内，并且努力把他们打造成能在美国自在生活的西方人是一件既艰难又让人沮丧的事情。把那些水平高思想坚定的美国特工们揪出来是一件更困难的事情，不管是在20世纪30年代或战争时期还是在冷战时期。苏联已经失去很多它的吸引人之处了，那些对美国社会的不公和物质主义反感的年轻的左派知识分子也对苏联失去了好感。历史的讽刺是，在抵御“赤化危险”的麦卡锡主义运动甚嚣尘上之时，正是美国政府在约三十年中最难以被苏联情报部门渗透的时期。

如果后一种推测是可信的话，那么图奥米的苏联上级们就是这部剧本的作者。为了使图奥米身份被怀疑，他们有可能间接地把秘密情报告诉了联邦调查局。虽然这听起来觉得不可思议，但是我们看看从联邦调查局的档案里得出的结论就知道了。

图奥米根据他所学到的知识，一开始紧紧抓住克格勃为他编造的假履历来应付，否认自己是苏联特工。但是后来，联邦调查局的问题问得越来越细，他越来越难以回答。比如，他们问他在纽约时通常乘几路公交车去上班，而这份工作是他杜撰的几份工作之一，所以他回答不了。这是第一个漏洞，后面还有别的漏洞……

当联邦调查局的人把一张他共产党员继父的照片放在他面前时，他震惊了。这张照片是图奥米一家准备出发去苏联前拍的。慢慢地，图奥米的“故事”开始站不住脚了。在联邦调查局的连连逼问下，图奥米不

1　参见第6章。

得不编造一些内容来堵住漏洞。但是这样做，有可能随时会出现前后矛盾的回答。所以，他的“故事”并不像它看起来那样完美，还是能挑出毛病的……最后，图奥米的谎言被戳穿，他承认了他是苏联派来的特工。该发生的还是发生了。

联邦调查局的人给了他两条路选择：要不你答应和我们合作成为一个双面间谍；要不我们把你送回苏联，那样的话，你很清楚等待你的将是什么——因为你的上级们不会接受你的任务的失败，那么你会为此付出沉重的代价。

图奥米毅然拒绝为联邦调查局工作来对付自己的国家。因为：首先，他是一位坚定的马克思主义者；其次，他坚信在东西方之间的经济和政治竞争中，东方阵营最后一定会赢！他说出他的个人信条让他们明白他是一名接受过许多思想教育的忠诚的苏联特工。

联邦调查局的人还是想成功策反图奥米，因此，他们必须要找到更好的理由来说服图奥米和他们合作。有一位联邦调查局的人似乎说到点子上了。

他对图奥米说，克格勃应该已经对他的失踪感到担心了，因为他还没有设立起“死信箱”，也没有用信号表示他的出现或是请求指示。苏联因此可能要派一些人来找他。如果这些人知道他已经落到联邦调查局的手中，那么他的危险就大了，肯定会被劫持并押回苏联，甚至还有可能会杀死他。要想免于此难，唯一的办法就是为联邦调查局工作。

根据档案，这些理由让图奥米动摇了。他最终同意做双重间谍。这正是图奥米和他的苏联上级们想要的结果！这就是一个绝妙的骗局的最终目的！

双重间谍，顾名思义，就是可以为双方做间谍。图奥米此后就能拥有美国对他的信任了，因为他自始至终表现得太完美了。以后他将会是克格勃针对联邦调查局的活动的一名宝贵的情报员，特别是针对联邦调查局反苏联的阴谋诡计。他也许会根据莫斯科的命令以同样的方式使他美国的新朋友们误入歧途。

在联邦调查局的同意下，图奥米重新和克格勃取得联系，还是通过“死信箱”的方式。他在纽约有4个“死信箱”，其中一个是在第69街的一个铁路桥下面的一个集装箱里。图奥米把他用隐显墨水写的密信放在一张报纸上再放进去，然后再借助约定的记号，比如，在附近的墙上画上一条粉笔线，来表示信箱里有东西。然后，他再按同样的方式来取走给他的信。

联邦调查局现在对图奥米是完全信任，因为他每次一收到莫斯科的信就立马交给他们。这些信里的信息有些是真的，有些是假的，目的是为了骗取联邦调查局的信任。同时，美国也在用同样的方式在欺骗苏联情报部门。

这是一个危险的游戏：在莫斯科，克格勃的人担心图奥米和他之前的很多苏联间谍一样，在接触了西方生活之后放弃意识形态使命去拥抱自由。

图奥米犹豫了很久，主要是因为他的家人还在苏联。但是最终他还是做出了冒险的决定。20世纪70年代，他就像人间蒸发了一样神秘失踪。也许，他有了联邦调查局给他的新身份；也许，他做了整容手术。过了很久之后，图奥米才出现在克格勃统计叛逃者名单上，苏联的特工们要在全世界到处搜寻这些人。

可以看出，克格勃的人是过了一段时间之后才明白这是一次叛逃，明白了图奥米永远逃离了他们。

3 “幸运儿”卢西安诺
——麻烦的黑帮老大和情报中间人

有哪个欧洲国家像意大利这样有那么多的政治侦探和政治金融方面的阴谋诡计和操纵手段？谋杀案和绑架案充斥着意大利近代史。“净手运动”掀开了足智多谋而又贪污腐败的领导阶层的一部分面纱。我们同样注意到意大利的情报部门也多次卷入一些可疑案件：与极右运动达成妥协，参与一些谋杀案件以及图谋推翻当局政权。每一次，我们都能听到“黑手党”一词：这是一只无所不在、无所不能的章鱼，它的触手不停地被砍断，却又会不停地重新长出来。西西里的黑手党（Mafia）、卡拉布里亚的光荣会（N’Drangheta）和那不勒斯的卡莫拉（Camorra），尽管意大利的司法部门和警察部门为铲除它们付出了巨大努力，可是这些黑帮组织还是让意大利看起来似乎已经病入膏肓。难道不是因为这只章鱼就潜伏在政权内部？这只章鱼还把它的触手伸到美国，从而诞生了“我们的事业”（Cosa Nostra）。

“黑手党（mafia）”这个词似乎来源于意大利中部地区托斯卡纳古老的方言“maffia”一词，“maffia”有两个“f”，是“苦难”的意思。如果说黑手党是一张让人想到犯罪团伙的19世纪的意大利的名片，但它起初却是一个反对君主和庄园主的暴政、勇敢反抗封建社会、伸张正义的帮会组织。为了在非法状态下继续生存下去，黑手党与另外一些具有不屈的反抗精神的人聚在一起，组建了一个个地下组织。这些组织有点像保护弱者打抱不平的互济会，其成员在行动时会毫不犹豫地掏出卢帕拉（lupara），即短管霰弹枪，这是黑手党徒的传统武器。

但是，没过多久，这些绿林好汉们都成了匪徒。黑手党徒以土地所有者和被剥削者之间的仲裁人自居，为他们提供有偿保护，成为他们之间无法绕过的人。很快，他们就成了一个犯罪团伙，支配经济贸易，为土地所有者们提供服务，为他们招募劳工。从19世纪末开始，这些严格按照等级制度并且有行为准则的以家族为单位聚集在一起的黑手党徒们就控制了西西里岛。“拒绝作证”，即“缄默法则”，是黑手党徒的行为准则。另外，该组织还为它的打手们和作案者们制定了一项“提供不在现场的证据”的制度。现代黑手党由此诞生。自1912年普选制度引进之后，黑手党就开始控制当地选民团体和领导人的政治命运。

二战初期，西西里黑手党在经过墨索里尼政权的严厉打击后，元气大伤。鉴于黑手党徒完全控制了当地政治，意大利的法西斯分子视他们为竞争对手。于是，意大利法西斯分子采取了一些重大措施来限制黑手党的势力，比如派遣部队和对他们严刑拷打。为了清除黑手党徒，墨索里尼丝毫没有掉以轻心，他也几乎达到了他的目的。

然而，除非杀死所有代表人物，否则无法轻松地消灭一种文化。随着时间的推移，有着自己的仪式、行为准则和“君子”（黑手党成员在意大利语中为mafioso，意为“君子”——译者注）的黑手党，逐渐成为西西里岛不可缺少的一道风景。而且，它也是在大洋另一边的美国的黑手党的始祖，在那里，黑手党取得了惊人的发展。

在一个新的国家，西西里岛的移民们很快就明白，在他们自己岛上的犯罪团伙制度能很好地适应飞速发展的经济。不过，黑手党在美国取得成功的真正原因要归功于美国的禁酒运动。美国政府这一举动无心地促进了黑帮的发展。非法买卖酒制品不仅让西西里岛的各大黑帮联合组织起来——犯罪家族董事会就是在这一时期成立的——也给了他们赶超其他犯罪团伙——爱尔兰犯罪团伙和犹太犯罪团伙的机会。尤其值得一提的是，非法买卖酒制品给美国的黑手党带来了巨大的利润，这些利润在禁酒令结束后被他们投资到其他的更大规模的犯罪活动中去了，尤其是因为这一时期出现了更加暴力更加残酷无情的新一代匪徒。

黑手党成员们当然与西西里岛保持着联系，他们之间的交流从来没有中断过。所有成员都有亲人留在岛上，都对他们的故乡和传统有着深厚的感情。因此，从西西里岛来到美国的匪徒们完全仿效岛上的家族等级制度，每个家族中都有为首的"教父"。这位家族的"老板"由一个顾问和一个负责指挥士兵的"指挥官"辅助，也就是说，打手们附属于家族，正如科波拉的电影所描述的一样。科波拉导演是从一位真正的教父——维托·吉诺维斯（Vito Genovese）［人们尊称为唐·维托（Don Vitone)］的生平经历中得到的灵感。

在西西里岛，各个家族通过一个集体行使权力的机构联合在一起，这个最高的机构是一个管理各个家族之间关系的董事会，主要为了避免内部仇杀。同样，在美国，黑手党——或者不如称"我们的事业"，因为后来他们都是这样称呼它的——就是按这样的模式在"幸运儿"卢西安诺的领导下组织起来的。

这位人物简直就是匪徒中的天才！他成功地平息了美国 24 个主要的黑帮之间的仇杀纠纷，并使他们在由全国委员会指导的联盟内部团结合作。这绝不是一件小事，尤其是因为除了西西里的黑帮之外，还有犹太人和爱尔兰人的黑帮。

主要的家族首领们于 1929 年在大西洋城参加了一个会议，会议结束后，就有了犯罪家族董事会。该董事会包括一个由 9 人组成的指导委员会，没有任命最高首领，所有决定由集体协商做出。但是很显然，卢西安诺是其领袖人物。

卢西安诺可不是一个心软的人。那些不幸拒绝这种联盟的首领们都被完全清除掉了。在美国，这件事被称为"西西里的晚祷"，这是一个有50多个匪徒被杀害的夜晚。

卢西安诺就是这样一手掌控起黑手党，这时的黑手党开始出现官僚化，也开始出现犯罪行业的现代化。

让·马尔西利（Jean Marcilly）[1]：

用毒辣又巧妙的手段，卢西安诺在1931年4月杀死了乔·马瑟利亚 (Joe Masseria)，接着又在1931年9月10日杀死了萨瓦托·马然赞诺 (Salvatore Maranzano)。还是在1931年9月10日这一天，他发动了著名的"西西里的晚祷"事件。在有黑手党的所有的州，唐氏家族 (Dons) 和他们的指挥官都必须同意接受在大西洋城的大会上提出的联合所有犯罪组织的建议，那些拒绝的人最后都死了。这就是9月10日至11日的夜晚发生的52个人被暗杀的事件。这几乎可以说是一个"长刀之夜"。

从这时开始，黑手党逐步渗入各行业的工会中[2]。美国黑手党在卢西安诺的带领下开始涉足走私海洛因。这有两个原因：首先，这个市场可以保证会有丰厚的利润；其次，这种东西体积小不占地方，因此容易运输和贩卖。

接着，卢西安诺发现让妓女吸食海洛因可以有效地控制她们。这是

---

1 《历史》，第430期。

2 详见第14章。

一个从来不会感情用事的人，他讲究实用主义，而且看事情都是高瞻远瞩。在战前，他就掌控了将近两百家妓院，有人估计他雇用了1200名妓女，这些妓女们能给他带来1000万美元的年收入。

有好几年，美国司法部门对此都是视而不见。然而，尽管有许多警察和法官都被卢西安诺和他的手下收买了，但是仍然有一个人决定要扳倒这位美国黑帮的老大。

这个人叫托马斯·杜威（Thomas Dewey），是一位有野心的检察官。他后来成为纽约州的州长，之后又两次参加总统竞选。杜威想扳倒卢西安诺的想法实现了：虽然他没能够以非法走私毒品的罪名控告卢西安诺，但是他成功地以组织妓女卖淫的罪名控告了他。结果，这位黑帮老大在1936年遭受了重刑：30年至50年的有期徒刑。可是，十分奇怪的是，正是因为这次判刑，卢西安诺的人生经历了一场真正的转变：差不多十年之后，人们会说他是英雄！

1943年，“幸运儿”卢西安诺向高级法院的法官提出上诉，他请求把他的刑期减至他在监狱里已经度过的年数。他的律师称卢西安诺为国家在战争方面提供过巨大的帮助，并且他在牢房里还协助了美国军方的最高指挥部门。除了这些，最让人吃惊的是高级法院的法官的回答。法官虽然拒绝了他的请求，但是他说如果该犯人继续合作的话，在提出新的上诉之后不排除他会被假释。

1945年，战争状态结束后，卢西安诺在假释委员会一致同意之后出狱了。这又一次影射了这位黑帮老大在战时提供的神秘帮助。需要注意的是签署卢西安诺假释令的不是别人，而是纽约州州长托马斯·杜威，就是那个当初在做检察官时让卢西安诺入狱的人。

卢西安诺会给美国提供什么帮助吗？1942年初，纽约港发生了一件十分严重又意想不到的事：由“自由法国”控制的法国巨轮“诺曼底”号被大火烧毁了。而美国当时正想用这艘巨轮往欧洲运送部队。这场大火引起了很多不安，因为人们猜想这是纳粹袭击的结果。这意味着有一伙德国破坏分子在美国的港口行动，而当时战争的结束在很大程度上要依靠美国往欧洲运送兵力和物力。

别无他法，当局求助于那些能在港口地区和造船厂发号施令的人——码头工人。而码头工人们的工会被黑手党紧紧掌控着。

一些美国海军的情报部门的代表到卢西安诺的牢房里见了他。这位黑帮老大很快就让他们明白没有他是不行的，如果想让码头恢复宁静重构安全，就必须要经过他。在这些特工们面前，卢西安诺承诺今后再也不会有一个破坏分子能够在港口捣乱了，而事实上也的确如此。

作为回报，这位大爱国者请求能够提前释放。可是那些人并没有一下子答应他，而是让他知道那会很快的。而且，他们给他换了监狱。在等待他们给他承诺的释放期间，卢西安诺生活得十分舒适，并且只要他想，他就能接见他的帮会朋友们。

这位黑帮老大使的这一招真是太绝了。根据各种可能，其实是卢西安诺本人一手策划了“诺曼底”号巨轮的火灾，为的是让人相信纳粹破坏分子的存在，这样就迫使美国军方为了得到码头工人的帮助而与他谈判。

卢西安诺因为他“提供的帮助”而最终在战后被释放了。传闻还说卢西安诺请求他在西西里岛上的黑手党朋友协助盟军的军事行动，从而使美军顺利登陆西西里岛。黑手党成员的确帮助过美国，但是这不是卢西安诺的功劳，他并没有参与此事。原因很简单，黑手党本来就和墨索里尼有深仇，黑手党成员打击墨索里尼根本不需要任何人动员，而且，黑手党也能借此机会重振昔日雄风。

卢西安诺参与军事行动的传闻使大家都满意，并且在美国公众看来也解释了后来释放这个十恶不赦的匪徒的理由。为此，应该要承认卢西安诺在美国军方情报部门的要求下仍然起到了重要的作用。如果说在军事上，攻占西西里没有给巴顿的装甲部队带来任何困难，但是在美国好不容易确立起来的政治上，就是另一回事了。

美国情报部门的官员注意到，随着他们调查取得的进展，左翼势力越来越强大了，特别是作为抵抗运动主力军的共产党太受欢迎了。美国对此十分担心，从而又一次要向黑手党寻求帮助了。

“光荣社团”，正如他们这样称它，它像是反对极左势力的天然盟友，因为意大利的共产党对几乎有点像封建政权的黑手党有着直接威胁。卢西安诺为反对共产党动用了他所有的影响力，不仅包括他的西西里的亲朋好友，还包括很多已经被美军收编的黑手党成员。其中有一个人，是传话人，后来慢慢成为美国占领军最重要的军官之一。这个人就是维托·吉诺维斯，后来的“教父”，当时是卢西安诺手下。

维托·吉诺维斯鼓动他的朋友们加入这场反共运动。这些黑手党成员们可不是慈善家，他们是为了金钱利益的，所以他们利用这场反共运动来腐化美国占领军的士兵们，通过组织黑市从中获取最大利益。很快，卢西安诺被释放，为了筹划规模巨大的毒品走私市场，他回到了意大利和他的朋友们重聚。美国无意间成了这一毒品走私的唆使者，也将会成为第一受害者!

《法国环球百科全书》[1]**：**

美军在登陆时，或多或少使黑手党成员充当秘密政治工具的角色“合法化”了。黑手党肯定会借助于政治斗争操纵那些匪徒出现，这场政治斗争给刚从法西斯魔掌中摆脱出来的西西里岛又带来了灾难。在给美军充当美国和意大利之间的传话者和顾问中，有很多都是黑手党的人。他们把“我们的事业”的品行和野心引进了西西里岛。这对西西里

1　参看第 10 章。

岛来说，是一次新的命运的打击。由于岛屿的地理位置，西西里岛一直饱受命运的摧残。年轻的西西里黑手党党徒们受他们美国表亲的刺激，开始质疑他们的前辈们，并且致力于在西西里岛打造国际化犯罪组织黑手党的一个分支。

卢西安诺在1945年底获得自由之后，立即被放逐到意大利，和许多其他“我们的事业”的成员一样，都被驱逐出境。他就是这样开始建立毒品走私集团的，毒品主要是海洛因。卢西安诺自认为没有人能碰他，因为他提供过帮助。他又一次高瞻远瞩。他首先和一些药品企业合作，这些企业几乎是合法地为他生产海洛因。他织了一张复杂的网。首先在中东购买吗啡类药物，然后送到欧洲，在那里加工成海洛因，最后这些毒品再被护送到真正的目的地美国。由于他有众多的零售商，恶魔般的卢西安诺成倍地增加货量，数量之多，闻所未闻。

十年期间，从来都没有被美国警察和海关严重扣押过毒品。他们这样任由卢西安诺为所欲为，一定是因为卢西安诺依然在提供帮助。

把吗啡类药物制成海洛因的实验室有些就在西西里岛上，也有一些在马赛。在马赛这座城市，科西嘉岛的犯罪团伙盖里尼家族（les Guerini）占据着首要地位。他们是借助战争才成功爬到第一位的。他们与很多法国黑帮不同，没有与占领军做过肮脏的交易，相反，他们还帮助过法国抵抗运动，但并没有因此而改邪归正。

人们很少知道这些科西嘉岛的匪徒们在镇压1947年和1950年的马赛码头工人大罢工中起了巨大的作用。他们在派打手对付罢工者时，猛烈打击了罢工者组成的强行停工纠察队。在这次行动的背后，躲藏着美国中央情报局。中央情报局对所有反抗罢工的行动都慷慨资助，这是为了反对共产党。

这些科西嘉岛的匪徒是通过卢西安诺与中央情报局建立联系的。我们还记得这位黑帮老大在意大利的反共斗争中提供了巨大的帮助，作为一名西西里人，他是一位很好的中间人。各方都为了自己的利益适时地团结在了一起，在卢西安诺的倡议和盖里尼家族的合作下，最终使马赛成了美国的毒品加工实验室。这对那些匪徒们来说就更加容易了，因为在1950年码头工人大罢工失败后，他们就在马赛各个码头称霸一方，在纽约的情况也同样如此，那里的匪徒们在那儿收欧洲发来的货物。

中央情报局不能无视这些非法走私活动。但是，美国以反共斗争的名义又一次选择了现实主义，尽管这些地下勾当会伤害到他们自己的青年人，这些青年人是毒品最主要的受害者。

卢西安诺的如此庞大的组织如果没有与各界串通勾结是无法运行的，尤其是与政界的勾结，包括意大利的和美国的政界，甚至还包括其他国家的政界。卢西安诺是一个行贿者，但是他有时也供出一些货物和人名，扮演告密者的角色。这项任务也帮了他自己很大的忙，特别是当他要清除几个势力有点过大的朋友的时候。因为他生活在意大利，确切说在那不勒斯，这让他只能不太方便地遥控他战前建立起来的并耐心经营的纪律委员会。还是因为距离，他很难制服那些想取代他的位子的伙伴们。正因为如此，卢西安诺小心谨慎地从中选择暗杀一些人和告发另一些人。

这些内部的斗争最终要了这位黑手党老大的命。卢西安诺真正的对手是他的老手下吉诺维斯。唐·维托后来轻松地返回了美国，在那里他成了这个犯罪集团的真正的老板。卢西安诺不能容忍这种挑衅。他心想如果他扳倒了吉诺维斯，美国当局会很感激他，也许还会让他重回美国。于是，他派了一名假证人到缉毒局指控唐·维托非法走私毒品，这位“教父”就这样被扳倒了，被判了15年监禁。

然而，卢西安诺并没有得到他想要的好处，因为美国更希望他生活在意大利。卢西安诺是如此暴怒，以至于他最后向缉毒局表示愿意提供美国所有非法走私者的名单。尽管如此，他还是没有得到更多的好处：被他揭露的规模吓坏了的美国拒绝向他打开大门。如果卢西安诺这样举报他所有的朋友的话，那他与中央情报局及美国其他部门的真正的关系总有一天会被世人知晓。因此，中央情报局及美国其他部门决定干掉卢西安诺。

他们设法让吉诺维斯的家人知道是卢西安诺让这位“教父”入狱的。于是，唐·维托在他的监狱里下令除掉他的前任老板。

卢西安诺有心脏病，因此他永远随身携带一瓶硝酸甘油药丸，这是一种治疗心绞痛的药。他的对手们对此也都知道。1962年初的一天，卢西安诺出现在那不勒斯机场。他在那里迎接一位想拍一部关于他的一部电影的美国制片人。他等得有点着急，于是他喝了一杯橙汁，吞了两粒药丸。就在他看到那个制片人的时候，他心脏感到不适，他又吞了两粒药，突然，倒地，身亡。

虽然人们都认定卢西安诺是死于心脏病的，但是很显然他被下毒了。那些硝酸甘油药丸是被唐·维托的人做了手脚。证据是：照顾卢西安诺十多年的医生贾科莫·德·马蒂诺（Giacomo de Martino）称卢西安诺患的心脏病不会导致这么突然的死亡。另外，由彼得·瓦尔加医生（Pietro Varga）在那不勒斯法医研究所对他进行的尸体解剖显示，他的内脏有很多小孔，这些小孔可能是由一种氰化物引起的。可是，很奇怪的是，这位医生的最后结论是死于突发心脏病。

需要补充的是，卢西安诺的死亡出现得很是时候。就在他死的几天前，卢西安诺手下的一些人在西班牙被抓。意大利警察似乎也已决定逮捕卢西安诺，以此来威胁整个黑帮。

不管怎样，“教父”大仇已报。唐·维托·吉诺维斯7年之后也跟随他的对手卢西安诺西去了，于1969年死于监狱。

4 马丁·路德·金——“汤姆叔叔”的暗杀事件

他是一个符号。但是，是因为这个原因导致他在1968年4月被暗杀而死吗？或者，这次暗杀隐瞒了什么秘密？

马丁·路德·金是牧师、诺贝尔和平奖得主、与种族隔离做不懈斗争的战士，他在罗伯特·肯尼迪遇刺的两个月前也神秘遇刺身亡。

可以这样说，这一案件的真相从来都没有真正大白过。当然了，嫌疑凶手是被逮捕了，他也招认了，但是他很快就收回前言，并且之后一直声称自己无罪。这个嫌疑凶手叫詹姆斯·厄尔·雷（James Earl Ray），事实上他一直到1998年死在监狱里仍然坚持称自己是被人指使的，是有人利用了他，他只不过是这个策划除掉马丁·路德·金的大阴谋中的一颗小棋子。

从这份档案里看看美国联邦调查局和其他情报部门是如何介入这件事还是很吸引人的。有时候，真相太显而易见反而会让人不敢去相信它。

在深入了解此事之前，让我们先来看看马丁·路德·金著名的有预见性的一段演讲：

“我梦想有一天，这个国家将会奋起，实现其立国信条的真谛：我们认为这些真理不言而喻——人人生而平等。我梦想有一天，在佐治亚州的红色山冈上，昔日奴隶的儿子能够同昔日奴隶主的儿子同席而坐，亲如手足。我梦想有一天，甚至连密西西比州——一个非正义和充满压迫的热浪逼人的荒漠之州，也会被改造成为自由和公正的青青绿洲。我梦想有一天，我的四个儿女将生活在一个不是以皮肤的颜色，而是以品格的优劣作为评判标准的国家里。我今天怀有一个梦想。”

这是马丁·路德·金在林肯纪念堂前向聚集的25万人进行的演讲，在这次振奋人心的演讲结束5年后，马丁·路德·金被一名杀手的子弹击中身亡，就在种族主义和反动分子盛行的南部，那里也是三K党人长期出没的地方。

马丁·路德·金于20世纪20年代末出生于亚特兰大的一个富裕的宗教家庭。在那个时期，美国社会仍然深受种族分离之苦。种族分离在南部各州尤其严重，那里的人们还没有忘记南北战争，那里的三K党杀手一直十分猖獗。

出生于黑人资产阶级家庭的马丁·路德·金小时候可以享受到好的教育。很快，他选择了去神学院读书这条道路。年轻时候的马丁·路德·金就已经有很好的口才能力，且具备领袖魅力。考虑到他的所学和他家庭的关系，他很自然成了浸礼会教堂的牧师，就职于亚拉巴马州的首府蒙哥马利市，时年25岁。

不久，他遇到了一件看起来很小但改变了他的命运的一件事。1955年12月，在蒙哥马利的一辆公交车上，一位年轻的黑人女裁缝拒绝给一名白人乘客让座。那个时候，还没有任何一个美国黑人敢这样做，结果是这名黑人妇女被送进监狱并被判刑。这件事情表明种族隔离依然存在于美国南部。在美国其他地方也是一样，只是黑人和白人之间的隔离虽然确实存在但是没有这么明显。

不管怎么样，这种不公在黑人群体中激起了千层浪。年轻的马丁·路德·金也因此成为一名领导者。作为牧师，他被认为是蒙哥马利市的黑人领袖。他发动了一场黑人抵制公共汽车的运动，这场运动的规模很快得到蔓延扩大，不仅蒙哥马利的黑人大规模地参与这次抵制运动，而且南部的其他地方的黑人也积极响应。因此，经过一年的抵制之后，蒙哥马利当局决定废除公共交通工具上的种族隔离制度。马丁·路德·金因承认黑人的民权和反对种族歧视取得第一次成功而名声大噪。

马丁·路德·金是甘地的崇拜者。他选择和甘地一样采用非暴力不合作的手段进行抗争并对这种方式进行大力宣传。从第一次进行抗争开始，马丁·路德·金参加了美国黑人的所有斗争。当示威抗议遭到残暴镇压时，他每次都奋不顾身地去抗击那些警察和他们的走狗。他也曾多次被捕入狱。另外一些黑人战士，像马尔科姆·艾克斯 (Malcolm X)、卡迈克尔（Carmichael）和克里佛 (Cleaver)，都选择一些比较激进的方式，通过创建一些像黑豹党这样的组织，采用挑衅和暴力的手段去抗争。马丁·路德·金和他创建的运动 SCLC（南方基督教领袖会议）与他们之间的鸿沟越来越大。金甚至还被黑人权力运动（Black Power）的活动分子们看成是“汤姆叔叔”。

然而，从 20 世纪 50 年代末期到 60 年代中期，金牧师是美国黑人中最受欢迎的人。1963 年，他发起了由十万多不同种族的人组成的“向华盛顿进军”的游行活动来纪念废除奴隶制一百周年。就是在这一次，他发表了他的历史性的演讲:《我有一个梦想》。在这同一天，金被约翰·肯尼迪在白宫接见。一年后，他回到华盛顿参加林登·约翰逊（Lyndon Johnson）签署民权法案的仪式。另外，还是在 1964 这一年，马丁获得了诺贝尔和平奖，因为他为美国黑人取得重大进步做出了重要贡献：从那之后，美国黑人可以参见竞选，并且在学校和公共场合废除了种族隔离制度。

即便在南部地区，主要是在亚拉巴马，得到州长华莱士（Wallace）

支持的种族主义者仍然在抵抗，原则上来说，马丁·路德·金还是取得了胜利。但是，他又确立了另一个目标：与贫穷做斗争。这种贫穷是由那些极端主义的黑人领袖挑起的，是大城市中黑人聚集区频繁发生骚动的根源。

1965年夏天，洛杉矶的黑人区瓦茨（Watts）发生暴乱。国家警卫队也开始介入了。暴乱导致十多人的死亡和至少上千万美元的损失。非暴力的金不赞成这样的暴乱。作为和平主义者和基督教徒，他不赞成那些激进的黑人领导者们采用的暴力方式。同时，他揭露，贫穷是导致这些所有暴乱的真正原因。他从这些暴乱中吸取由激进导致的教训，也寻找自身的教训。他明白了在民权上取得的进步不能解决美国社会中的黑人的所有现实问题：失业、不平等、北部大城市中一些黑人区经济文化的落后以及黑人区的生存问题。

然而，尽管在他最后组织的几次活动中，一些比较坚决果断的活动分子搞砸了抗议活动，这让他疲于应付，但他还是不能放弃“非暴力”，除非遇到闹事挑衅者。

安德烈·卡斯皮[1]：

金（他刚获得诺贝尔奖，并且使约翰逊总统同意加强在选举登记方面联邦的控制）的荣耀和名望最近都达到顶峰。越南战争现在是美国人最关心的大事。征兵和缓刑制度对黑人年轻人不利，黑人年轻人参战的数量相对比白人年轻人要高。军费开支给社会各方面带来了影响。第一批城市动乱爆发了。金没有失望。他公开反对越南战争。他明白现在应该与黑人遭受的贫穷做斗争，因此，他把他的活动范围转移到北部和中西部的城市。而一些新的领导人，比如斯托克利·卡迈克尔（Stokely

1 《历史》，1998年。

Carmichael)，他们用黑人权力（斯托克利·卡迈克尔发起“黑人权力”运动）说话，受到了缺乏耐心又对现实悲观失望的新生代的欢迎。不管在纽约还是在芝加哥，金都严厉指责约翰逊总统忘记了黑人贫困区，却集中精力去关注一场遥远的有争议的战争，加重了国家政治和社会的分化。他告诫他的听众们一定要等待成功的到来。他的克制让人失望。越来越多的黑人都给他起了个外号叫“上帝”。这位“上帝”他说得很好，简直太好了；他生活得很好，简直太好了；他享受着幸福，与白人来往频繁，再也不管哈林区、费城和圣路易斯的黑人们了。虽然这些谴责是不公正的，但是却表明了金的威望下降了，他再也没有以前的信服力了，“非暴力”的时代已经过去了。

马丁·路德·金的威望受到了影响而有所下降，这也许能解释他确定另一个目标的原因。这个目标就是他从1967年开始反对越南战争和美国的征兵制度。他这样做，其实是选择正面反对约翰逊总统，而约翰逊总统却是为黑人做得最多的人。1968年，马丁·路德·金遇害身亡。他反对越南战争的立场与他的遇害是否有关？这个问题是合理的。约翰逊坚决让美国介入越南战争：美国部队人数大量增加，在越南北部狂轰滥炸，这完全就是一场美国主导的战争。而人民，总的来说是支持他们的总统的。但是，力量的对比是很容易改变的，特别是当像金这样享有威望的人反对战争的时候。

马丁·路德·金能够号召黑人中的一部分显要人物跟随他。再说他已经决定：只要约翰逊参加1968年的总统大选，他就会想尽一切办法让他竞选失败。林登·贝恩斯·约翰逊在1968年3月放弃参加竞选。这样看来，马丁·路德·金组织的活动与约翰逊的放弃竞选的决定是有关系的。

约翰逊肯定不是谋杀马丁·路德·金的幕后主使，但是他一直在妖魔化金。另外，在金的那些势不两立的死敌中，有一位对手是最厉害的，那就是胡佛先生，这位联邦调查局的终身老板发誓要想尽一切办法除掉马丁。

胡佛死死盯住马丁·路德·金，无比地憎恨他。马丁·路德·金几乎是胡佛讨厌的那类人的典型代表：首先，他是黑人，我们知道胡佛是完全的种族主义者。在南部各州，联邦调查局的警察经常与当地警察携手合作，共同镇压黑人反对种族隔离的抗议示威活动。很明显，他们这样做肯定是胡佛本人怂恿的，因为胡佛对金越来越高的名望是十分恼火的。在白宫得到总统的接见，获得了诺贝尔和平奖，马丁·路德·金每一次得到的荣誉对这位联邦调查局的老大来说都是耻辱。胡佛有一天当着很多记者的面竟然称金是“全国最大的说谎者”。他就是故意这样说的，因为他当然知道他的话肯定会被记者报道的。

而且，胡佛是纯粹和顽固的保守派，马丁·路德·金反对贫困的斗争只会激怒他。对他来说，这位黑人领袖只是一个煽风点火者，他煽动黑人反对美国的一些制度，会破坏美国社会的根基。而马丁·路德·金对胡佛也没有好感，他不错过任何一次机会来揭露联邦调查局和南部警察之间的勾结。

为了败坏马丁·路德·金的名声，胡佛首先利用一个过时的但对美国依然有效的手段：他指控马丁·路德·金是受共产主义者指使的。当然了，在金周围的人中，确实有一些人是地下或公开的共产主义者，这些人也恨不得可以利用他。金坚决反对越南战争的立场让他们十分满意。所以说，即使马丁·路德·金从来不是共产主义者，胡佛的指控也并不是完全没依据的。

如果马丁·路德·金真的是共产主义者的话，胡佛绝不会满足于这样含沙射影地指控他，他肯定早已搞到证据了。因为，马丁·路德·金一直是胡佛密切监视的对象。他的电话一直被窃听，联邦调查局的特工们还多次在金下榻的酒店安放窃听器。所以说，如果马丁·路德·金真的与共产主义者有勾结的话，胡佛会第一时间知道的。

联邦调查局的监视不放过马丁·路德·金的一举一动，包括他的私生活。然而，金有一个软肋，就是女人。由于他平时参与各种斗争活动，所以他常年四处奔波。他在外奔波时，会经常出轨找女人。胡佛不会放过利用金的这个短处，就像他对很多名人做过的那样，他掌握着他们这方面的资料。

联邦调查局掌握了可以有力证明马丁·路德·金有婚外情的录音带。胡佛在第一时间并没有利用这些录音带要挟金让他改变立场，而是把这些录音带的文本提供给了好几个记者，让他们把此事公布于众，来达到毁坏马丁·路德·金名誉的目的。但是那个时候的美国记者比如今的记者们要更审慎：没有一个记者愿意发表这些严重侵害马丁·路德·金私生活的录音资料，更何况，这些录音带还是非法拍摄的。

不过，这些录音带并没有白搜集。胡佛不是这样容易放弃的人。所以他又一次出击，这次用的是特别阴险的手段，他试图从金的家庭内部去打击他。所以，他决定把录音内容告诉马丁·路德·金的妻子。

1965年初，科雷塔·金收到一个匿名包裹。这个包裹里面就是联邦调查局秘密记录到的马丁·路德·金出轨的录音选段。里面还有一封胡佛手下的人写给金的信。

这封信故意让人看起来是出自一位对马丁·路德·金组织的运动失望的活动分子之手：

这位假活动分子金是一位道德败坏、伤风败俗的人，欺骗了所有人，为此，他应该在伪君子的真相被揭露之前辞去职务，甚至应该了结自己的生命。

史蒂芬·B. 奥茨（Stephen B. Oates）[1]：

根据胡佛的命令，副局长德克·迪洛奇（Deke DeLoach）和犯罪档案室的人把这篇录音文本给一些官员、参议员和众议员看了，并且还让他们听了安放在酒店里的窃听器的录音带。当司法部副部长尼古拉斯·卡岑巴赫（Nicholas Katzenbach）知道了联邦调查局关于金的调查档案时，他说“我太愤慨了”，并且他还向总统汇报了此事。但是约翰逊什么也没做，任由胡佛为所欲为。他很难让自己失去这位厉害的局长，他说宁可“让他在帐篷内撒尿，也比他在外面往里尿好”。所以，他对胡佛还是很友好的。事实上，约翰逊不仅看了这个被他的一位同事比作是一部“性爱作品”的录音文本，而且还听了录音带，显然他很喜欢看这些淫秽内容。

金夫人很不幸地得知了丈夫出轨的消息。金本人在他妻子之后也知道了此事。他很清楚他的敌人不会让他有任何喘息的机会。他很快就知道这是联邦调查局干的，因为只有窃听方面的专家才有本事搞到这些录音带。而且他知道胡佛恨他已久，所以这件事一看就知道是谁做的。

据金身边的人说，金好像真想听从那封信阴险的建议，在很长一段时间里，金就像一位被击败了的拳击手，准备放弃一切。后来，他克服了自己的恐慌和犯罪感，决定继续战斗，哪怕像肯尼迪一样付出生命的代价。

金很快就知道有人想要除掉他，甚至也许是暗杀。在他死前不久的一次讲道中，他可以说预言了自己将要被暗杀。他知道胡佛是能做到的。他知道联邦调查局与黑手党之间，以及与南部的极端主义和种族主义的组织之间互相勾结。因此，如果胡佛想除掉他，他找一个杀手不是

1《马丁·路德·金》，The Centurion 出版社，1985 年。

一件难事。

在包裹事件之后，金变得更加小心了，至少在他的私生活上更加小心了。他知道联邦调查局会继续监听他，对他的围捕并没有到此结束。更何况，他还刚刚表明自己坚决反对美国介入越南战争的立场。因此，他要格外小心窃听器。于是，他和他的同事们也学会了要些诡计，比如他们会在最后时刻换房间和会议室。

但这丝毫没有阻止胡佛的阴谋。一直到最后，这位联邦调查局的局长都声称金被共产党收买了。更糟的是，他还说服约翰逊总统也相信了。

1967年夏，黑人区的暴力事件卷土重来。在一些大城市，遭受失业和贫困的黑人区频频爆发骚乱。例如，在底特律，街头骚乱持续了4天，约翰逊总统都出动了军队，这场骚乱造成40多人的死亡。

忠于自己的马丁·路德·金不鼓励那些闹事者，即便他能理解他们。但是，他敦促美国政府行动起来解决贫穷和失业问题。可是约翰逊总统对此毫不在意：总统最关心的事是越南战争，美国已经派了约50万陆军士兵去越南了。战争花费了大量金钱，已经没有钱再来应对贫穷问题了。因此，在所有的黑人区，局势十分紧张，一点点火星就能让火再次点燃。超过150个城区受到影响，在金死后，这些城区的中心更是变得满目疮痍。华盛顿也是一样，人们目睹了非常暴力的街头斗争。

1968年，受到那些“黑人权力”最强硬的领导人排挤的马丁·路德·金打算组织一次向华盛顿进军的活动——“穷人的进军”，他想再次使用这种方式。虽然他意识到这次活动可能会变糟，但是他还是决定竭尽全力证明美国黑人是可以和平地、有尊严地来表达自己的诉求的。当他知道孟菲斯的清洁工人（大部分是黑人）刚刚进行了罢工的消息时，他正在忙于准备向华盛顿进军的活动。清洁工人们要求更合理的工资、更好的安全条件以及废除公司内部的种族隔离制度。可是，孟菲斯的市长拒绝了他们的要求。于是他们决定抗议，可是市长派来了警察，警察粗暴地对待这些抗议者，这在南部是很习以为常的事了。

于是，这些清洁工人向金寻求帮助。金答应了，但是并不热情，因为：首先，他在忙于准备向华盛顿进军的活动；其次，他知道在一个南部州的首府孟菲斯这样的地方，会比其他地方更危险。但是，他又不能无视这样的求助。所以，在经过几番深思熟虑后，他还是决定去孟菲斯。

3月底，金出现在孟菲斯，走在罢工者游行队伍的首列。不幸的是，还是发生了暴力冲突事件。国家警卫队介入了此事，造成十多人受伤，一名黑人死亡。金不想就这样以失败告终，他希望在他的向华盛顿进军活动开始之前再次回到孟菲斯走在和平游行的队伍首列，为即将在华盛顿开展的活动拉开序幕。

于是，他在紧张的局势下于4月初又回到了孟菲斯市。当地媒体甚至在煽风点火，预言会再次发生流血事件。4月4日，当马丁·路德·金出现在宾馆房间的阳台上时，他被子弹击中头部倒地身亡，尽管他有警卫保护。

人们有点过快地就找到了嫌疑凶手的线索。这名凶手叫詹姆斯·厄尔·雷，是一个真正的种族主义者，但却是一个不怎么样的歹徒。很明显这个叫雷的人为很快被确认为凶手做好了准备。有很多证人都目击到了他的作案过程。而且，在他扔掉的包中，藏有一把卡宾枪，上面留下了他的指纹。当然了，他没有马上被抓到，因为他成功地逃到了国外并在好几个国家逗留过，最终被抓是在1969年的伦敦。可以肯定的是，有人帮助他逃走的，至少是提供了经济上的资助。

接下来还是疑点重重。雷被引渡后服罪，在被审判时没有提出上诉，这让他免于死刑。他最终被判99年有期徒刑。然而，在被宣判之后，他立即改口，否认自己有罪，称自己只是除掉马丁·路德·金的阴谋中的一颗棋子。他还称并不是他开的枪，找到的那个卡宾枪也并不是作案工具。

鉴定工作在过了很久之后又重新进行了一次，可是却没有得出什么结论。因此疑云始终都在。直到1998年雷临死前，他还在一直坚称自己无罪。这一切都表明雷只是被人操纵的一个木偶，和李·哈维·奥斯瓦尔德刺杀肯尼迪的情况一样。后来收集到的信息表明：查案的人并没有真的想弄清楚事情的真相，许多证人也都是不确定的。联邦调查局在案发后立即使人们相信雷就是刺杀金的凶手是为了掩盖自己的责任。

即便联邦调查局的老大胡佛对金的死期盼已久，但是他并不是刺杀金的幕后主使。这一刺杀事件的实施者是受到当地几个黑手党成员资助的一些白人种族主义者，然而，真正要对此事负责的人在更远的地方。

我们应该记得那些共产主义者对金的活动十分感兴趣，他们在金的身边安插了几个间谍。他们的目的是通过激化种族仇恨来给美国制造混乱。在莫斯科的那些共产党人密切关注着美国的事态，他们把厚望寄予这位诺贝尔和平奖的获得者，然而，马丁·路德·金不久就让他们失望了。为了宣扬他的“非暴力”，金表现得就像一位民主人士，一个真正的美国人。因此，他们急切需要利用更激进、更暴力的黑人领袖排挤掉金。

于是，克格勃致力于让金丧失威信，特别是在非洲，克格勃把他描述成“汤姆叔叔”，一个黑人事业的叛徒。紧接着在这种混淆视听的行为之后，是更不择手段的尝试——干净利落地除掉金。通过刺杀金，他们除掉了一位太过温和的黑人领袖，金成了黑人事业的殉道者。他们想要的结果出现了：暴力开始频发，而这种暴力是马丁·路德·金究其一生想要避免的。

证据是：金死后，从莫斯科传来了这个种族主义阴谋的论断，这个阴谋得以策划成功，也许离不开美国当局和联邦调查局的同谋。混淆视听还在继续。可是，在这一事件上，也并不排除在莫斯科的克格勃与联邦调查局之间有着不可告人的勾结关系。

5 罗伯特·肯尼迪——遭暗杀的对象

肯尼迪真是一个神奇的名字，这个名字引人注目，让人伤心，还能让报纸和影视作品大卖。我们还注意到，约翰·菲茨杰拉德·肯尼迪（John Fitzgerald Kennedy）在达拉斯被刺杀后，他的儿子，就是那个曾经跟在父亲棺材后面的那个孩子，在1999年死于飞机失事，人们曾称他为“约翰-约翰”（John-John）。肯尼迪家族之所以引人注目，不仅是因为他们英俊富有，有权有势，好像生来就注定要掌握权力似的，而且还因为他们的家族传奇充满了悲剧色彩：一些报纸为引起轰动效应甚至称之为“肯尼迪诅咒”。有悲剧也有丑闻，肯尼迪家族与黑手党之间的关系也许曾帮助了约翰·肯尼迪当选为美国总统。

而且，约翰·菲茨杰拉德·肯尼迪与很多妓女、与黑帮有关系的女人以及被联邦调查局怀疑与苏联特工有关系的应召女郎之间有很多艳史，比尔·克林顿的风流韵事与他的相比简直是小巫见大巫！还有玛丽莲·梦露（Marilyn Monrie），这个与约翰·肯尼迪和罗伯特·肯尼迪兄弟俩都好过的女人。更离谱的是，根据唐·沃尔夫的《玛丽莲·梦露——对一起谋杀案的调查》一书，罗伯特·肯尼迪可能与这个被俩兄弟抛弃过的女明星的死有关，书中还揭露了关于肯尼迪家族的惊人的秘密。

罗伯特·肯尼迪在1968年6月遇害。怎样解释在总统大选期间，这个叫索罕·索罕的巴勒斯坦青年朝总统候选人开枪的疯狂行为？索罕是单干的杀手还是他只是被人利用的工具？

四十多年之后，刺杀罗伯特·肯尼迪的凶手还在狱中。这个快七十多岁的老人仍然定期提出假释请求，但每次都会被拒绝。官方称索罕·B.索罕（Sirhan B.Sirhan）侵犯了民主，所以不可能被释放，但是私底下，他们可以想象到，释放他就像打开了潘多拉的盒子，可能会泄露国家机密，所以还不如让这些秘密沉睡。

事实上，他们非常不希望索罕·索罕的真实身份让人知道，即：他是一个被巧妙操纵的杀手。但这也不是主要的，主要的是他们想要掩盖那些幕后操纵者们让杀手拿起武器的真正原因，以便保护受害者的身后之名，即便大家都知道肯尼迪家族的道德水准是什么样的了。

索罕·索罕被判死刑，这位年轻人是在1969年初被审判并被判刑的。他费力地为自己辩护，借口自己喝多了不记得朝罗伯特开枪了。法官们很自然认定他有罪，并判在一间煤气室执行死刑。接下来就是救援时间了，这种情况在美国真是太多了，有些死刑犯要在死亡的边缘徘徊很久才最终被执行。终于等到1972年，加利福尼亚州废除了死刑，于是索罕·B.索罕的死刑被减成终身监禁。

让我们再回到1968年，这是非常动荡的一年，不仅仅在法国是这样。在美国，种族问题比学生运动更严重，所以排在第一位。罗伯特·肯尼迪遇害前两个月刺杀马丁·路德·金的事件导致了黑人发生骚乱。此外，越南战争又掀起了抗议浪潮，尤其是在青年人中。约翰逊总统，保持约翰·菲茨杰拉德·肯尼迪的势头，继续让美国介入越南战争，轰炸河内。

总统大选活动就是在这样动荡的背景下展开的。罗伯特·肯尼迪全身心地投入到这场战役中。他首先要让自己成为民主党指定的候选人。虽然他有两个对手——尤金·麦卡锡（Eugene McCarthy）和休伯特·汉弗莱（Hubert Humphrey），但是在美国公众心中，罗伯特·肯尼迪最受欢迎。约翰逊总统只是一个插曲，一个肯尼迪当然应该由另一个肯尼迪来继承。自从老约瑟夫·肯尼迪花了几百万美元让他的第二个儿子成为美国总统后，白宫似乎就成了他们家族的一部分了。很自然，特德·肯尼迪（Ted Kennedy）也接着走上了政坛。

罗伯特·肯尼迪没有顾虑毫不相让地与他的对手竞争，一切皆有可能。6 月 4 日，在加利福尼亚州，他击败了麦卡锡，被民主党任命为候选人，成功在望。由于他享有其被刺杀的哥哥的威望，没有人怀疑他会打败共和党的候选人——肯定会是尼克松，尼克松在 1960 年被约翰·肯尼迪打败过。此外，罗伯特·肯尼迪还代表了年轻、果敢、社会公平和反对腐败。而且，他还保证在最短时间内解决越南问题。

6 月 4 日，即是他被民主党任命为麦卡锡之前的候选人的日子，也是索罕·索罕要朝他开枪的日子。

当晚，在他得知胜利的消息后，罗伯特·肯尼迪离开饭店的房间去一个舞厅和他的支持者们以及民主党人士聚会。为了感谢他们，他发表了胜利演讲。他相信在 8 月份的芝加哥，他就会被民主党任命为候选人了。凌晨 12 点左右，罗伯特·肯尼迪走下了演讲台，他和记者们约好了要去参加一个新闻发布会，就在洛杉矶他住的同一家饭店。人们在他周围挤得水泄不通，这时，有一个工作人员建议他抄近道穿过厨房的一个过道。突然，枪声响起，八声、十声、十一声，人们也不知道到底有几声，罗伯特·肯尼迪被子弹击中倒在了地上。

安德烈·卡斯皮[1]：

肯尼迪被紧急送到了中央医院，他处于昏迷中，已经没有脉搏了。在做了一次心脏按摩后，他苏醒过来了。他的伤太严重了，中央医院治疗不了。于是，他被转到好撒玛利亚人医院。外科医生检查出他中了3枪，其中有2枪穿过腋窝，第3枪击中了头部，因此需要进行手术。6月5日的清晨，手术结束了。“接下来的12或36个小时十分关键”，肯尼迪的秘书说道。美国人重温了1963年11月22日发生在达拉斯的悲剧，那一次是约翰·肯尼迪遇刺。林登·约翰逊总统发表了简短的电视讲话，他说：“昨晚，我们的国家再一次要面对仇恨、失去理性和践踏法律带来的恶果。如果我们无视仇恨与这种暴力行为之间的关系的话，我们就错了，就大错特错了。”病床上的罗伯特·肯尼迪奄奄一息。医生也对挽救他的生命无能为力了。凌晨2点，消息传来了：“参议员罗伯特·弗朗西斯·肯尼迪于今天凌晨1点44分去世，今天是1968年6月6日。肯尼迪参议员去世时陪伴在他身边的有他的太太艾塞尔，他的妹妹史蒂文·史密斯夫人和帕特丽莎·洛福德夫人，他的妹夫史蒂文·史密斯先生，以及他的大嫂约翰·F.肯尼迪夫人。他享年42岁。”遗体被送到纽约，美国上下举国哀悼，全国各地都降半旗致哀，出租车都缠上了黑纱，学校也停课了。有一家广播台在两个半小时的时间里，只播送一个词：羞耻。由34辆车组成的送葬队徐徐驶往洛克菲勒中心对面的圣巴特里爵主教座堂。仅6月7日这一天，就有150,000名美国人来向遗体告别。在接下来的日子里，艾塞尔·肯尼迪收到了325,000封吊唁函。

凶手差不多在第一时间就被罗伯特·肯尼迪的随身保镖逮到。这是

1 《历史》，第444期。

一位身材瘦小、有着一头黑色卷发、神情呆滞的年轻人。当时，人们还不知道他的姓名，因为他拒绝回答，他只说他这样做是为了他自己的国家。

后来人们知道他说的他自己的国家是巴勒斯坦。索罕是一位来自约旦河西岸的约旦公民，自六日战争之后，约旦河西岸就一直被以色列占据。他说，他之所以要杀死罗伯特·肯尼迪，是因为这位民主党候选人最近发表了一些亲以色列的公开言论。人们在他的住处还找到了一个本子，上面写着："必须要在1968年6月5日前杀死肯尼迪！"这个日子正好是六日战争一周年的纪念日。

然而，在索罕受审时，与他的律师相反，他并没有利用自己行为的政治诉求。的确，这个信仰基督教的巴勒斯坦青年看起来不是很镇静。毫无疑问，他容易受人左右的性格使他成为被人说服去执行这一枪杀案的最佳人选。

在推断有可能成为指使这位年轻人行凶的幕后主使者之前，不要忽视巴勒斯坦和阿拉伯国家的线索，应该像那些优秀的侦探调查案件一样，要列出一张能从除掉罗伯特·肯尼迪中受益的人员清单，这张清单的人数会很多。

索罕·索罕出生于巴勒斯坦，虽然他很早就来到了美国，但是他与故国还是一直保持着联系，在那里有很多人都指责以色列与美国结盟。甚至还有人声称这件事与卡扎菲有关。但这些线索都是假的，因为在当时那个时代，巴勒斯坦恐怖主义还处于刚起步阶段。当然了，罗伯特·肯尼迪是公开声援过一位以色列军事副官，可是大部分美国政治家都是亲以色列的，为什么他选择肯尼迪而不是别人呢？

首先想到的是他的对手或者政治上的竞争对手。然而，在民主党中，没有任何一个肯尼迪的竞争对手具备杀人条件，在共和党阵营中也同样。而众所周知的是，在那些顽固的保守派人士的眼中，特别是在那些拥护南部同盟的人眼中，罗伯特·肯尼迪的名声并不好。由于罗伯特·肯尼迪在种族问题上的立场，这些曾经公开庆祝约翰·肯尼迪被刺杀的人是非常不情愿看到他的弟弟靠近最高权力的宝座的。他如果被选为总统，他就会尽最大努力帮助那些最贫困的人，并且会废除依然存在于黑人和白人之间的种族制度，罗伯特·肯尼迪从不掩饰这一点。种族问题的局势十分紧张，当警察毫不犹豫地用真枪实弹来镇压抗议活动时，黑人权力的成员们会让各种机构日子不好过。因此肯尼迪被认为是这些黑人领袖的目标盟友。

那些白人极端主义者和种族主义者们，比如约翰伯奇协会（John Birch Society）的成员们，他们也一样想在罗伯特·肯尼迪掌权前除掉他。1968 年美国的暴力活动达到顶峰：十多名黑人丧生，几千座房子被烧毁……然而，对这些极端主义者进行仔细调查的联邦调查局却没有发现什么重要的东西。

阿瑟·施莱辛格 (Arthur Schlesinger)[1]：

我们美国人是这个地球上最可怕的民族。这些暴力行为并不是意外，它们的起源是我们国家的过去。这些暴力行为始于白人屠杀印第安人并让他们成为奴隶之时，就因为他们皮肤的颜色就被认为是低等民族。我们深深受到我们社会的影响，在我们身上烙下了天赋神权的烙印。我们把狂热中的暴力引导到了越南，在那里进行了一场没有理性的战争。

尽管官方说法是这件案件的凶手是独立作案，但还是存在另一条更接近真相的线索，联邦调查局安插在黑手党里的特工很清楚：肯尼迪家族与黑手党之间有着长期的关系。肯尼迪家族的家长老约瑟夫靠在禁酒

1 《罗伯特·肯尼迪和他的时代》，平装，2002 年。

时期走私酒业发家之后，就与芝加哥的黑帮建立起了联系，其中就有著名的黑帮头目萨姆 · 詹卡纳 (Sam Giancana)。

不久后，在伊利诺伊州，黑手党竭尽全力为约翰 · 肯尼迪拉票，甚至在选举中还有舞弊行为，不可否认，黑手党为约翰成功当选为总统做出了贡献。而且，他当选的票数与第二名相差很少。失败者是尼克松，他甚至差点起诉选举中似乎被证实的舞弊行为。他没有这么做是担心自己在受大众欢迎的肯尼迪面前显得像一个失败的小丑。他想为自己在下次竞选中积攒人气，他这样做是对的，因为他后来在 1968 年成功当选了。不管怎么样，黑手党让约翰 · 菲茨杰拉德 · 肯尼迪当选总统，当然是想从中获利。但是肯尼迪家族并没有遵守选举前许下的所有诺言。

这些黑手党成员们想要什么呢？当然是挣钱，挣更多的钱，警察和司法部门不要管他们的非法活动。因此，约翰 · 菲茨杰拉德 · 肯尼迪在选举前肯定向他们承诺过以后会对他们的行为睁一只眼闭一只眼。此外，这些匪徒们还希望以后有什么风吹草动，当他们有危险时，他们能事先得到消息。在约翰 · 菲茨杰拉德 · 肯尼迪时代，罗伯特 · 肯尼迪在他父亲的推动下，任司法部长一职。罗伯特 · 肯尼迪的任命对黑手党成员们来说提供了另一种好处：若要调查伊利诺伊州的选举舞弊行为的话，新任司法部长会想办法阻碍调查的进展，甚至还会把事情压下去。

不过，肯尼迪家族很快就意识到他们与这个有组织的犯罪团伙之间维持关系是十分危险的事，因为他们有可能会因此被这个犯罪团伙敲诈勒索。更何况，约翰还因自己的风流做出了很多轻率的行为。比如：和黑手党的一个头目一起分享自己的一个情妇，这让这位美国总统很容易受到攻击。联邦调查局并没有无视约翰 · 菲茨杰拉德 · 肯尼迪的胡作非为，联邦调查局无所不能的老大胡佛对肯尼迪家族与这个黑帮之间的事一清二楚。也正是因为这个原因，胡佛在约翰当选后依然稳坐联邦调查局局长的位子。

罗伯特·肯尼迪在花了一部分时间为他的哥哥擦屁股后，终于有一天决定公开与黑手党这个犯罪团伙对战，约翰为此付出了生命的代价。不过除此之外，肯尼迪家族也没有别的办法重获行动自由。

西莫·赫许 (Seymour Hersh)[1]：

对于约翰来说，除了父亲之外，罗伯特·肯尼迪是他最重要的人了。可是在50年代初期，约翰还是偶尔会向罗伯特·肯尼迪隐瞒某些事情的，通过格洛丽亚·埃默森（Gloria Emerson）讲的这则趣闻轶事就可以知道："约翰和我的一位朋友好上了。有一天，罗伯特·肯尼迪没有事先通知就来到了他们在酒店约会的房间。约翰立刻就把我的那位朋友藏在衣橱里，这俩兄弟的整个谈话期间，我朋友她一直都躲在衣橱里。"因此可以看出，有一段时期，约翰不是什么事都对罗伯特·肯尼迪说的，但是随着时间的推移，这种情况越来越少了。肯尼迪家族的人总是觉得别人会陷害他们，所以他们对外人总是不信任。这也是为什么有那么多人都想赢得肯尼迪家族的信任，这对他们来说是一种考验。休·塞迪 (Hugh Sidey) 描写这两兄弟之间的关系是"近乎无话不谈。几乎每次我与总统谈话时，电话都会响一两次，肯定是罗伯特·肯尼迪打来的。他们低声交谈……我相信他们之间是没有重要的秘密互相隐瞒的"。理查德·N. 顾温（Richard N. Goodwin）在1960年总统大选时曾为肯尼迪写演讲稿，之后陪他进入白宫。据他说，罗伯特·肯尼迪对他的哥哥是非常忠心的，他一生的基本目标就是促进和保护约翰的职业生涯。

1 《肯尼迪家族不为人知的一面》，Archipel 出版社，1998 年。

在这场非常得民心的与黑手党之间的战斗中，罗伯特·肯尼迪赢得了这场战斗，也赢得了个人威望。1964 年，他的哥哥死后，他成功地扳倒了卡车司机工会会长吉米·霍法 (Jimmy Hoffa)，这个人是一直逍遥法外的黑手党的杰出成员。

此后，随着罗伯特·肯尼迪慢慢接近总统之位，黑手党想除掉他也有了一个好理由了。黑手党的首领们更没有忘记在古巴事件中，他们为肯尼迪家族提供过重要的帮助，显然，他们没有为此得到回报。

1960 年，在约翰选举前的几个月，共和党总统艾森豪威尔政府决定除掉菲德尔·卡斯特罗（Fidel Castro）。同时，美国为了在卡斯特罗死后入侵古巴，正在训练一些流亡在美国的古巴人。刺杀卡斯特罗的任务落在黑手党的身上。随着古巴独裁者巴蒂斯塔（Battista）的倒台，黑手党“我们的事业”损失惨重。因为古巴实际成了黑手党为非作歹的天地，他们控制着古巴的赌博、卖淫、毒品和宾馆等行业。突然，卡斯特罗主义者们当权了，一切都完了。失业的黑手党成员们当然想报仇，并收回他们的财产和赚钱的行当。由于他们在岛上还是保留了联系，因此他们很容易在那里招到一名杀手。

中央情报局在其中充当了中间人的角色。对于艾森豪威尔政府来说，不仅要拔掉这棵长在美国东南部的共产主义毒刺，避免它在拉丁美洲生长蔓延，而且还要确保共和党的候选人，即艾森豪威尔将军的副总统理查德·尼克松在总统大选中获胜。毫无疑问，卡斯特罗的死对选民的选票十分重要。这就是必须要在选举前杀掉卡斯特罗的原因。

肯尼迪家族秘密得到了中央情报局一位官员的消息，知道了是黑手党负责执行除掉卡斯特罗的任务。于是，当肯尼迪家族的家长老约瑟夫见到黑手党的首领们时，他请求他们延缓刺杀卡斯特罗。黑手党教父吉安卡纳答应了老约瑟夫的请求，就是这样在约翰·肯尼迪竞选总统中帮了大忙。这种交易在 1980 年美国驻德黑兰大使馆的人质事件[1]时又上演了一次。当时，卡特总统为了在 11 月份的大选前让那些人质得到释放，急得像热锅上的蚂蚁一样东奔西走。他甚至还下令派遣一支直升机特遣队去援救人质，可惜行动还是失败了。而在此期间，他的对手罗纳德·里根（Ronald Reagan）秘密派了一些特使去伊朗和毛拉们做了一项交易：如果毛拉们延缓释放人质，里根的特使们就给他们运送武器。这是确实发生过的事。

肯尼迪家族与黑手党做了这种交易，就这样又欠下了黑手党的首领们一笔新债了。也许是为了向他们表示感谢，肯尼迪新政府把刺杀卡斯特罗的任务交给了黑手党。和艾森豪威尔一样，肯尼迪家族也想入侵古巴，导致了后来的“猪湾事件”的发生，“猪湾事件”以惨败告终。结局是：不管黑手党的人如何想尽办法，卡斯特罗依然活到现在。

中央情报局内部设了一个秘密机构，专门研究如何用最好的办法杀死古巴的最高领袖卡斯特罗。他们想过在卡斯特罗的雪茄里下毒，知道卡斯特罗喜欢潜水后，他们甚至还想过在贝壳里安放炸弹。这个秘密机构想的方法层出不穷，他们从来不缺乏想象力。但是，中央情报局不能自己行动，因为是黑手党负责执行这一任务的。

卡斯特罗成功躲过了很多次暗杀。古巴情报部门一直保持警惕，很好地保护了卡斯特罗。然而，卡斯特罗之所以每次都能成功躲过，首要原因是因为黑手党在古巴行动十分艰难。令美国政府没有想到的是，卡斯特罗主义者上台之后，对黑手党党徒开始赶尽杀绝。因此，想暗杀卡斯特罗的唯一办法就是在他身边安插一个奸细。可是，黑手党党徒们再一次失败了，因为古巴的情报部门消息出奇得灵通，而且古巴流亡者中间已有他们的间谍潜入。事实上，卡斯特罗一直十分清楚想要暗杀他的行动。

---

1 参见第 12 章。

西莫·赫许[1]：

W 特别小组的人就该受到罗伯特·肯尼迪的羞辱，罗伯特·肯尼迪对他们停滞不前的行动进展越来越恼火，决定于 1962 年春发起自己的行动。又一次，罗伯特·肯尼迪去找黑手党了。根据黑手党的要求，中央情报局秘密行动小组的一位特工夏尔·福特 (Charles Ford) 成了黑手党的私人侦探。这一史无前例的要求要追溯到联邦调查局的新副局长马歇尔·卡特 (Marshall Carter) 上任之时。福特继续同哈维和哈尔彭 (Halpern) 为 W 特别小组服务的同时，一直与在美国和加拿大的黑手党秘密联系，直到约翰·肯尼迪被暗杀。据哈尔彭称："罗伯特·肯尼迪完全相信古巴还是有黑手党的，因为他们依然在那里掌控着很多娱乐场所、赌场和妓院，鬼知道还有些什么。他认为利用这些条件，就能打听到古巴的一些情报。这个想法本身就很愚蠢，因为黑手党在古巴根本没有一个组织系统，要想建立起来是十分困难的。卡斯特罗拥有高水准的安全部门，黑手党想在大城市里缔结联系是不可能的。这也是我们之所以在农村行动的原因。"哈尔彭补充道："罗伯特·肯尼迪通过夏尔·福特找到一个人去刺杀卡斯特罗，走在比尔·哈维的前面是可能的。夏尔经常在肯尼迪的办公室与他见面，当然了，他们通过电话保持联系。他从来不向我透露任何事情，也不向任何人透露。他是肯尼迪的人，没人能动他。"

总之，杀死卡斯特罗的命令是来自最高领导层。肯尼迪兄弟俩十分想除掉这位古巴领导人，尤其是在"猪湾事件"受挫后，这一想法始终

1 出处同前。这位美国记者在书中提到中央情报局负责除掉卡斯特罗的行动小组——W 小组，该小组是由比尔·哈维（Bill Harvey）领导的，始终未能完成使命。

萦绕心头，成为困扰他们的烦心事。为了保护兄长，罗伯特·肯尼迪站在了斗争第一线，利用黑手党同时又与黑手党斗争。在罗伯特·肯尼迪看来，菲德尔·卡斯特罗让他的家族受辱了，在“猪湾事件”中让哥哥约翰·肯尼迪出丑了，并且是造成首次失败的根源。他对肯尼迪家族的地位十分看重，他无法原谅卡斯特罗。所以，直到最后，直到约翰死了，他还是执意要除掉卡斯特罗，尽管卡斯特罗看起来是坚不可摧的。

有好几次，罗伯特·肯尼迪与黑手党联系，请求他们杀掉卡斯特罗。在古巴导弹危机之后，约翰·肯尼迪被刺杀前几天，负责行动的小组终于在巴黎招募到一名准备背叛领袖的卡斯特罗主义的古巴留学生。一位中情局的特工交给这名学生一支装有毒液的改装过的钢笔，让他送给卡斯特罗。罗伯特·肯尼迪亲自监督这次行动。但是，在约翰·肯尼迪在达拉斯被刺杀后，约翰逊上台，罗伯特·肯尼迪不得不放弃他的计划。

我们很容易想象到5年之后当卡斯特罗得知罗伯特·肯尼迪可能会成为美国新总统时的反应，他肯定会想到，如果罗伯特·肯尼迪成功入主白宫，罗伯特·肯尼迪肯定会再次尝试暗杀自己。

是黑手党党徒还是卡斯特罗主义者？古巴的情报部门已经证明了他们的能力。可是，十有八九索罕·索罕从来都不知道自己到底是被谁操控了，他是足够干扰真正的幕后操纵者的线索了。

6 胡佛——联邦调查局终身没有被撤职的局长

约翰·埃德加·胡佛，有人称他是美国最大的流氓。他在联邦调查局局长的宝座上一坐就是近半个世纪，这在美国历史上是唯一一例。一般，新总统选举出来之后，都有换掉大部分高管的习惯。这被称为"spoil system"，也就是"分赃制"。但是胡佛，他经历了8位总统走马上任，却从来没有离开过他的局长之位。直到他77岁去世时，他依然稳坐在他的局长位子上。

为什么有几位总统特别想除掉他，可又从来不敢付诸行动，而他却能在职这么长时间呢？总统们害怕什么呢？无所不能的胡佛是不是真的像人们长期猜测的那样要挟了这些总统呢？此外，他有没有滥用职权去监控那些行为违反了美国民主传统的同胞们？他这么多年来收集的那几千万份个人档案是用来做什么的？

埃德加·胡佛无论过去还是现在都是一个传奇。他非常看重自己的形象，而且从不缺少自我表现的机会，所以是他自己造就了自己的传奇。只要是能为自己带来荣耀的，哪怕不属于自己的或者是违背了真相的成就，他都要归功于自己。

他长着一张让人过目不忘的脸：松弛下坠的脸颊、粗线条的轮廓、眯缝的眼睛、紧皱的眉头，还有一个斗牛犬一样的脑袋。再仔细观察一下，可能还会发现：埃德加·胡佛是一个体形敦厚、腰围不停地在增长、对自己的身高感到自卑的小矮个。为了让自己看起来显得更高一点，他穿着厚鞋底的鞋子。但这并不是他唯一的缺点。

这个长得不怎么好看的人衣服穿得倒是笔挺整齐的，甚至在度假时，他也总是穿得无可挑剔。胡佛不喜欢杂乱无序，相反，他是一个讲究习惯，行为极为规律的人。比如，他和他的男友兼下属克莱德·托尔森 (Clyde Tolson) 一成不变地在华盛顿的同一家餐馆吃中饭。另一件一成不变的事是：只要下午下班早的话，他就会去逛街购物。

胡佛于 1895 年出生于华盛顿的一个十分信仰新教的家庭里。他的父亲是个职位不起眼的小公务员，倒是他瑞士后裔的母亲，对他影响很大。胡佛很敬重自己的母亲，他的母亲一直随他生活至第二次世界大战前去世。

胡佛从青少年时期就表现出对异性不感兴趣。他终身未婚，有人说他是同性恋，这并不是谣言。一直陪伴在他身边的克莱德·托尔森似乎是他的情人，尽管如此，他还严厉谴责同性恋，甚至还利用这种性取向来“钓”某些人。从某种意义上说，只要能保住他的权力的，他在任何事情上都不会让步。他自己也是他用来对付同性恋的那些不怎么光彩的手段的受害者。当时，他千方百计地隐瞒自己是同性恋的事实，尽管这在小小的华盛顿市是众人皆知的秘密。

小时候的胡佛是一个体质虚弱、性格内向的孩子，他用狂热的野心和充足的精力来弥补自己的不足。他的梦想是成为一名律师。为了支付自己的学费，他打了好几份工，可依然包揽了学校里所有学科的第一名。

值得一提的是，这个年轻人很早就发表了一些非常鲜明的政治观点。1910 年，当时他 15 岁，他就要求吞并古巴。他还是死刑的支持者和妇女选举权的坚决反对者。胡佛从来就不是一个进步人士。从他年轻时，他就表现出是一个顽固的保守派，甚至还是一个残酷的反动分子。不管怎么说，这是位值得称赞的勤奋青年，他成功进入了司法部，一直至死他都在政府部门工作。因为在美国，联邦警察是受司法部管理的。

一开始是作为法学家被招进来的，勤勉的埃德加·胡佛很快就被他的上级注意到了。于是，他的上级就让他在调查局里负责调查可疑的外国人，这个调查局就是后来的联邦调查局的雏形。

胡佛往上升得很快。他甚至是如此的不可缺少，以致他的领导们在第一次世界大战期间竟然让他留在原岗位上，而不是把他派到欧洲去战斗。

一战后，他继续往上升。他的领导让他负责调查局里非常敏感的情报部门，主要任务就是遏制住社会运动，与各色各样的煽动闹事者们、左派及极左派的革命者们，以及煽动罢工的工会干部们等这些被称为“赤色分子”的坏美国人做斗争。

胡佛拼命地干起了这份工作。他到工会组织场所进行突袭搜查，期间经常发生斗殴事件。同时，联邦调查局的警察们还逮捕并追捕一些外国的工会分子，其中有些是被驱逐出境的人。最终，胡佛表现出来的热情让他成了米切尔·帕尔默 (Mitchell Palmer) 部长最亲密的合作伙伴，米切尔·帕尔默是一个鼓吹反共斗争的政客。

得到了上司的支持后，胡佛开始实行他不断在完善的一种方法：对抗议者建立系统的个人档案。很快，细心的胡佛就建立起了几千份个人档案，这些档案让他于 1920 年初在美国 30 多个城市开展了大搜捕活动。那些被逮捕的人仅仅是因为他们的政见。但是由于缺乏指控他们的证据，这些所谓的革命者们最终被释放了。

如此堂而皇之地侵犯个人自由和公民权最终引起了一场史无前例的公愤。一些报纸和政界人士都对帕尔默部长进行了不违反法律的抨击，因为似乎是他组织了这场对赤色分子的大搜捕活动，而胡佛称自己只是执行了部长命令，以此来推卸自己的责任。尽管米切尔·帕尔默部长受到了国会的众多调查，可他依然在部长的位子上待到新任总统当选才卸任，除此之外，他没有受到其他任何损失。

至于胡佛，他依然稳坐在他的位子上。但是他也冒了很大的风险，他从这件事中吸取了一些教训。

第一条教训就是：他应该避免把自己的职业生涯系在一个政客身上，最好能持续表忠心。因此，当他的上司民主党人士帕尔默没能被指定为总统候选人时，年轻的胡佛迫不及待地向共和党们表明自己和他们站在一起。他后来也是这样做的。这一点就可以看出埃德加·胡佛的精明能干。虽然胡佛是共和党内的极右派，但是他可以和被他看作是共产党的秘密党员的民主党派的总统成为朋友。只有在私底下，比如和他的男友克莱德·托尔森在一起时，他才会说出他的真实想法。

第二条教训是：如果将来想避免犯错的话，他必须尽可能地要遵守法律。这对于司法部的一个政府官员来说是最起码的了。可是，这个愿望并没有妨碍他在暗地里干一些勾当。首先，他并没有打算放弃他的档案库。到他死前，他的档案库里有一亿五千个美国人的档案！为了避免引起别人对这些资料的好奇，他只让他信任的下属来做这件事。胡佛像守着宝藏一样守着这些文件资料，因为这些资料里有对他非常有用的秘密。不久后，他就不再需要小心谨慎地行事了，因为他已变得十分强大了，而且成了老虎屁股，碰不得了。

安东尼·萨默斯（Anthony Summers）[1]：

埃德加非常会伪装。正如他亲密的合作伙伴威廉·沙利文

1 《美国最大的流氓》，Seuil 出版社，1995 年。

(William Sullivan) 说的一样:“他见人说人话, 见鬼说鬼话。如果一个自由派来, 他走的时候会认为:‘天哪, 埃德加是个自由派。’如果一个小时后又来了一个伯奇分子, 他走的时候会说:‘我认为他心灵深处是一个伯奇分子。’他是一个出色的变色龙……”他还是个翻脸不认人的家伙。调查局助理局长弗兰克·伯克 (Frank Burke) 为提拔埃德加出力不少, 然而他的这位门生竟在背后骂他为“政治上的废物”, 气得伯克扬言要踢他几脚。后来, 两人见面时, 联邦警察詹姆斯·萨瓦日 (James Savage) 回忆道:“埃德加让他手下的三个彪形大汉给他当随身保镖。”

胡佛的晋升已是必然的，但这个一直与母亲生活在一起的年轻人，还是依然过着严谨的生活。他除了偶尔去见他共济会的新朋友们之外，从不出门，他只为他的工作而活。这种苦行僧般的生活似乎让他成功地在1924年被任命为调查局的局长，当时他只有29岁。即使这个部门当时还没有它日后所拥有的名气，这一任命依然是他成功的明证。在这一职位上，得到新任司法部长哈伦·斯通（Harlan Stone）几乎无条件支持的埃德加·胡佛很快就致力于使这一机构恢复秩序。自调查局创建以来，这一机构就一直管理不善。他的职员们经常更多的是因为他们的政治立场而不是真正的调查能力而被录用的。胡佛决定大干一番，进行一场真正的革命。于是，这位清教徒按他自己的想法建立起了一个警察机器：他想要正直的、没有恶习的、衣着得体的下属，因为他们代表着美国的形象。在禁酒时期他严禁其下属喝酒。

根据这些原则，他对调查局里的人员进行了一场大清洗，只留下了合乎他要求的人，这些人还必须在他面前宣誓。而他们的誓言几乎像宗教一样，把他们与调查局紧紧捆绑在一起。

安东尼·萨默斯[1]：

因为深知所托付于我的责任重大，我发誓会永远把让别人守法当作一份光荣的职业，其任务既是一门艺术也是一门科学……在履行我的义务中，我会像一名神父一样，尽力给人带来安乐、建议和帮助……我会像一名战士一样，无情地向我们国家的敌人开战……我会像一名医生一样，竭力除掉腐蚀我们政治机构的寄生虫……我会像一名艺术家一样，尽我所能地使我完成的每项任务都成为一件艺术品。

对于胡佛来说，调查局的职员必须完全忠于美国，忠于宪法，忠于他本人。虽然胡佛平时行事像一个暴君一样，但是他还是受到它手下人的敬佩，甚至是喜爱。在禁酒时期，有很多走私酒贩子，联邦警察和黑帮之间免不了恶斗，联邦警察的传奇就此诞生，他们被黑帮的人称为"G-men"。禁酒期间又赶上了1929年开始的大萧条，在这种背景下，美国的黑帮组织大肆盛行，埃德加·胡佛手下屡次立功，成了各大报纸的头条。他们与约翰·迪林杰（John Dillinger）、机枪手凯利（Kelly-la-mitraillette）、邦妮·派克(Bonnie Parker)以及很多其他黑帮成员的斗争激起了公众的热情。

胡佛很会利用调查局警察们的声誉。当时，调查局做一些事还要看当地警察的意愿。胡佛首先利用联邦警察的声誉来扩大调查局的职权，使得之后只要罪行被认为是联邦的，联邦警察就能在全美介入调查。于是，1935年，调查局有了新的正式名称：FBI，即联邦调查局。这让胡佛可以建一些地方的分支机构来提高办事效率了。

同时，要承认，胡佛让他的调查局成了一个现代化的高水平的机构，可以称得上是世界上最好的警察局之一。他给联邦调查局配备了一

1 出处同前。作者再现了誓言原文。

个指纹库。当然，已经有其他警察局采用这种系统一段时间了，但是胡佛在侦探科学领域为发展最尖端的技术做出了贡献：验血、验头发丝、弹道比较、隐形书写和隐形墨水，等等。

那些在一线实战的人是特工，正如我们如今对他们的称呼一样。不过，联邦调查局里还有很多科学家、法学家和金融专家出入他们的实验室。联邦调查局再也不是那个曾经聚集着一些很容易被收买的警员的小联邦机构了。然而，胡佛还想继续壮大这个机构。罗斯福总统很快就给了他扩大职责范围的机会。胡佛对这位新总统实施的新政和一些社会措施并不是很满意。尽管他们之间存在一些政治分歧，罗斯福还是多次表现出对胡佛的完全信任，甚至，在这两人之间还存在着一种默契。因此，是罗斯福为联邦调查局引导了方向，而这个方向后来偏离了正道。

罗斯福在 1932 年首次当选总统，1936 年和 1940 年又成功地再次当选。他当总统的这些年，局势一直十分危险和动荡不安。在德国，希特勒 1933 年执掌政权。在苏联，斯大林恐怖正肆虐蔓延，共产国际在世界范围内的一张巨大的势力网又开始形成。接下来又是由佛朗哥派的叛乱引起的西班牙内战。在这种背景下，罗斯福总统首先担心的是极右派。那时的美国涌进来很多德国移民，因此已经有了极易产生美国纳粹运动的沃土。

1934 年，胡佛被白宫召见，罗斯福要求他监视美国纳粹分子以挫败可能会出现的阴谋，这在美国还是第一次。罗斯福让联邦调查局的局长来进行一项政治调查，甚至还允许他做超出派给他的侦探任务之外的事。总统的命令让胡佛有了违反法律的想法。

不过，也许富兰克林 · 罗斯福对胡佛的情报工作感到满意，又让他进行其他调查，这些调查当然都是机密的。还是在 1934 年，一场大罢工让罗得岛州陷于瘫痪之中，胡佛负责调查出带头闹事者。不久后，当一个主张公民自由的协会组织马上要被白宫接见时，罗斯福要胡佛给他秘密提供关于这个组织领导人的信息，埃德加·胡佛就是这样逐渐成了罗斯福的私人侦探。

毫无疑问，胡佛很喜欢这种信任。其实，收集公民的情报，有时候其实就是在收集流言蜚语，很符合他的本性，还能让他充分享受建档案的癖好。这份间谍工作对他来说比抓匪徒要刺激得多。再加上他与总统之间的良好关系，这只会让他更加自我膨胀。而且，罗斯福正准备要迈出新的一步。

《美国犯罪》一书的序言[1]：

如果非要我说出我最喜欢约翰·埃德加·胡佛身上某一点的话，我不会说是他出众的智慧，不会说是他充足的精力，也不会说是他高超的职业能力，甚至还不会说是他在一个腐败至上的国家所表现出来的无可挑剔的廉正，我要说的是他的勇气。不仅是他与生俱来的勇气，而且尤其是他具有的作为一位公民该有的勇气和胆量。不用我说，您一定知道J有很多敌人。我不想让那些熟知现代社会公德的人感到吃惊而去说J最危险的敌人不是他无情打击的罪犯，而是那些来自坚不可摧的阶层的一些人，胡佛不停地揭发他们的恶行和丑闻，他们就是政治家。

当然，在我们国家也是一样，政治是一种十分有害的毒药。但是，在我们国家，从来没有一位警察局长或是国家安全局局长在任职期间出版过一本写有类似以下内容的书：

“近年来，警察追查的所有危险的犯罪记录显示，这些犯罪都与从政的人（职业政治家）有密切的关系。

“在我们所有公众敌人的案件中，多次证明没有一例案件与从政者的司法行为无关。”

---

1 1938 年。这里摘录的内容是由《美国犯罪》一书的法文版译者写的，显然这位译者为胡佛的魅力而折服。

1936年，罗斯福总统再次召见胡佛，因为他想要关于法西斯分子和共产党的所有活动的确切信息。事实上，白宫相信极端主义间谍活动的网络正威胁着美国的安全。据胡佛后来称，罗斯福交给他的这份任务是官方的，总统甚至还在他的保险箱里存放了一份手稿，这份手稿能证明总统曾交给他过这项任务。然而，这份手稿一直都没有被找到。

很难想象罗斯福交给胡佛的这项任务是胡佛自己编造的，即使这项任务刚好让他越来越无视公民权利的行为变得合法化了。

就是这样，在得到罗斯福的允许之后不久，胡佛开始把所有工会干部当作共产党员登记在他的档案库里。人们后来发现，那么多的名字都是福特公司老板的一个亲信告诉胡佛的，这个人是负责破坏罢工的一支武装民兵的头目，此人还和底特律的黑帮有联系。胡佛却把这个不怎么样的人看作是真正的爱国者。

胡佛还做出了另一个值得质疑的决定，他没有向任何人请示就建立了一份名单，如果美国一旦处于战争状态，这份名单上所有的人就是需要监禁起来的人。在这份名单中，虽然有纳粹分子，但是也有很多共产主义的同情者，或者被认为是共产主义的同情者，比如那些在西班牙反对佛朗哥派的战士以及甚至被暂时逮捕的战士。在这种情况下，除非罗斯福自己就是他创建的制度的受害者，不然民主党派的罗斯福对胡佛的支持就显得令人难以理解。总之，由于罗斯福把这种任务交给胡佛，所以他就触犯了法律，并且再也不能回头了。

有档案收集癖的胡佛还十分奸诈，他手中还有另外一些牌。他对罗斯福总统的私生活和女性关系方面是了如指掌的。至于第一夫人埃莉诺·罗斯福，胡佛有很多理由讨厌她，第一条理由是：罗斯福夫人支持很多自由思想，这一点就足够激怒胡佛。胡佛私下里称她为“叫个不停的老猫头鹰”，他认为这只“叫个不停个的老猫头鹰”喜欢插手与她不相关的事，会妨碍白宫和总统的事务。尤其是，埃莉诺还领导解放黑人和尊重黑人权利的运动。作为彻底的种族主义者的胡佛是无法接受她致力于这样的事情，他在很长时间之后，在约翰·肯尼迪任总统时，迫于总统的弟弟——司法部长罗伯特·肯尼迪的压力，他才决定招收黑人联邦警察。用这位联邦调查局局长的话来说，埃莉诺就是一个“爱黑鬼的女人”。此外，埃莉诺还经常与一些年轻的进步人士来往，而且，在胡佛看来更严重的是，她还和一些女人有不一般的关系。

胡佛之所以如此消息灵通，是因为他在监视她，他在她经常去的地方安装窃听器，甚至还敢拦截她的邮件。而当埃莉诺·罗斯福谈起胡佛时，她也毫不客气，在她看来胡佛就是一个法西斯分子。因为她从来不掩饰她对胡佛的厌恶之情，所以这种回击的话很快就传到这位神通广大的联邦调查局局长的耳朵里。至于罗斯福总统本人，好像也开始觉察到了什么，从 1943 年开始，他再也没有在白宫接见过胡佛了。

罗斯福对胡佛还有别的不满。他的国务卿萨默·威尔斯（Summer Welles），也就是外交部部长，私底下也是他的好友，被卷入一起同性恋事件。在一辆火车上，萨默·威尔斯可能勾引了一位年轻的检票员，但也不排除他中了讨厌民主党人士的联邦调查局警察和局长设下的圈套。

反正在这件事之后，为了避免丑闻，罗斯福不得不让他的朋友辞职。这件事让他对胡佛有了很深的怨恨。根据几个经常出入白宫人士的说法，罗斯福当时甚至想解除胡佛联邦调查局局长的职务。然而，不巧的是，这件事发生在战争时期，罗斯福还有很多其他的顾虑。因此，直到他去世前，他都没有实现这一想法。

然而如果罗斯福知道另一件事的话，他一定会免掉胡佛的职位的。这件事有点复杂，事情是这样的：第二次世界大战爆发之后，美国肯定迟早会卷入其中的，那么情报问题自然就摆在眼前了。在美国还没有那样的情报部门的时候，胡佛认为这种工作自然会落到联邦调查局头上。因此，在美国参战之前，联邦调查局和英国情报部门就达成了秘密合作协议，连国会都不知道此事。罗斯福因此冒了很大的风险。

负责联系这两大情报部门的是一个叫斯蒂芬森（Stephenson）的加拿大人，参加过第一次世界大战，后来成了一位商人。他也是丘吉尔杰出的密使。这位斯蒂芬森来到美国安顿下来，他身负协调情报的任务，自然就与胡佛联系。那么他们之间发生了什么事呢？我们不是很清楚，但是这两个人最终没能达成一致，也许是因为胡佛想指挥一切。为此有些军人对胡佛的敌意更深了，他们认为他在情报方面没有任何才能。

不管怎样，当时那种不好的气氛导致罗斯福任命威廉·多诺万（William Donovan）上校为美国所有情报部门的一把手，威廉·多诺万即美国战略情报局（OSS）的局长。胡佛因此发誓多诺万不会从自己这里得到任何情报的，也许就是这种仇恨的心理导致他犯下了大错。

1941 年 8 月，受命于英国情报部门的一个双面间谍杜尚·波波夫（Dusan Popov）潜入美国境内。这个间谍也许就是让伊安·弗莱明（Ian Fleming）产生灵感创造了詹姆斯·邦德这个人物的原型。杜尚·波波夫一到美国就急着要求见胡佛。事实上，波波夫已经试探过多诺万，可是多诺万当时还没有负责协调情报的工作。然而胡佛知道多诺万将会负责这项工作的，这也是让他恼火的地方。

让波波夫等了一段时间之后，胡佛最终还是见了他。波波夫于是告诉了胡佛一条非常重要的情报。由于他与德国的接触，他得知了日本人正在准备大规模袭击美国在夏威夷的海军基地珍珠港的确切消息。然而，胡佛不仅不相信这个满口胡言的间谍的话，还在发了一通火后，把他赶出了办公室。事情就这样过去了。

几个月之后，即 1941 年 12 月，日本人真的袭击了珍珠港并给珍珠港造成了巨大损失。没有把他之前得到的消息向白宫汇报的胡佛对此事更是闭口不提了。很久之后，直到20世纪70年代，这件事的真相才被公开。而此时，胡佛已经离开人世了。

安德鲁·卡斯皮（André Kaspi）[1]：

的确，（胡佛）强势和不容别人质疑的个性影响了几代特工。但是他没有高智商，并且对有高智商的人表现出很不屑。他喜欢管理，但是不喜欢商讨。他是老大，他要让别人知道这一点。他的整个一生都奉献给了联邦调查局，他兢兢业业、一丝不苟，随着时间的增长，他对这份工作就像着了魔一样。他代表了忠于传统价值观、家庭、宗教和国家的形象，并且他坚持不懈地维护自己的这种形象。无可指责的衣着、修剪整齐的短发、坚毅的下巴、敦实的身材，唯有美国的强大牢固和思想正统是他心之所系。此外，胡佛还树立道德典范，在他的演讲、采访或是署名的文章中，他颂扬正直的政治节操，痛斥腐败的政客，反对无神论，把家庭的安全与国家的安全紧紧相连，不满美国对企图推翻民主制度的地方表现出来的宽容。他有的是大多数人都能接受的人生哲学和战后大多数美国人都接受的信条，也许他还有宣讲加尔文教义的趋势。

第二次世界大战之后，最让埃德加·胡佛操心的事是如何插手整个情报领域。美国战略情报局局长的位子与他失之交臂，落在了威廉·多诺万的头上。然而，战后该情报局就被解散了，组织情报工作再次成了问题。而且在华盛顿，很多人都认为美国再不能没有一个对外情报部门了。很自然的，杜鲁门总统想把创建和领导这一新情报部门的任务交给当时已经升为将军军衔的多诺万。

1 《历史》，1983年。安德鲁·卡斯皮报道了胡佛私下里说过的一些话："罪犯就是老鼠。政客们的贪污受贿威胁着国家的安全，新闻媒体都是豺狼虎豹，对联邦调查局批评指责的都是出卖自己灵魂的记者、精神失常者、酒鬼和蠢货。"

胡佛知道杜鲁门总统的想法之后，立即决定争取此职位。他认为已经成功开展了多次反间谍行动的联邦调查局完全有能力承担对外搜集情报的任务。而且，他还提出一个重要的理由：建一个统一的情报部门的好处。

杜鲁门，和他的前任罗斯福一样，对胡佛是有戒心的。可是，他知道联邦调查局有对他不利的档案：他在堪萨斯的政治生涯之初，就得到了与黑手党有关的一位当地政客的支持。因此，胡佛可能会在这件事上敲诈他。鉴于此，他很难让胡佛的任期结束。

然而，这种威胁是把双刃剑。如果胡佛对他宣战，杜鲁门可以通过揭发胡佛在1941年珍珠港事件时犯下的大错来反击他。杜鲁门还可以揭发他的疑似同性恋身份。

因此，杜鲁门能够抵抗住，他决定成立一个对外情报部门，这个对外情报部门后来就成了中央情报局。这对胡佛来说的确是一次挫败。此后，联邦调查局再也不能在美国境外实施行动了。中央情报局的成立使这两个情报部门之间长期存在竞争，这种竞争一直持续到现在。输了的胡佛于是疯狂地发动起反共斗争，这成了联邦调查局的主要活动。

前盟国苏联成了美国新的敌人。苏联被怀疑在侦查美国，并在进行一些颠覆活动，这不是没有根据的。长期宣扬强硬的反共主义的胡佛拨旺了火势。他甚至得到他的顶头上司——司法部长的同意，在与苏联关系紧张时期，可以在判决前逮捕美国的共产党员。因此，他要事先确定所有的共产主义者及其同道中人。诚然，联邦调查局在罗斯福的同意下，在战前已经开始了建档工作，但是由于苏联在第二次世界大战期间成了美国的盟友，所以行动暂时中断了。

联邦调查局认为，在战争高潮时期，鉴于红军的胜利激起的热情，美国共产党的成员可能达到8万人。战争结束后，人数肯定锐减。但是，对于胡佛以及所有那些同意他的极端想法的人来说，共产主义者的概念是很广泛的。只要是有自由信念的外国知识分子，或者是无神论者，抑或是不墨守成规的人，都被划分到共产主义阵营，在胡佛钟爱的清教徒般的、爱国的良好社会里是容不得这些人的。

在美国，这几万名共产主义者中，登记在册的或是没有登记在册的，代表了很少一部分人，既不会威胁美国的政治制度，也不会威胁美国的经济产量。但是，这些共产主义者中的确有一部分人在从事间谍活动，比如罗森伯格夫妇就是证据。

即便如此，也不能说明这种建档行为是合法的，因为它严重侵害了个人自由。超过两万个共产主义者或被认定为共产主义者的姓名出现在埃德加·胡佛建立的档案中。记者、作家、工会干部和教师都被列入其中，这一完美的档案多亏了 IBM 的打孔卡。

1945 年 11 月之后，胡佛开始发起行动。他让一份向苏联提供情报的十多位美国高官的名单传到白宫。他就是这样在美国发动了反共运动。尽管杜鲁门总统不想把这些他认为夸大了的指控当一回事，但他还是不得不听之任之。

当然，杜鲁门是一位温和的民主党人士。但是，他被他的共和党派的对手和因反共宣传激起的舆论弄得不堪其扰。于是，在 1947 年，他下令凡新任官员都要经过忠诚度测试，以便审核官员不是共产主义者。如果官员被怀疑是共产主义者，将会被带到特地为此成立的一个委员会那儿审讯。然而，这一做法并没有使胡佛满意。他太想控制这个委员会了，由于在一位年轻的众议院成员——理查德·尼克松的支持下，胡佛给国会众议院的非美活动调查委员会施压了，他终于满意了。这位后来的总统因此是即将在美国掀起浪潮的猎巫行动第一个计划的始作俑者。

接下来的事情发生在 1948 年。一位叫惠特克·钱伯斯 (Witacker Chambers) 的记者与联邦调查局有联系，他揭发了 75 名高官在第二次世界大战期间向苏联提供情报。在这些高官中，有一些人位居高位，其中还有几个是有影响力的部长的助理。阿尔杰·希斯 (Alger Hiss) 就是其中之一，希斯是美国在雅尔塔代表团的成员，并以代表身份出席筹建联合国会议。不管怎样，这份 75 名高官的名单的泄露让美国的媒体界忙坏了，也让美国沸腾了：人们觉得到处都是共产主义者。

一位郁郁不得志的参议员——约瑟夫·麦卡锡（Joseph McCarthy）选择这一时期走出阴郁，领导一场反共战争。显然，胡佛站在他的身后，给了他大力鼓励和支持。胡佛甚至还建议麦卡锡首先对有着像华特·迪士尼（Walt Disney）和罗纳德·里根 (Ronald Reagan) 这样闪耀明星的好莱坞出击，罗纳德·里根还是演员同业工会的领导人之一。这样做的目的是要给这次反共运动制造最大的轰动效应。就这样，一些著名演员像约瑟夫·洛塞（JosenhLosey）、伊利亚·卡赞 (Elia Kazan)、约翰·休斯敦 (John Huston)、查理·卓别林（Charlie Chaplin）和朱尔斯·达辛 (Jules Dassin) 等，都遭到拷问。被审讯、担惊受怕、被监禁，尤其是还要被好莱坞的大电影制片厂辞退，其中一些人被迫失业，选择远走他乡，而另一些人选择自杀。不幸的是，还有一些人最后动摇了，同意做指控他们同事的证人。比如，卡赞卖友求荣的名号一直与他如影随形。这次行动在美国引发了一场前所未有的告密运动。

安东尼·萨默斯[1]：

埃德加在文学界的扫击目标包括一些最著名的作家。其中一些人像达希尔·哈米特（Dashiell Hammett）的确支持了马克思主义事业。他们被盯梢、监视，他们的信件被拆开检查。达希尔·哈米特是经历了两次世界大战的老作家。他逝世以后，联邦调查局进行阻挠，不让他安葬在阿林顿公墓。

1　同前。

有许多其他的著名作家同马克思主义并无联系，然而也同样受到了调查。这其中就有获得诺贝尔奖的作家赛珍珠，有关她的档案有400页之多。特工人员拆阅她的信件。其实，她只不过是写了一些反对法西斯主义的文章，参加了美国公民自由联盟而已。我们如今获悉，埃德加也为诺贝尔奖获得者托马斯·曼（Thamas Man）、辛克莱·刘易斯（Sinclair Lewis）等人立了档案。联邦调查局称欧内斯特·海明威（Emesc Hemingway）为“左倾”分子，给他的妻子玛丽也立了档案。作家斯坦贝克因为“描写了美国生活的肮脏贫穷的一面”，使联邦调查局大为不安。还有欧文·肖（Irwin Shaw）、阿道司·赫胥黎（Aldous Huxley）、阿瑟·米勒（Arthur Miller）、田纳西·威廉斯（Tennessee Williams）和杜鲁门·卡波特（Truman Capote）等人也被联邦调查局建立了档案。

画家、雕刻家也被建立了档案，包括亨利·摩尔（Henry Moore），甚至那个从未到过美国的毕加索也在调查局的档案里有名。伟大的科学家也成为调查的对象。

这一由麦卡锡领导、联邦调查局暗中插手的告密运动，持久地毒化了美国的政治气候：所有反对这一疯狂的告密运动的人很快就会成为可疑分子。杜鲁门总统还亲自在广播中要求每位公民告发自己身边看到的违法行为。于是他在1950年通过《国内安全法案》，这一法案扩大了联邦调查局的权限，大到可以监听任何一个人。

的确，苏联对美国的渗透可能被低估了，这在一定程度上为这些侵害公民自由和公民权利的指令开脱了罪名。在战争期间，莫斯科建立起一张有效的间谍网，这张间谍网成功地让苏联在1949年研制出了自己的第一颗原子弹。所以，美国并不准备对共产主义思想让步。

联邦调查局局长胡佛和妄想狂麦卡锡一样，事实上都操纵了政治。

麦卡锡还幻想在美国建立一个右派国家。至于胡佛，他差不多也有和麦卡锡同样的愿望。有一段时间，他还设法要让自己获得共和党的总统候选人的提名。但是，当艾森豪威尔将军于1952年获得总统候选人提名后，胡佛放弃了。猎巫行动终于被翻篇了，大酒鬼麦卡锡最终悲惨地结束了自己的政治生涯，被以胡佛为首的老朋友抛弃。

胡佛还有更可怕的一面，那就是他与黑帮的关系，如果不提这一点，就无法完全了解他这个人。我们还记得这位如此年轻的联邦调查局局长，他在禁酒时期，他廉洁的下属在与黑帮斗争中取得的胜利为他带来的声望。当时的媒体对他的丰功伟绩是大肆宣扬。可是，十分奇怪的是，胡佛却否认有组织犯罪团伙的存在。他公开否认黑手党这样的组织能够统治黑帮，对赌博、卖淫、敲诈、毒品走等众多犯罪活动进行勒索。

关于这一奇怪的否认，让人想到的第一个解释是：胡佛一心想着与共产党的颠覆活动斗，顾不上与犯罪活动斗。而且，他声称那些让他与黑手党斗的人是企图使他放弃消除共产主义威胁这一职责。这些人中不乏共产主义的走狗。所以，有人敢跟他提意大利黑手党时，他就生气，并严肃地称在美国横行的犯罪活动都是带有盎格鲁-撒克逊姓氏的真正的美国人干的。

认识黑手党的老大们，对胡佛来说，这是件错误的事还是该感到沾沾自喜呢？胡佛除了走火入魔般地与共产主义做斗争之外，他像一只老母鸡守着孩子般地守着他的调查局。当然，他一直想筹到额外的资金。要想得到更多的补助金，就需要给参议员和众议员们看一些让他们高兴的统计数据。因此，从这一点来看，解决像绑架、持械抢劫、诈骗或情杀这样的普通犯罪要比对黑手党进行漫长又有风险的调查容易得多，也更有利于媒体来宣传。

胡佛选择的是立竿见影的效果。而且，有组织的犯罪通常都是看不见的，也就是它不直接影响普通公民的生活。因此，胡佛对此坐视不管。正是因为有胡佛这个意外的盟友，黑手党在美国才能贿赂警察和官员，悄无声息地发展壮大，并且根深蒂固。20世纪50年代初，担心黑手党犯罪活动不断发展壮大的参议员艾斯迪斯·凯弗维尔（Estes Kefauver）提议创建一个查处有组织犯罪的全国委员会。很快，胡佛就反对这件事，并且指控他想创建一个美国的盖世太保。这个毫不惧怕侵犯公民权利的人做的这件事，真是有点厚颜无耻。

然而几年之后的1957年，纽约州的一座小城的警察突然袭击了正在召开黑手党首脑会议的会场。这件事引起了轩然大波，胡佛对此不得不做出表示。很快，他决定在联邦调查局内部成立一个专门负责查处有组织犯罪的小组，但是他只给这个小组安排了四名警察。尽管在原则上，当黑手党在某个地区犯罪时，联邦警察可以依靠该地区警察局的力量，但是四个人的人员数量还是远远不够的。事实上，胡佛并没有真正地要大力打击黑帮。

新的证据发生在1960年，当时罗伯特·肯尼迪重提他的同事凯弗维尔的计划，很快又遭到胡佛的反对，胡佛还动员那些比较保守的参议员和他一起反对。这一次，这位联邦调查局局长的解释是查处有组织犯罪只需要地方警察来管。他就是这样公然拒绝打击黑手党的。

的确，很快就有几个黑手党的大头目被抓，但是他们中的大部分人是被他们自己人告发的，并且给了警察好处费，因为他们的对手想借此除掉他们。“幸运儿”卢西安诺之所以会进监狱，是因为遭到一名报复心强的检察官的报复。他虽然进了监狱，可却丝毫没有妨碍他在牢房里继续指挥他的手下进行犯罪活动。

在罗伯特·肯尼迪被刺杀三年后，发生了戏剧性的变化。黑手党的一个大家族的一名成员招供了一些事情。吉诺维斯家族的“小弟”乔·瓦拉奇（Joe Valachi），因走私毒品被判刑，后又被指控杀害了他的一位狱友，他向警察揭发了他知道的一切。这时，人们才知道黑手党是一个结构极其复杂的全国性的组织。但是，胡佛对此执意装作不知。罗伯特·肯尼迪成了其兄约翰·肯尼迪的司法部长之后，开始报复：他迫使联邦调查局严肃调查有组织犯罪活动。负责该项任务的警察人数增加了十倍。在芝加哥和纽约最先取得了成功。但是，几个月之后，约翰·肯尼迪被刺身亡。没过多久，联邦调查局就又故伎重演，对黑手党的犯罪不闻不问。直到 1972 年胡佛死后，联邦调查局才改变了这种消极被动的态度。

让·弗朗索瓦·盖尔 (Jean-François Gayraud)[1]：

其实，约翰·埃德加·胡佛否认“我们的事业”的存在，是为了不用去对付这位超出联邦调查局能力范围之外的对手。这一任务的确是艰巨而又可怕的。“我们的事业”拥有的实力足以打败如此年轻如此缺乏经验的联邦调查局，因为反共的热情和对民权运动的仇恨（比如马丁·路德·金）并不足以解释约翰·埃德加·胡佛对黑帮的态度。在这一挫败上，胡佛既是一次全面失败的象征也是全面失败的征兆。胡佛个人只是导致失败的一部分原因，主要原因还是政治体系（总统、司法部长、州长、市长等）和司法体系的问题，这两个体系的行为在事后看来都是有问题的。事实上，当时美国对这个如此庞大和厉害的组织的打击并没有取得一致同意，也没有深刻地意识到要进行打击，因此黑帮被熟视无睹。从根本上来说，是因为美国没有感受到这一有组织犯罪团伙带来的真正的痛楚。追求自由就是美国的全部。“我们的事业”像喜欢金钱和反共一样喜欢美国的机构。总之，有组织犯罪已经成了美国生活方式的一部分。

---

1 《黑手党的世界》，Odile Jacob 出版社，2005 年。

真相是平淡无奇的：胡佛和黑手党之间签订了一种互不侵犯的协定。这位联邦调查局的老大，从不鄙视用要挟的方式来达到自己的目的，他自己也因私生活和同性恋而被别人要挟。这不仅仅涉及他与他的助手克莱德·托尔森的关系，他俩之间的关系因为他们总是待在一起而成了众所周知的事，而且还涉及别的事，只是这些话题是比较敏感的，大家对这些话题比较避讳。埃德加·胡佛有个癖好是扮异性。有人在华盛顿的一家豪华酒店里举行的高级派对里拍到胡佛的一些淫秽下流的场面。这些照片落到了黑手党的手中。因此，黑手党的一个头目，著名的梅耶·兰斯基 (Meyer Lansky)，也是“幸运儿”卢西安诺的最佳拍档，有一天吹牛说他抓到胡佛的把柄了。

但是黑手党的另一个教父——弗兰克·科斯特罗 (Frank Costello) 是用另一种方式掌控胡佛的。胡佛视钱如命、利用联邦调查局假公济私是众所周知的，他还有一个爱好就是赌马。他几乎每天都要去赌马场，并花巨资做赌注。由于他十赌九输，黑手党的人就抓住了他这一点。因为黑手党的人掌控着各大赌马场，很容易从中作弊，把内部消息告之胡佛，甚至通过赛马的赌注登记者直接把钱给他，这些赌注登记者都是加入黑帮的人。

因此，胡佛的私生活和赌马的爱好说明了为什么这位联邦调查局局长从来都没有正面打击过他的黑手党“朋友们”，作为回报，黑手党不得不帮点小忙或者大忙。

然而，从技术上来说，联邦警察们是有办法对有组织犯罪进行有力打击的。随着时间的推移，胡佛赋予调查局各个部门的侦探手段是越来越完善。他的特工们知道怎样安装窃听设备而不被人察觉，而且还能秘密窃听电话。甚至在联邦调查局内部，还有一些隐形的、非法的入室盗窃高手。但是胡佛在对黑手党进行调查时总是避免使用这些手段，他把这些手段留着对付他认为是颠覆性的组织活动。

因此，他长期监视和窃听他讨厌的马丁·路德·金。首要原因是因为马丁·路德·金是黑人，其次是因为胡佛认为他争取公民权利的斗争是在掩饰他的共产主义活动。因此，他监视他，甚至还通过把马丁·路德·金的多次婚外情告诉他的妻子来破坏他们夫妻的关系。

胡佛自己是在性方面受人要挟的受害者，可他还是毫不犹疑地使用这个武器去要挟别人。这也是桃色绯闻众多的约翰·肯尼迪虽然万分想解雇胡佛可又不敢解雇胡佛的原因。胡佛知道这位总统的所有越轨行为。比如，他和玛丽莲·梦露之间的关系，尤其是，对一位美国总统来说更不堪的是，与黑手党的一位教父的情妇朱迪斯·坎普贝尔(Judith Campbell)之间的关系。这些流言蜚语都充实了联邦调查局里的档案，也充实了胡佛的个人档案。胡佛把自己的一部分档案锁进了他的保险箱，人们直至他死也没有找到这些档案。但是，对世人来说，这些档案并没有丢失。

多米尼克·博德（Dominique Borde）[1]：

从特权方面来说，他使用着并且滥用着三辆改装过的防弹轿车，他的房子是由联邦调查局的职员来装修和维护的，他在那些大饭店里有免费为他开放的席位。但是更糟的是，这位廉洁正直的警察还有一个很费钱的恶习：他偷偷赌马。这让他与黑手党成员弗兰克·科斯特罗和亿万富豪罗森斯蒂尔（Rosensteil）之间有了密切的关系。人们谈论他与一些人之间的不正当的关系，通过一些让他名誉扫地的照片知道了他是个同性恋，这也让黑手党得以用这些照片来敲诈他。亿万富豪罗森斯蒂尔的妻子甚至还记得在一家酒店的套间里见过他戴着假发、穿着网眼长筒袜扮女人。

---

1 《费加罗报》，1994 年。

如果说作为公民的胡佛是容易受人攻击的，但是作为联邦调查局局长的胡佛是无人能动的。因为他知道所有人的秘密，没有哪个政治家敢对付他。约翰·菲茨杰拉德·肯尼迪的那些不谨慎的桃色事件都在他的掌控之下，约翰·肯尼迪的一个旧情人向胡佛证实了那些事情。约翰逊也不敢得罪胡佛这位危险的保护者，他收集的那些档案就像一颗颗定时炸弹一样。

此外，胡佛还在 Co-Intel-Pro 计划，即"反谍计划"期间主导了一些大规模的行动。行动的目的不仅是要监视而且还要具体打击所有可能威胁美国利益的分子，具体来说包括共产主义者、托洛茨基分子、拥护波多黎各岛独立的波多黎各人、亲卡斯特罗主义的协会组织，以及极端主义的黑人团体。行动的手段不怎么高明：散布假消息、用谎言欺骗以及渗透。

简·方达（Jane Fonda）是一位激进的反对越南战争的斗士，并险些为此付出巨大代价。一位联邦调查局的特工有一天向一位好莱坞报纸的专栏记者透露说，这位女演员参与过黑豹党的激进运动，说她在一次会议中曾经呼吁刺杀总统。如果这一不实新闻被发表的话，它会给这个女演员带来巨大的职业挫折。

1968 年，"反谍计划"开展得如火如荼，波及美国校园。左派的学生分子也成了"反谍计划"的打击目标：散发虚假宣传单、诽谤他人名誉、给他们的配偶寄匿名信，这一切都是为了使学生运动的信誉扫地，以削弱他们的势力。

水门事件[1]发生后不久，众议员成立了一个委员会对"反谍计划"进行调查。调查的最终结论是："反谍计划"破坏了风气，毁掉了很多

---

1 详见第 7 章。

人的职业生涯，玷污了他们的名誉，甚至给他们的生命安全带来危险。可是这时候的胡佛已经离开人世了。“反谍计划”在1971年发生的一桩奇怪的入室行窃案之后也停止行动了。1971年，在大学众多的宾夕法尼亚州成立了一个小组，这个小组的成员都认为联邦调查局在扮演着一个有害的角色。这些人中有些人认为自己是联邦调查局特工们的阴谋诡计的受害者，为了得到证据，于是他们决定潜入联邦调查局位于宾夕法尼亚州的办公室。他们冒着巨大的风险实施了这一决定。进入办公室之后，他们发现就像进了阿里巴巴的洞穴一样：一些监视报告、学生运动被监听和被渗透的资料，还有活动分子、大学生及教师的档案，这些档案里的信息十分具体且非常隐私。

这些“入室行窃者”迫不及待地把他们发现的公布于众，各大报纸对此进行了大肆报道。至于胡佛，他大发雷霆却无济于事：事情已经发生了。气急败坏之下，他关闭了联邦调查局的一些地方办公室，并解雇了几名联邦警察。这件丑闻足以让胡佛解职，然而又一次，他幸免于此。时任总统理查德·尼克松是曾经和胡佛一起发动“猎巫行动”的共犯，除了他们有共事的情谊之外，是胡佛收集的档案让这位“滑头迪克”决定保护胡佛的。

正是如此，胡佛得以平安无事地在联邦调查局局长的位子上坐到72岁他离世为止。尽管人们指责胡佛所做的一切，理查德·尼克松还是在胡佛死后给了他国葬的待遇！

7 水门事件——七名“管道工”和一位总统

这也许不是美国历史上最大的丑闻事件，但却是最具轰动效应的：它导致一位总统在1974年被迫辞职。即使理查德·尼克松拒绝辞职的话，美国国会也会解除他的职务。然而，就在一年半之前，尼克松还成功地再次当选总统，并且他在外交和政策方面，取得了很多成就，特别是结束了越南战争，解救河内于炮火之中。

这位当时世界上最厉害的人不得不自己下台，这是为什么呢？因为一起闯入水门大厦窃取政治情报的案件。共和党人尼克松想获取民主党派的竞争对手竞选策略的情报，尽管当时所有的民意测验都预示着他连任总统是没有问题的[1]。

水门事件不仅是影响巨大的政治新闻，它也标志着中央情报局一系列挫折和丑闻的开始，这些挫折和丑闻解释了之后美国情报方面的失败——没能预知事件。

---

1 在法国，也发生过类似的事情：法国领土监视局（DST）在《鸭鸣报》的多个办公地点安装了窃听器，但没有造成任何政治后果。真是国家不同，风气不同！安德鲁·封丹在《世界报》上写下了这样几行字：“我们一直都被蒙在鼓里，我们也不愿意去相信这件事。但是在这个地球上，至少还有这样一个国家：在这个国家，法律绝对比人更强大；在这个国家，由总统任命的法官可以发起反对总统的请求；在这个国家，一个政党宁愿选择司法公正，也不选择维护其成员的执政权。”

水门事件会让人立刻想到这样一幅画面：一支点燃的烟头的微弱亮光下显现出来一个神秘身影[1]，这个人向《华盛顿邮报》的两名记者罗伯特·肯尼迪·伍德沃德（Bob Woodward）和卡尔·伯恩斯坦（Carl Bernstein）吐露了他的秘密。这两名记者是在一个地下停车场和这个神秘的线人见面的，他们戏称这个线人为“深喉”，这个词是取自当时十分成功的一部色情电影的名字。

从官方上来看，这件事是始于1972年6月中旬，由5名“管道工”的逮捕拉开帷幕，我们接下来会以此绰号来称呼他们。这5个人潜入了华盛顿的水门大厦，民主党的总部就设在这座大厦内。

当时，总统竞选活动正是高潮时候。共和党候选人理查德·尼克松，虽然他当时还没有被共和党正式指定为候选人，但他的人气达到了顶峰，只有爱德华·肯尼迪（Edward Kennedy）——约翰和罗伯特·肯尼迪的弟弟，能够让他感到威胁。然而，卷入查帕奎迪克事件[2]的爱德华·肯尼迪已经放弃参加竞选总统了，那么，尼克松为什么要对民主党的大本营实施间谍行为呢？

只有两种解释能说得通，这两者皆有可能。尼克松可能怀疑民主党主席劳伦斯·奥布赖恩（Lawrence O'Brien）有关于他的黑材料。比如，关于他和垄断企业ITT（国际电话电报公司）的关系或者他和亿万富翁霍华德·休斯之间的关系的材料。第二种可能是：那几名管道工也许中了旨在陷害尼克松的圈套。

1972年7月14日夜晚，这几个管道工第二次闯入水门大厦。三个

---

1 在艾伦·帕库拉（Alan Pakula）的影片《总统班底》（又译《惊天大阴谋》）中，由哈尔·霍尔布鲁克（Hal Holbrook）扮演的角色。

2 1969年7月18日，在从查帕奎迪克岛(Chappaquiddick)的派对返回途中，参议员泰德·肯尼迪的一位女同事玛丽·乔·科佩奇尼(Mary Jo Kopechne)死于泰德·肯尼迪驾驶的车中。

星期之前，他们第一次闯进了大厦内部并进入了奥布赖恩的办公室。他们偷拍了一些机密文件并安装了几个窃听器，可是，拍的照片很模糊，窃听的电话也不对。这次失败之后，他们决定再一次潜入水门大厦。为了准备这次行动，他们中有一人把地下车库大门的锁用胶带缠上，以防止大门被锁上。很不幸，一位值夜班的保安人员注意到了这个胶带，并把它揭开了。无论如何这位保安都没有想到这是企图入室行窃：他以为这也许是在车库里施工的工人干的，以便他们进出方便，门不会被锁上……但是，当这位保安一个小时之后再次经过这里时，发现锁再次被胶带缠上了。这一次，他觉得这件事很可疑并报了警。于是，那5名管道工被当场抓住。

是他们不小心吗？当他们发现第一次的胶带被撕掉时，他们就通过步话机向住在这同一座大厦酒店里的上级寻求指示，可是，得到的指示却是继续行动。于是，安排了一个放哨员提醒他们一切可疑的动作后，这5名管道工就更加从容地继续行动了。可是，当这位放哨员发现水门大厦的楼里有不正常的骚动时已经太晚了，他提醒这5名管道工有情况时，他们已经被抓了。

这5名管道工是什么人呢？其中有几个是古巴人，曾经是中央情报局的雇员，参与过“猪湾事件”[1]。其余几个也是中央情报局的旧雇员。尤其是其中一个叫麦考德（McCord）人，是一个经验丰富的特工。至于在隔壁酒店的两位上级，也很快被逮捕了。霍华德·亨特(Howard Hunt)，也是中央情报局的前特工，后来在中央情报局的掩护机构——一家公共关系公司工作。戈登·利迪(Gordon Liddy)曾经是联邦调查局的特工。

因此，中央情报局被牵连进这件事。白宫里，尽管尼克松总统假装

1 1961年4月，肯尼迪总统时期美国入侵古巴的事件。

若无其事，可是恐慌还是迅速蔓延，因为麦考特是总统连任委员会的首席安全问题顾问；亨特和利迪受雇于理查德·尼克松的特别顾问查尔斯·寇尔 (Charles Colson)，长期与总统身边的人保持联系。并且，警察还在这几个管道工身上搜到几个白宫的电话号码。

此事亟待处理。保险箱被清空，黑材料也被销毁了，尼克松的所有同伙们编好谎言，口径一致。尼克松总统愤慨地否认他与水门事件的管道工们有关系。

前司法部长约翰·米切尔 (John Mitchell) 是尼克松连任委员会的主席，他要求他的继任者释放被抓的管道工们，可是他的继任者拒绝了。

就此，总统候选人尼克松没有想到这件事可以影响他的竞选活动。而且，虽然民主党派决定利用这件事来打败尼克松，但是这条“入室行窃”的新闻在美国的报纸上并没有造成很大动静。报纸上一致认为这只是一件“下属干的”丑闻，再次使用了本·巴尔卡 (Ben Barka) 丑闻案时戴高乐将军喜欢的一个词。

不过，奇怪的是，尼克松是在成功连任总统之后才遭到质疑的。在这之前，这位被人取了外号叫“滑头迪克”的尼克松的战略就是矢口否认。这就意味着要牺牲那些管道工们……这些“好兵们”不得不承担起这件事的责任。

克洛德·穆瓦西（Claude Moisy，法新社前总经理）：

在慌乱不安中，尼克松就水门事件向公众编造了第一个谎言。7月22日星期四，也就是“入室行窃案”发生的第六天，在白宫的新闻发布会上，让尼克松大吃一惊的是，记者提问的17个问题中只有一个是关于“入室行窃案”的——是否如奥布赖恩所说，那些窃贼们与白宫有关？尼克松道岸貌然地回答道：“这种行为无论在我们的选举系统或是政府系统中都没有立足之地。白宫与此事没有任何关系。至于这件事本身，它应该由相关部门来调查，走司法诉讼程序，我就不对此多加评论了。”他说的这些都是假的。这种行为明明就是他的政治系统的一部分。白宫至少间接与“入室行窃案”有关。而且他还千方百计地妨碍调查，甚至不惜以犯下其他罪行的代价。

要想阻碍联邦调查局的调查，尼克松必须利用那些管道工中有反卡斯特罗主义者这一点来得到中央情报局的协作。中央情报局告知联邦调查局，那几个古巴人的确是中央情报局的特工，参与过反对卡斯特罗的特密行动。如果要继续调查下去，联邦警察们可能会导致这些秘密行动的失败。总之，出于国家安全的迫切需要，这件事必须到此为止！

于是，白宫办公厅主任罗伯特·霍尔德曼（Robert Haldeman）和总统国内事务顾问约翰·厄利希曼（John Ehrlichman）召见中央情报局局长理查德·赫尔姆斯（Richard Helms）和弗农·沃尔特斯(Vernon Walters) 将军，交给他们——尤其是交给沃尔特斯将军——一个任务：说服联邦调查局停止调查。

沃尔特斯对此事并不是很热情，他很快就明白了他们找他是想掩盖罪行。可是由于他是尼克松的老友，所以他最终答应去见联邦调查局的新局长帕特里克·格雷 (Patrick Gray)，格雷是已于 6 周前去世的埃德加·胡佛的继任者。这对尼克松来说运气不错，因为胡佛很可能是不会答应的，他不会让自己卷进这种事的，特别是，这个要求还是他的竞争对手——中央情报局提出的。还有一点是，格雷是暂时的代理局长，他的局长之位还没有得到参议院的批准。

于是，沃尔特斯将军来到了格雷家中。他对格雷说的大体上是如果对“入室行窃案”展开调查的话，可能会导致中央情报局的重要计划失败。

格雷是十分小心谨慎的。他知道正值大选期间，这件事非同小可。总之，他许了个“空头支票”。在沃尔特斯的再三恳求下，格雷最终是这样回复他的：我很想平息水门事件，但是我需要一封写明是中央情报局要求我这样做的信函。很显然，沃尔特斯无法做到。于是，这件事就这样不了了之了！这两大情报机构都像是对此事放弃了！嫌疑最大的中央情报局恐怕有一天会为了保住自己的名誉，不得不把此次事件的责任推到尼克松总统的身上。

虽然华盛顿政府表面看起来风平浪静，但是白宫并没有低估这一事件会带来的危险。证据是：尼克松身边的人很快就切断了薄弱环节，撇清尼克松的责任。这件事的第一受害者就是深陷其中的约翰·米切尔（John Mitchell）——尼克松连任委员会的主席。他是尼克松总统关系十分亲密的好友，那些管道工就是在委员会内部行动的，因此他熟知白宫里的勾心斗角。但是米切尔现在处境不佳，他的职位让他成为一个极好的“替罪羊”。

没有碍于朋友情谊，尼克松决定牺牲米切尔。他发现米切尔的妻子患有精神疾病，她的话特别多，简直太多了，而且更危险的是她最好的朋友是一家新闻社的记者。白宫这一招是一举两得。一方面，让米切尔辞去了委员会的职务；另一方面，让人透露出这样的消息：这位前司法部长由于忙于操心妻子的健康问题，造成工作上的疏忽，导致他的几个下属们犯下了严重的错误，其中就包括进入水门大厦入室行窃！

牺牲了这位老朋友之后，尼克松希望一切重新恢复宁静。可是这也未免太小看他过去犯下的错误以及敌人们的顽强程度了，他们早已决定继续深究此事，达到彻底击败他的目的。

为了便于更好地理解，我们需要回顾一下更早以前的一些事。尼克松是 1969 年开始执掌政权的。他刚上台的那几年，是十分艰难的，主要是由于越南战争。从尼克松的总统入职仪式开始，美国青年反对越南战争的暴力抗议活动就不断涌现。之后，在加利福尼亚州，尼克松不得不要应付一场极左派反对越南战争的抗议活动，这场活动后来演变成一场暴乱。反对越南战争的抗议活动愈演愈烈。1971 年春，几十万的抗议者包围了华盛顿的白宫，警察和国家警卫队进行粗暴干涉，将近一万五千名年轻人被逮捕并关押进拘留所里，场面十分暴力。这导致尼克松的民意评价下滑。

从心理上来说，尼克松动摇了。出身微薄的他不得不一路打拼才能取得成功。在政治斗争中，他不得不动用暴力，有时还要使用一些见不得人的手段。这让他在新闻界得到了“滑头迪克”这个外号。由于不受记者待见，他心怀恨意，认为这个世界对他充满敌意，认为他的身边都是敌人。

因此，尼克松慢慢发现到处都是阴谋诡计。他以己度人，毫不犹豫地用非法手段来对付他的对手们。作为现实主义者，他厚颜无耻地认为只要结局是好的，就可以不择手段。正因为如此，他以反对共产主义的名义，支持国外腐朽独裁的政治制度，还帮助推翻阿连德总统。同时，他通过承认中华人民共和国，与苏联签订限制战略核武器条约实施缓和政策等行为来让自己表现得像一位真正的果敢智慧的政治家。最终，这位超级保守的共和党人使美国走出了由民主党人肯尼迪和约翰逊让美国深陷进的越南泥潭之中。

他还利用最卑鄙的手段来对付他的对手们。他是否感觉到从他轰动性的举动——出访中国开始，他的对外政策就受到威胁了呢？必须承认一系列的泄密事件似乎都指向他应该卸任，就好像有人在暗中破坏他的秘密外交一样。

雷米·高菲（Rémi Kauffer）[1]：

出生于洛杉矶附近的蘑菇城约巴林达镇（Yorba Linda）的尼克松，正是因为他的韧性、努力和爱斗的天性，才让这位平民的儿子最终爬到社会等级的顶端。他的父母经营一家杂货店。他的整个童年时期都是清晨4点起床，为的是在赶在8点上学之前去洛杉矶的市场为家里买水果和蔬菜。他的一个哥哥和一个弟弟——哈罗德（Harola）和亚瑟（Arthur）都死于结核病。尼克松与含着银勺出生的约翰·肯尼迪简直不可同日而语，肯尼迪是亿万富翁的儿子，以113,000票在1960年11月份的总统竞选中打败了尼克松。金钱、美貌、无忧无虑的生活、便利的条件、超凡出众的个人魅力，这一切都是相貌可憎、只能拼命苦干、脾气差有时还恶毒的尼克松从来都不曾拥有的。他才智过人、在国际关系方面有惊人的领悟力，然而媒体对此根本不放在眼里。媒体长期以来就讨厌他，给他起了一个外号叫“滑头迪克”。而这位“滑头迪克”却以百倍的礼貌回报他们，尽管他对那些随时准备为一个好故事而泄密的记者中的“卑鄙小人们”以及由东海岸精英大学组成的常春藤联盟里的“冒充高雅的人”怀有深深的敌意。

首次泄密事件开始于1969年，即理查德·尼克松人主白宫之后不久。《纽约时报》揭露了令人难堪的事：它称尼克松曾下令轰炸柬埔寨。而这是确有其事！

诚然，尼克松这样做是想结束越南战争。在他当上总统之时，已经有五十多万的美国陆军士兵在法属印度支那，每个星期会有几百人丧命。因此，尼克松要优先考虑逐渐解散这支庞大的队伍，并且与北越[2]

1 《尼克松——来自社会底层的美国人》，《历史》杂志，第444期。

2 北越，即越南民主共和国，是自1945年至1976年越南北方建立的一个社会主义国家。1976年越南统一后，改国名为越南社会主义共和国——编者注。

进行了多次谈判，他也想占据有利地位。抱着这种观点，他打算改写战争。尼克松决定用美国空军 B-52 轰炸机大规模地打击北部，甚至在多个港口布雷。在南边，他选择打击充当越共（越南南方民族解放阵线）后方基地——柬埔寨。然而对一个中立国家狂轰滥炸是严重违反国际法的行为，因此必须秘密进行。没想到，《纽约时报》泄露了这个秘密。

尼克松想不惜一切代价找出泄露了这个秘密的人。于是，他要求联邦调查局局长埃德加·胡佛监听一些高官。然而，胡佛对此事并没有付出热情，所以，尼克松一直都不知道是谁背叛了他。

1971 年，泄密事件再次发生。《纽约时报》开始出版《五角大楼文件》，这是一份关于越南战争的机密评估报告，里面包括某些机密档案。

这件事极为令人难堪，但不是令尼克松难堪，因为报告主要是关于他上台之前的那几年的事，而是令民主党派的肯尼迪总统和约翰逊总统难堪。这些文件证明这两位总统一直在对美国人民说谎。

共和党派的尼克松这下可以感到庆幸了。然而，他和他的顾问亨利·基辛格（Henry Kissinger）却参与了与北越、苏联和中国的秘密谈判。如此机密文件的出版有可能会连累到这些谈判，因为没有人愿意和不能保守秘密的政府谈这些！特别是中国，无法忍受它和美国之间关系的这个秘密被公开。

尼克松愤怒至极！当他知道泄密的人是丹尼尔·艾尔斯伯格 (Daniel Ellsberg) 时，他更加愤怒了。艾尔斯伯格是一位杰出的美国公民，民主党派，曾经是主战派，后来成了和平主义者。他还是基辛格的好友，与他相反，基辛格要求司法介入此事。最让尼克松愤怒的是，他确信《五角大楼文件》的出版揭露了一个巨大的阴谋，这个阴谋旨在诽谤他。于是，他坚信东海岸的那些知识分子们、民主党派们还有他无比讨厌的肯尼迪，这些人都想扰乱和破坏他的对外政策。他的这一想法通过艾尔斯伯格的漫天吹嘘变得更加坚定了。尽管艾尔斯伯格是被起诉的当事人，但他仍然不停地在全美召开演讲会，这些演讲会也取得了很大的成功。

尼克松的愤怒是灾难性的：因为愤怒导致他犯下越来越严重的错误。

和平主义者艾尔斯伯格，这位美国左派的新英雄人物甚至号召公民不服从，这让尼克松头疼不已。联邦调查局却拒绝对艾尔斯伯格找碴儿，尽管胡佛是这方面的专家。

愿意不惜一切代价找到给艾尔斯伯格泼脏水或者至少让他在公众面前信誉扫地的办法的尼克松，让一个由打手和前间谍组成的一个秘密小组开展行动。这些人中的大部分人后来都成为负责总统竞选活动的总统连任委员会的成员。

这些人就是后来的水门管道工们，在某种程度上，他们通过对付艾尔斯伯格来练手了。他们称艾尔斯伯格有怪异的性习惯！这种手段也许是由基辛格提出来的，因为他非常了解艾尔斯伯格。如果这是真的，还有谁比他的精神科医生还了解这种异常的行为？所以他们为了得到艾尔斯伯格的档案资料，闯进了他的精神病科医生的办公室行窃。

在尼克松的两位顾问——厄利希曼和寇尔森 (Colson) 的直接领导下，前中央情报局特工霍华德·亨特与他的一帮反卡斯特罗的古巴人展开了行动。根据厄利希曼的指令，中央情报局给亨特提供材料：假证件、乔装打扮用的物品、入室行窃用的工具、发射机等。他们后来在水门大厦撬锁用的正是这套从中央情报局借来的装备。

对精神病科医生办公室的入室行窃是一场疯狂竞赛的开始，在这场竞赛中，这些总统身边的人做出了越来越违法的行为。这场荒唐的竞赛最终以尼克松的辞职结束！

这些管道工们在精神病科医生办公室里白费了周折，没有得到任何东西。于是亨特向厄利希曼提议去这位医生的住所入室行窃，但是这位总统特别顾问拒绝了，可是他后来就没这么头脑清醒了。

他逐渐被这个由前联邦调查局特工亨特和利迪领导的小组要求去实施一个力保尼克松连任的计划。具体的操纵就是要让民主党派的候选人信誉扫地，哪怕用最无耻下流的手段也没有关系。这一切都是经过了总统的同意的！当司法部门最终得到在白宫椭圆形办公室里录下的那些著名的磁带时，这些磁带就是证据。当时，美国人民无比吃惊、无比愤慨地发现总统偷偷录下了所有和他交谈者的谈话内容。一年前刚刚通过公民投票选举、如今信誉扫地的“滑头迪克”深陷间谍危机！

尼纳·萨顿（Ninna Sutton）的《水门故事》[1]：

野心勃勃、患有偏执狂、一心想向那些瞧不起他的人证明自己可以无视他们的尼克松没有遵守游戏规则。正因为如此，所有的评论员一致指责尼克松：

——视国会于无物。每当国会议员们要通过一项他不喜欢的法律时，他都利用他的否决权来阻止；冻结投票通过的信贷资金以便用于他用，而非用在事先预备好的用途上，等等。

——无视媒体（打破了定期召开总统新闻发布会的传统，他总是通过电视演讲的方式来宣布他的决定，这样可以避免回答他不想回答的问题）。美国所有的总统都与“第四权力”有些纠葛，但是尼克松的前任中，没有任何一位总统是如此来操纵媒体的；对记者施压，等等。

——尤其是，企图直接控制所有政府部门，完全无视各个政府部门的自主权，通常纯粹是为了达到个人目的（例如让税务局查税来对付他的敌人）。最后，当有某个国家机构没有尽快或者完全满足白宫的意愿时，尼克松就会让他白宫的组织（“管道工们”）来替代那个机构来办事。

---

1 《深喉——水门事件的真相》，denoël 出版社，2005 年。

一台可怕的机器开动了，只有当开启这台机器的人失败了，这台机器才会停下来。

泄露事件在媒体上继续上演，尼克松的愤怒也在继续！这位生性偏执的总统比任何时候都相信有一个要害他的巨大阴谋存在。他指望霍华德·亨特的“流氓”小组用一切手段来打倒他的政敌们，包括使用最无耻的手段。

尼克松之所以同意用一些流氓手段来确保他的连任，是因为他依然担心泰德·肯尼迪会是他的竞选对手。自从他在1960年输给约翰·肯尼迪之后，肯尼迪家族就一直是他的心头大患！此外，他还计划造一份关于泰德私生活的档案，万一泰德成为民主党候选人的话。尼克松还不惜一切代价寻求中央情报局关于约翰·肯尼迪在越南总统吴廷琰刺杀案中的资料……这说明尼克松是多么讨厌这个东海岸的富人家族呀！

然而，这一切都是要花钱的。用于这些非法活动的资金不能直接从白宫中来，所以尼克松的顾问们必须要找到其他的资金来源。白宫的这些人募集了一笔战争财富，这些钱既用于尼克松的竞选活动，也用于他要搞的一些阴险手段。这些钱大部分都是肮脏的钱！这些钱首先就包括尼克松的一些有钱的朋友捐赠的。比如，亿万富翁霍华德·休斯(Howard Hugues)。作为回报，这些在竞选活动的募资上触犯了法律的捐献者们得到的承诺是他们与法院或是税务部门的纠纷或被摆平。很多大集团就是按照这个有来有往的原则被请求捐钱的。其中位列第一的是ITT（国际电话电报公司）——电话和通讯业的巨头。这一巨头公司与美国的对外政策关系密切，当涉及需要给一些秘密行动资助时，比如在智利的秘密行动，它甚至可以给中央情报局充当信息传送带。20世纪70年代初期，国际电话电报公司收购了三家公司，导致它与反垄断机构发生冲突，尼克松在这件事上为国际电话电报公司出了大力。该公司得到了一些好处，尼克松的选举资金库也相应地充实起来。

然而，尽管这些支付的款项在各个银行周转了很久以便抹去资金来源，可这些钱还是留下了痕迹，特别是在收到这一笔捐款之前有总统的个人介入行为。国际电话电报公司事件成了尼克松的一个污点，媒体从中大做文章，时机已经成熟了。

更严重的是，白宫的秘密小组耍的阴险手段。当然，尼克松身边的人已经用过一些阴险手段来对付民主党派，但是这些散布虚假选举或者是候选人外出宣传是通过制造假路线来混淆视听等消息的行为都是小儿科。后来已经上升到一个更高的级别了，那就是，宣传某些民主党领导人的私生活谣言，这些谣言迎合媒体的口味，被媒体广为报道。但是，在秘密小组里的成员们——亨特、利迪和前中央情报局特工，又被任命为总统连任委员会安全顾问，在麦考德的努力下，这种地下行动开展到另一个层面上了。

首先是在全国范围内招募了一些专业人士——锁匠、摄影师、电子专家、打手，甚至还有几个妓女，这些人都和这个秘密机构勾结在了一起。接着，亨特和利迪制订了一个与民主党作战的计划，该计划的代号叫“Gemstone”，即“宝石”。

考虑实施的初步行动是：受纳粹的启发，创建暴力小组混进反对尼克松总统的民主党示威游行活动；拦截民主党人士的通讯；安装窃听设备，甚至在对手乘坐的飞机上也安装；还有更经典的是，通过妓女的耳朵来收集机密情报……

秘密小组的领导们还打算派一支反卡斯特罗的古巴人特遣队去暗中破坏迈阿密的一座大厦的空调设备，因为在盛夏季节，那里会举行民主党总统候选人提名大会。

这所有的行动都得到了尼克松的顾问们的同意，因此也是得到了总统本人的同意！于是，“Gemstone”计划开始实施了。但是 1972 年 6 月在水门大厦出的差错使这一切都遭到质疑……

可是，这真的是一个差错吗？

这些饱经锻炼的专业人士怎么会被抓了个现行呢？是这个队伍里有叛徒吗？

如果真的是有叛徒，麦考德也许就是这个叛徒。我们不能不怀疑这位爱战斗的间谍老手是第一个向司法部门揭露了一部分真相的人。而且，与他的共同被告不同，麦考德只是被判处监禁4个月……这已经毫无意义了。可是，亨特和利迪在与这个信仰坚定的、以正直著称的人为伍时就没有犯过任何错误吗？

克洛德·莫瓦西[1]**：**

（亨特和利迪一开始要求用一百万美元的资金来实施他们的计划。但是尼克松的顾问们和当时还是司法部长，后来负责组织尼克松连任委员会的约翰·米切尔觉得这笔钱金额太大了。他们要求重新制订一个新计划。）

2月4日，当利迪再次去找米切尔时，一切基本就绪了：间谍、反示威者、入室行窃者、拦截通讯和妓女们。“我想再想想，然后再给你我的答复”，司法部长这样回答他。其实，他之所以没有立即答复利迪，是因为他还是有良知的，这份良知告诉他这一切更像是侦探小说，而不应该是在一个民主大国里出现这种对政治的操纵。可是，和他的下属一样，他易受到来自白宫的不耐烦的和挑衅性的信号的影响。尼克松本人一有机会就跟他们说搜集对手的情报和让对手信誉扫地是他成功的关键。因此米切尔犹豫了，他要求重新制订一个更小金额的计划。最终，3月30日，在他主持的一次会议上，利迪提出的开销为25万美元的秘密行动计划被通过了。米切尔一直对此否认，但是另外几个人肯定了此

---

1 《尼克松与水门事件》，阿歇特出版社，1994年。

事。就是从那一天起，“Gemstone”计划成了尼克松总统连任委员会宣传活动的组成部分，他们批准了该计划，并向利迪支付了所需经费。

入室行窃案发生之后，亨特和利迪很快就被捕了，自然不能再实施计划了。对于白宫来说，首要操心的事就是建立起一道道防线以防尼克松被直接牵连进此事。

对尼克松来说十分幸运的是，水门事件并没有太多影响接下来的1972年11月的竞选活动，尼克松成功当选了。之后，他在对外政策上也多次获得成功……越南和平了，美国的“boys”也回家了。在约翰逊时期动员的50万美国大兵现在只有不到5万人回来了。

此外，美国公众并没有真正了解水门事件。他们认为水门事件并不十分重要。毕竟，这并不是第一次发生一个政党对它的对手搞间谍活动。最终，民主党的候选人麦戈文（McGovern）被认为过于激进，甚至是左派分子。

众多理由都说明了为什么尼克松如此轻松当选了。但是，极为矛盾的是，就是在他轻松当选之后，他才经历了他人生的第一个真正的烦恼。

直到那时，尼克松还只是极力否认并愤慨不已：他堂堂美国总统怎么会卷进如此不堪的一件入室行窃案呢？然而当追兵来了时，他不得不接二连三地牺牲他的同伙。

首先倒下的是水门大厦的“管道工”们以及他们的直接领导——亨特和利迪。白宫可能从战争财库里掏了大笔的钱来封他们的口。1973年初，对他们的诉讼开始了。乍看起来，尼克松没有任何理由担心：法官是一名坚定的共和党人，而且7名被告中有5名决定认罪。根据美国法律，这就意味着这5人将免于一场真正的诉讼。但是还有另外两个人：利迪和麦考德。前者爱充好汉，讨人喜欢，几乎可以肯定他是不会说出什么的。而后者就更让人担心了，但他也保持沉默。于是，法官宣布他们有罪，以交保的方式释放了他们，并宣布将会在两个月后开庭宣判。这样就有时间来更清楚地处理这件事情，也许还能得到新的证据。

白宫里假装安然无事。1973 年 1 月底，越南停火协议最终在巴黎签署，这让理查德·尼克松的人气达到顶峰。但是，他犯下了一个致命的错误，那就是招致了民主党派占大多数席位的国会的敌意，因为这位在选举上取得巨大成功的总统想在处理国家大事上无视国会议员的存在。不久恶果就来了：参议员们决定调查水门事件！

他们首先全票通过成立一个调查委员会，既调查水门事件，也调查上一次选举活动中针对民主党所进行的所有间谍活动。全票通过就意味着，共和党的参议员们也同意成立该委员会。

当尼克松知道此事时，他简直气疯了！在美国，国会议员们的调查委员会享有极大的权力，可以进行一些真正的调查。然而，这对白宫来说还不是唯一的坏消息，另一个坏消息是：对管道工提起诉讼的检察官改变主意了。受到众多指责之后，这位检察官明白了不能局限于仅仅处罚这些管道工。于是，他宣布要继续调查此事。

网越收越紧。法官和国会议员们现在都在紧紧盯着白宫。

尼克松再一次做出了愚蠢的反应。他以权力分离的名义，拒绝参议院的委员会听取他的同伙们的陈述。尼克松坚持认为自己的义务是保护国家安全，必须用自己的权力来保护国家机密。

国会议员们十分生气。他们认为尼克松肯定隐瞒了什么，他们以白宫的人没有出席参议院的传唤从而凌辱了参议院为由要逮捕这些人。

参议院为批准联邦调查局代理局长帕特里克·格雷的任命而举行的听证会给尼克松带来了新的烦恼。因为是由联邦调查局负责调查那些“管道工们”的，所以国会议员们利用这次机会向格雷提了一些关于水门事件的问题。在这次听证会上，格雷被迫揭露了一些对白宫不利的事，因为他知道这是他被任命为联邦调查局局长的最后一次机会，他不能对参议员们撒谎。

因此，格雷交代了联邦警察们调查的所有结果。在尼克松的法律顾问约翰·迪恩的要求下，他还递交了一份白宫里的所有笔录的复印件。

当参议员们得知为了优先获得情报以便做好应急措施的防火墙时惊呆了。但这还不是全部，帕特里克·格雷最后还供出尼克松连任委员会的律师们经常设障阻碍水门事件的调查。

帕特里克·格雷自然成了这次听证会的第一受害者，因为尼克松撤销了他联邦调查局局长的候选人资格。这次听证会的第二受害者一定是尼克松，因为他自此处于水门事件的第一线了。他需要尽快与他身边牵连进这次事件的所有成员划清界限。但这不是没有风险的！

克洛德·莫瓦西[1]：

（该记者列举了归咎于尼克松的错误。）

白宫用监听电话的办法试图来找到机密文件泄密的源头；制造假档案资料企图让约翰·肯尼迪和其弟罗伯特·肯尼迪牵连进1963年南越政变时刺杀南越总统吴廷琰的事件；成立白宫管道工小组，为了让1971年出版著名的五角大楼文件的负责人丹尼尔·艾尔斯伯格信誉扫地，这支小组闯进丹尼尔的精神病科医生的办公室行窃；白宫多次对税务部门施压，为的是让其注意被列在总统个人的敌人名单上的那些人的税务情况；白宫对联邦调查局和中央情报局施压，为了让它们以国家安全的名义压下对水门事件的调查；尼克松竞选活动的资金来源中有不计其数的非法捐款，其中有部分是来自有法律纠纷的企业和商人；尼克松的顾问和部长有多起贿赂事件；尼克松的税务申报有假；尼克松动用公

1 《世界报》，1994 年。

共资金来改善自己在加利福尼亚和佛罗里达的私人住宅。

然而不久，白宫的后院起火了。诚实正直的麦考德在保持了一段时间沉默之后，终于在法官和参议员们面前开口说话了。他声称自己是听从白宫和总统连任委员会主席约翰·米切尔下达的命令行事的。他还明确说出水门大厦的入室行窃案只是针对民主党竞选活动搞间谍和破坏行动的计划中的一步。很快，尼克松就感觉到了危险，于是他一边继续在电视上厚颜无耻地说着谎话，一边决定禁止他的同伙们出来作证。但是，已经太晚了，那些说出的话如同泼出去的水，再也收不回来了。尼克松已经控制不了他刚刚要撇清关系的同伙们了，他们开始报复他了！

白宫的法律顾问约翰·迪安（John Dean）与水门事件关系密切，他与白宫办公厅主任霍尔德曼、总统国内事务顾问厄利希曼以及司法部长克莱因迪恩斯特(Kleindienst)一起，于1973年4月底被撤职。几个星期之后，他在参议员调查委员会面前出庭作证。这对尼克松来说是个晴天霹雳，因为直接听命于尼克松的他，知道关于这件事的一切！

迪安不顾不牵连总统的承诺，决定背叛他的前东家。他甚至还向参议员们提供了一份"Gemstone"计划的复印件！

看了复印件之后，参议员们震惊了。调查委员会的主席甚至还说过这样一句话："这些简直就是盖世太保的手段！"

参与水门事件的所有人都四下逃散，每个人都试图尽可能全身而退，因为这些人面临的将是多年的牢狱之灾。

理查德·尼克松的总统宝座摇摇欲坠。然而，他是一个不服输的人。

这条防线十分冒险，尼克松能否继续保住他的总统宝座？

他的态度实在是悲怆感人。当对他的指控越来越清晰明确时，尼克松还是顽强拼死抵抗了好几个月。首先要证实录音带是确实存在的。这一新发现对于那些全力调查此事的参议员们来说是一个奇迹。当国会议员们在听取前白宫秘书长的同事赫德曼（Haldeman）的陈述的时候，调查委员会的成员们给他看了总统和其法律顾问约翰·迪安之间的一份谈话记录。这份记录内容十分详尽，几乎是逐字记录的，这令参议员们很惊讶。突然，赫德曼招供了：这份谈话记录之所以内容如此详尽，是因为这是一段录音的文字记录！

尼克松偷录他的办公室里所有谈话的事就是这样被发现的。这一录音系统十分高级：只要有人说话，录音机就自动工作。而且和总统谈话的人是不会发现他们被录音了。

这件事一公之于众，就立马激起美国公民的愤怒。他们认为堂堂一位总统怎么会用这种间谍手段。

这件事的结果就是，参议员们要求尼克松立即交出录音带，尼克松陷入困境了。调查委员会知道录音带的事了，他就不能销毁这些录音带了。

再一次，尼克松试图用迂回的办法来解决。他首先拒绝交出录音带，仍然是以国家安全的名义。但是，参议员们有可能会使用最终武器：启用“弹劾”程序，这是一项用于弹劾总统，即解除总统职务的程序。

无奈之下，尼克松做出了部分让步。他向委员会交出了几盘录音带。但是，参议员们发现其中一盘录音带被删掉了一段内容，这盘录音正是尼克松与他的秘书长谈论水门事件的录音。

这又是一场狂风暴雨。尼克松认为能够通过公开大量总统办公室里谈话的文字记录来解决此事，可是很可惜，现在情况变得更糟了，对他来说这简直就是一场灾难！美国人民发现他是一位爱要手段、卑劣粗暴、永远觉得自己身边都是敌人的总统，尤其是试图千方百计利用各种手段来撇清自己与这次水门事件的关系。

三个月后，也就是1974年8月，为了避免被迫解职的尴尬，尼克松辞职了！这是以《华盛顿邮报》为代表的媒体对此事穷追猛打的结果，《华盛顿邮报》的两名记者罗伯特·肯尼迪·伍德沃德和卡尔·伯恩斯坦日夜追踪报道此事并揭发了大量内幕。事实上，伍德沃德还掌握了一个绝佳的消息来源，这个来源就是线人“深喉”提供的。如今我们知道“深喉”就是联邦调查局的二把手——马克·费尔特（Mark Felt）[1]。

为什么马克·费尔特愿意冒着巨大的风险向伍德沃德透露如此珍贵的信息呢？罗伯特·肯尼迪·伍德沃德在他的一本著作[2]中解释了原因。费尔特指责尼克松政府试图操纵联邦调查局，于是他想保护调查局不受白宫不正当的控制。但是他的动机中流露出一丝个人原因：费尔特恨尼克松在埃德加·胡佛死后没有任命他为联邦调查局的局长。

因此，不要低估“深喉”对导致尼克松下台所起的重要作用，当然还有另外一些人也在其中扮演了重要角色。

首要因素之一就是，中央情报局局长威廉姆·科尔比（William Colby）在参议院委员会面前的出庭作证。在假装犹豫不决之后，科尔比承认了是白宫要求中央情报局向霍华德·亨特提供了假证件和一些侦探工具。风水轮流转，这一次轮到中央情报局出卖尼克松了。甚至，中央情报局的一些高层还借此机会来给尼克松设圈套，这是一件非常容易的事情，因为所有水门管道工们都曾经为中央情报局工作过或者正在为中央情报局工作。

他们为什么怨恨总统呢？因为君子报仇，十年不晚，这怨恨由来已久。中央情报局的几位大人物没有忘记“Haïk行动”，这一行动旨在推

1 2005年的《名利场》杂志揭露了“深喉”的身份，这也得到了伍德沃德的证实。费尔特死于2008年，享年95岁。

2 《深喉——水门事件的真相》，denoël出版社，2005年。

翻印度尼西亚总统苏加诺的统治。尼克松时任副总统，是与肯尼迪竞争的总统候选人。一位掌握着有损美国名誉的资料的美国飞行员被击落下来，该行动以失败告终。尼克松是这一行动的真正操纵者，为了不累及自己的竞选活动，他出卖了一些中央情报局的人。

8 帕特利西亚·赫斯特与操纵

正如克劳德·弗朗索尔 (Claude Franççois) 所说，这是一个不幸的富家女孩的故事。身为美国富豪继承人的她，曾在恐怖主义中丧失自我，之后她对此悔不当初，改邪归正，在度过了仅仅21个月的牢狱生活之后，便又过上了上流社会衣食无忧的生活。

帕特利西亚·赫斯特是美国知名报业大亨威廉·伦道夫·赫斯特 (William Randolph Hearst) 的孙女。这位报业大亨不仅创造了轰动一时的出版业传奇，也是导演奥森·威尔斯（Orson Welles）拍摄的电影《公民凯恩》的人物原型。1974年年初，生活在加利福尼亚的帕特利西亚在伯克利大学攻读艺术史，这所院校自1968年以来就以轰动校园的学生抗议活动而闻名。越南战争以及黑人对公民权利的争取催化了激进，甚至恐怖活动的产生。而此时，尼克松总统虽然在1972年美国总统选举中顺利连任，却因深陷水门事件而使其地位开始动摇。也就是在这样的背景下诞生了一个名字怪异的神秘组织——共生解放军。那么到底是谁在背后唆使他们制造暴力事件？这些人抱有怎样的目的？而他们在1974年2月的一天绑架了帕特利西亚·赫斯特又是出于何种原因？

干脆这么说吧，帕特利西亚·赫斯特事件从未水落石出。预知详情，请看下文。

20世纪六七十年代，美国的青年运动，特别是学生运动异常猛烈。毫不夸张地说，这里的“68五月风暴”持续了将近十年，其中一些秘密运动不惜采取武装行动，仅在1969年9月和1970年5月之间就有三百多起爆炸袭击事件发生在这片土地上。

这些人主要呼吁终止越南战争，但同时也企图通过开展城市游击战和袭击被他们称为“pigs[1]”的警察来掀起一场革命。此外，当时还存在着一些诸如“黑豹”的黑人组织。20世纪60年代初那些善良的嬉皮士摇身变成坏男孩坏女孩：这些激进组织里的女生很多，且随着女权运动的兴起，她们大都思想前卫。

这些暴力团体里的大多数成员出身中产阶级或上流社会，这些年轻人都受过良好的教育。共生解放军就在他们当中建立起来的，法语缩写为ALS，英语缩写为SLA。

这个怪诞的名称取自“共生”一词，意为两种活体组织的联合。组织者的理念是实现黑人与白人、工人与资产阶级的共生与团结。而队伍成员则混合了多种理论和实践：一丁点儿毛泽东主义，一点点嬉皮士的生活方式，一些东方思想的皮毛，武装行动的必要性——军事训练由此而来——以及对南美游击战士、特别是一场阿根廷革命运动的狂热崇拜（而这场运动为了达到自己的目的，把掠夺得来的一些生活物资分给穷人）。

然而，尽管共生军宣扬黑人与白人共生，在二十几名成员中却只有唯一一个黑人，即共生军的首领唐纳德·德弗里茨（Donald De Freeze）。曾当过流氓、蹲过大牢的他，是这场帕特利西亚事件的核心人物。

1 猪。

相比之下，其他成员全都出身名门，家庭大都极其保守。他们都是伯克利大学的学生，杰出的理想主义者，有些人已经毕业，还有些人在监狱中相识。这并不是说他们自己被关进了监狱，而是其中很多人是帮助黑人囚犯的教育志愿者。事实上，当时的美国监狱里关押的囚犯中黑人是最多的，这一点还是老样子。然而，对于这些不满社会现状的白人学生来说，监狱几乎成了专门用来关押黑人的集中营，这些黑人们也因此成了政治犯。

布莱克·潘德斯（Black Panther）的思想在监狱中吸引了大量美国黑人，他们出狱时的状态与入狱前不同，都已有了政治思想，这要部分归功于未来共生军的成员。这些积极分子中的大多数人在后来加入了一个专在加利福尼亚监狱中做宣传的极左组织。正是在这种情况下，他们结识了唐纳德·德弗里茨。

这名生于二战期间的年轻黑人的经历不乏老套。作为穷困的克利夫兰家众多孩子中的一个，唐纳德离开家的时候还不到 14 岁。接下来他便“顺理成章”地走上了犯罪之路。1969 年他从监狱出来后，罪行愈演愈烈，抢劫一起接着一起。一次持枪抢劫后，德弗里茨再次入狱，被关押在加利福尼亚州的瓦卡维尔市监狱。也就是在这儿，他结识了一些之后会派上大用场的人。

不管怎样，这位充满特殊魅力的年轻人当上了一个由囚犯组成的名为“黑人文化协会”的领导人。这些来监狱教导黑人兄弟、培养他们政治素养的高素质白人学生对他的印象颇为深刻。

三年后，德弗里茨被转入到极其著名的索达得监狱，但他只待了不到三个月便越狱出逃。从那以后，德弗里茨寄宿在他的伯克利大学的学生朋友那里，在旧金山的一个集体公寓中生活。这里有充分的性自由，整日播放着革命视频。共生解放军便在这样的环境下诞生了。

德弗里茨很有号召力，也是唯一的黑人成员，这让他很顺理成章地成为领导人。随即，他便在这个狂热的组织中推行严格的纪律。按照他的设想，成员每日都要进行自我批评以及武器操作训练。此外，生活在这个集体公寓的所有人都必须使用化名。德弗里茨很高调地自称为“山克元帅”，名字来源于19世纪的一名奴隶，他曾夺取了一艘承载着他和他的难兄难弟们驶往美国新大陆的西班牙军舰。

为了生存，共生解放军必须制造焦点事件引人注意。他们为此策划了一个荒唐的恐怖行动，而此次行动的结果与初衷完全背道而驰。在临近旧金山的奥克兰市，首次由黑人当选学校大总督一职。这位名为马库斯·福斯特（Marcus Foster）的进步人士深受黑人团体和当地知识分子爱戴。为了阻止毒贩潜入学校地带，他决定给每个学生配备身份卡片。这一举动无疑激怒了共生军，他们认为这和公安犯罪登记卡别无两样。就此，他们决定扳倒这名公务员。

1973年11月，福斯特被刺杀。凶手采用的是自制氰化物子弹枪。紧接着，他们便发布了一则公告来庆祝共生军的出山之作。公告里，不幸的福斯特被当作“法西斯蛀虫”遭批判。

行动效果立竿见影。以像安哲拉·达维斯（Angela Davis）这样的黑人运动领导者为首，所有人都在谴责这种不公行径。共生军却对此毫不在意。对他们来说，最重要的就是这个不起眼的组织从此能在美国家喻户晓。可与此同时，共生军也首次遭到损失，两名成员因参与谋杀福斯特被捕。

为了解救这两名同胞，德弗里茨和其他成员打算再次行动。这个善于金蝉脱壳的共生军首领——要知道这种行为在美国是非常罕见的，似乎对一切都有所准备。通常来讲，共生军成员以及德弗里茨几乎根本不可能采取理性行为。他们最终策划了一场重头戏，绑架帕特利西亚·赫斯特。这绝对是标志性的，因为赫斯特集团的出版物集合了所有他们深恶痛绝的东西——轰动、血腥和性，这些都是美国所谓“黄色报刊”偏爱的内容。赫斯特家族的保守主义甚至激怒了共生军这类组织之外的其他人士。二战前，报业集团创始人威廉·伦道夫公开支持纳粹主义并对希特勒开放报刊。而他儿子，集团目前的掌管者，是个彻头彻尾的保守派，极力反对共产主义，并曾支持过麦卡锡。

除此之外，如此的绑架行动能让共生军登上头版头条，这是德弗里茨日思夜想梦寐以求的。但他或许并不希望听到人们用这种方式评价这次事件。

塞尔日·马尔蒂（Serge Marti）[1]：

“我一生都活在我父亲的影子里。”他的谦虚并不是装来的。不管是在私下聊天的时候，还是在有关家族企业史的书中，小赫斯特从未否认过对家族创始人的至高崇敬。

老赫斯特的父亲乔治是加利福尼亚州一位重要议员，曾在银矿开采中发家致富。就在1887年，他从父亲手中接管了美国西海岸一家不起眼的日报——《旧金山审查员》。这份意外惊喜是乔治·赫斯特一个牌友为了偿还部分赌债签给他的。就是从这份报纸起家，威廉·伦道夫很快在东海岸建立了一个庞大的报业集团，他也因此成了一个极具争议的人物。导演奥森·威尔斯在著名的电影《公民凯恩》中刻画了他的人生。出于对父亲的尊敬，抑或是害怕看到一段传奇的泯灭，小赫斯特之后承认，他从来不曾想看这部电影。

通过校园联络，这伙人很快就获取了帕特利西亚·赫斯特的地址。因为不怎么喜欢家里豪华宏大的城堡，帕特利西亚就住在了她的未婚夫家里，他是位年轻的哲学教师。她的父母极其传统，信奉伦理，与这个

1 法国《世界报》主编。

持有左派甚至极左思想的斯蒂毫无共同之处。而这样的家庭环境中，19岁的帕特利西亚个性叛逆也在情理之中。16岁，父母给她安排到了一所教会中学，而她却因吸食大麻被开除。除此之外，她还拒绝参加名媛社交舞会。

但是为什么共生军恰恰选择了这样一个以性格逆反出名的女生呢？首先，她不和父母一起生活，特别是远离她家那个戒备森严的城堡。还可能因为，在共生军眼里，帕特利西亚持有的非传统观点让她的遭遇与众不同。

1974年2月初，一位白人女性敲了帕特利西亚的家门，谎称遇到事故需要借电话。就在帕特利西亚开门的时候，女人身后突然冒出两个黑人。同居男友斯蒂夫（Steve）被打倒，而她被拖出门外。她号啕着，随即被扔进一辆汽车，迅速驶离现场。很快，帕特利西亚的父亲就得知了此事。然而随后的两天，绑匪没有任何动静。根据警察的判断，她应该是被黑人极端主义者所劫持。

真正的绑匪不久后便亮相了。就在帕特利西亚的父亲刚刚发出电视和广播寻人启事之时，共生军就发布了一则公告，扬言要夺取他女儿的性命。鉴于上一次福斯特谋杀事件，这次大家都不敢怠慢。这些激进分子一开始并没有提任何要求，可就是在这简短的消息背后，很可能隐藏着一个庞大而组织严密的团体。

几天后，赫斯特在家中收到一个装有女儿录音留言的包裹。录音中，帕特利西亚宣称她是名“战犯”，绑匪要求释放两名组织成员，并让赫斯特家族向旧金山海湾每个人发放价值70美元的食物，而总人数大约几十万人。

这种要求在绑架事件中实属罕见，更何况，就算赫斯特家族腰缠万贯，他们也没有能力承受如此巨额的开支。尽管如此，他们还是初步兑现了承诺，通过基金向穷困社区供给了将近二百万美元的食物。这样大规模的施舍少不了引起混乱：人们为了抢粮食互相争打。

然而这些还是难以满足共生军的胃口。在沉默了很长一段时间后，这些革命者再次出面。他们放弃了释放两名成员这不切实际的要求，但索要额外的食物补给。

赫斯特家族相继五次接受了这样的条件，但更让他们始料不及的是：4月底，也就是距离绑架发生三个月之后，当地广播台收到另一张磁带。帕特利西亚在录音中宣布她将参加共生军的革命事业，甚至还指责父母是剥削人民的骗子。

更让人们大跌眼镜的是，录音分析显示，她说这些话时是真诚的并且出于自愿。她还随信提供了一个惊人的证据：一张照片。照片中的她微笑且坚定，手持冲锋枪站在共生军的七头眼镜蛇旗下。她看上去不像被胁迫的样子。

另外，她在录音中明确表示，今后自己改名为“塔尼亚同志”，取自切·格瓦拉的最后一任伴侣之名。很显然，共生军想要把自己同格拉瓦和他的游击队员等同起来。帕特利西亚的父亲认为女儿根本就是被洗脑了。这么想着，他便暗中开始为女儿准备日后的辩护。

两周以后，另一桩事件的发生再次让威廉·伦道夫·赫斯特深受打击。4月中旬，5名罪犯抢劫了旧金山的一家银行，卷走了上万美元。监控录像记录了这些抢劫犯，而持枪的帕特利西亚·赫斯特也在其中。

诚然，也许她是被迫参与这次抢劫，她的枪里也可能没有子弹。然而录像中的她，的确让人感觉她根本就是团伙成员。毫无疑问，这让赫斯特一家不堪重负。更何况联邦司法部长在这个节骨眼上宣布将帕特利西亚定为公共罪犯。

这次的事件对大众传媒来说简直是块肥肉，当然这不包括赫斯特报业。竞争达到白热化，甚至有种报复的味道。真是造物弄人啊，赫斯特家族成了自己创造的帝国的受害者。

很奇怪的是，一家不属于赫斯特集团的报社刊登了一则让人不安的消息：警察在共生军成员住过的房子里找到一个记事本，里面提到了绑架计划。换句话说，他们知道帕特利西亚会遭到绑架。这至少说明，一直以来警察都在监视共生军，甚至安插了眼线。

就在抢劫发生不久后，帕特利西亚在一则公告中回复父亲，向他保证未曾遭到洗脑。接下来的日子对于赫斯特一家来说简直是度日如年。5月中旬，警方和联邦调查局调动了上百名警力寻找帕特利西亚的下落，发现了共生军在洛杉矶瓦特贫民区的藏身之处。于是增派了500名警察，决定突击共生军。

西海岸的电台都争先恐后进行现场拍摄。记者们的确不虚此行，双方有上千次交火。被围困的共生军顽强反抗直至败局已定，无力回天。武装部队最后投掷了几颗燃烧弹，房子顿时被火舌吞噬。当警察最终得以进入屋内时，他们找到六具彻底烧焦了的尸体。

皮埃尔·德普罗日（Pierre Desproges）[1]：

这是位于洛杉矶黑人街区尽头的一个颇雅致的木楼。就在这里藏匿着几个臭名昭著的共生军成员，全副武装，手持可怕的作战武器。而这些都是他们从“革命行动”中掠夺的战利品。而在屋外，得到联邦调查局支援的当地警察向这些激进分子展开进攻，结果6人死亡。然而最让人疑惑的是，帕特利西亚·赫斯特是否在这6人之中呢？

这些就是有关那个疯狂之夜的情况。上百万美国人通过国家电台的实况转播近距离目击了这次事件。

最开始，警方在下午5点左右收到一个匿名电话，说是6个年轻人抢劫了一个超市，现在正躲在木阁楼里。当第一辆警车出现要进行例行

1 《黎明报》，1974年。

检查时，迎接他们的是猛烈的一枪，紧接着步枪开火，冲锋枪连射，甚至夹杂着几颗手榴弹。而此时此刻，警方毫不迟疑地反攻，对着屋内一顿喷射催泪弹。房子瞬间成了一个火药库，硝烟弥漫。这时一位黑人女士满脸惊恐地逃出来，边比画着边大喊："不要开枪，不要开枪，我是他们的人质。"

日落之时，房子已是一堆废墟，但一层还不时传来枪声。谣言不断被夸张和扭曲：共生军的首领在火坑中顽强抵抗，而帕特利西亚就在屋内。

其实帕特利西亚很幸运地避开了这场对峙，因为当时她正和组织里的哈里斯夫妇去离洛杉矶二十公里的地方以共生军的购物方式"采购"：他们在一个体育用品商店里进行扒窃。而这次的"偷袜子"行动险些以悲剧收场。因为被抓个正着，哈里斯夫妇不得不逃跑，而帕特利西亚为了掩护他们则向天空放枪。这一举动再次证明了她加入共生军这个不争的事实。

在洛杉矶，人们等待着验尸报告。由于火太过猛烈，验尸分析难度很大。在漫长的等待后终于有了结果：帕特利西亚没有死，死的是号称山克元帅的唐纳德·德弗里茨和其他五名成员。而帕特利西亚的情人也在其中，这也是我们后来才得知的。

其实这场杀戮本可以避免，警方，尤其是联邦调查局，拥有一些诸如瘫痪气体之类的武器。因此技术上是足够可以保证活捉共生军分子的。但是话说回来，保险起见，还是把他们全都除掉比较好。

这要是共生军的末日就好了，不过至少这场悲剧标志着它的衰落。然而在沉默了三个星期之后，帕特利西亚再次现身，在一条新的留言中表达了对在瓦茨那里去世的情人的爱恋，以及对其他已故成员的悼念。同时，她还不忘对她的父母甩几句狠话以表仇恨。

侥幸逃脱的共生军残余和新加入的几个成员一起，悄无声息地蔓延着。我们只知道他们为了生存去抢劫银行。在萨克拉门托市的行动中，一名女顾客被组织里的艾米丽·哈里斯（Emily Harris）打死，而帕特利西亚则是帮凶，她驾驶着一辆汽车负责逃跑。

这次抢劫发生在1975年4月，距离她被捕入狱只剩下5个月。她在旧金山和哈里斯夫妇共住一套公寓，过着简单宁静的生活。她每天晨跑，看起来生活颇为自在，但谁都无法想到她已被囚禁。化装成嬉皮士监视她的警察注意到了这些，终于在1975年9月，即帕特利西亚被绑架18个月之后将她抓捕归案。

帕特利西亚在被捕后马上遭到起诉。在一番自吹自擂过后，她还是用老一套为自己辩护，坦言她一直受到死亡的威胁。可当法官在法庭上问她的职业时，她却回答“城市游击队”！

除了得到赫斯特报业的维护，帕特利西亚饱受舆论谴责。警察和法官对其犯下的罪行深信不疑，因为似乎她的确有过很多次逃跑的机会。但她对自己的辩护毫不松口：在被俘初期，她曾遭受暴力甚至性侵并被洗脑。

为了戳穿她的谎言，司法机关利用低级手段给她设了个陷阱，在她的牢房里装了传声器。帕特利西亚在跟狱友的交谈中坦言她并无悔改之意，恰恰相反，她激昂地讲述着她在共生军的种种经历。这办法虽然不太合法，但却证实了她在置于藏身之处的日记里不小心吐露出的心里话。此外，在萨克拉门托抢劫的银行钞票以及同一个房屋内扣押的钱财足够让她把牢底坐穿：她在当时最高可被判35年监禁。

案件在1976年1月末开审。此时，曾经桀骜不驯的少女重新做回她本该一直是的乖乖女。赫斯特家族聘请了顶尖律师为女儿辩护——这些都是法律专家，个个顶尖出色。他们不仅就洗脑为帕特利西亚辩护，还提到她曾遭受到的暴力，甚至还提到了著名的“斯德哥尔摩症状”，也就是说在人质和绑匪之间可能产生的感应和同情。

而检察官已掌握有关被告的大量推论和证据，不为所动。帕特利西亚摆出一副无辜的样子，声称是疯狂恐怖主义者的幼稚牺牲品。而考虑到指控的严重性和属实性，这些都很难具有说服力。

帕特利西亚就这么被认定有罪了。但在宣判之前，法官应辩方请求，对她进行了一次精神检查。于是帕特利西亚在精神病院度过了3个月。而这名法官在此期间因心脏病身亡，不得不说是件幸事。

接替他的法官显得格外宽厚，虽然判了帕特利西亚7年监禁，但不反对她用巨额的保释金换取暂时的自由。不过她的官司还没有结束，她还必须为在体育用品商店前放的枪负责。又一次，她得到了宽恕：5年的狱外监视。显然，这与赫斯特家族和其报业集团施加的影响密不可分。

官司接踵而来，一直到1979年帕特利西亚才得到卡特总统的减刑。这样一来，她只要在狱中再度过21个月即可恢复自由。再之后，她嫁给了一位卫队士兵，又出版了一本指控共生军的书。生活从此美好和平静。

其实在整个诉讼过程中，甚至在书里，帕特利西亚都在撒谎。她很难承认自己被操纵受摆布的事实。同样出于对死于洛杉矶屠杀中情人的爱，她才投身到共生军的战斗中。故事的最后，事件得以平息，她也终于同家人重归于好，坦言她需要他们为她辩护。但她尤其认识到，作为一个富家千金总归是件让人艳羡的事，比起共生军水深火热的日子真是舒服太多了。

那么这场风波背后的事实真相是怎样的呢？事件的核心人物当属自命为“山克将军”的唐纳德·德弗里茨。上文提过，他在狱中创立了一个文化协会。尽管他当了组织头目，但想法并非他原创，而是来自一个叫作科斯顿·维斯布鲁克（Colston Westbrook）的颇为古怪的黑人。这是名曾在越南服过役的退伍军人，当时他并非属于常规军，而是在中央情报局下面的一个秘密机构，主要任务就是剿杀越共成员。

这个维斯布鲁克根本不是左派，这一点与那些在狱中因受到诸如“黑豹”运动影响而政治化的激进主义黑人大相径庭。然而，德弗里茨和维斯布鲁克维持着看似颇为可疑的关系。很有可能是这个曾与情报部门有过往来的维斯布鲁克为了联邦调查局，唆使德弗里茨潜入后来的共生军。

要知道，当时暴力激进运动的兴起让美国当局忧心忡忡。他们必然要搜集情报，派人渗入这些地下组织，通过这些手段对付他们以便扭转公众舆论。而当时的总统尼克松并没有反对这些举措，这个人诡计多端，老谋深算，经常给联邦调查局开绿灯。

德弗里茨轻松越狱之后，被那些白人知识分子热情款待。这些幼稚的年轻人梦想着能够与黑人同胞情同手足，自然而然会跟着德弗里茨闹事。加上他们本身所具有的狂热与激昂，因此很难被说服。共生军的首次行动即刺杀福斯特，这是一次可以被看作阴谋的挑衅举动。

劫持帕蒂利西亚·赫斯特是疯狂之举，德弗里茨一伙人终究越陷越深导致假戏真做。出于妄想和偏执，德弗里茨没有通过联邦调查局，擅自策划了这次行动。华盛顿方面对此惊恐不安，更何况绑架事件由于赫斯特政客之友的身份而变得愈加严重。上级下令尽快处理掉德弗里茨，就这样才有了洛杉矶屠杀，绝不留活口。

但有些人不同意这些，帕特利西亚当时很可能就在房子里。可那又如何？我们很清楚，有时候就是会两败俱伤！而美国当局是有意走了这步险棋。

9 橙色剂——“树林是我们的敌人！”

他们怎么敢？他们怎么能够简单粗暴地想出一个如此丧心病狂的计划？因为我们的敌人藏身在森林里，我们就要毁掉这片森林让敌人无处可藏！这样还能杀死敌人赖以生存的所有的植物和动物，让敌人无物可食，甚至连他们喝的水也有毒了！

美国将军们在越南发起的史上最大规模的化学战就是以此为原则的。这场战争造成了史无前例的人类灾难和生态灾难，虽然这场化学战已经结束40年了，但其造成的严重后果仍然持续影响至今。

本文主要讲述的是一种毒药，人们普遍称之为“橙色剂”。这是一种由几家美国大公司生产的落叶剂，其中就有孟山都公司，该公司一直否认其对这场灾难应负有责任。这难道不是跟生产齐克隆B（在二战中被用于毒气室）的那些德国企业一样吗？

当我们回顾一下越南战争中这段悲惨的历史时，我们就会被决定使用橙色剂来对付越南共产党的政治领导人和军事领导人们的卑鄙无耻（或者说是愚蠢）惊呆了：在越南大范围地喷洒难以计算的大量的落叶剂，同时也让在这片土地上作战的他们自己部队的人受到了毒害……而且，令人奇怪的是，最先向全世界揭露这一罪行的是受过橙色剂之害的美国越战老兵们！他们先于越南人，越南人是在很长一段时间之后才找美国人算这笔账的。

我们以一个经典的故事作为开头。海军上将艾尔默·朱姆沃尔特（Elmo Zumwalt）是1968至1970年间在越南的美国海军行动的指挥者。他坚决支持使用落叶剂来消灭越共，同时也为了保护他的士兵们的生命。于是，他下令大量喷洒橙色剂，特别是在湄公河三角洲地区。然而，他很快就改变了主意。他的儿子是一艘航行在湄公河三角洲上的巡逻舰的舰长，突然得了淋巴癌，不久就去世了。又过了一段时间，他的孙子出生时就患有严重的智障。这两件事发生后，这位海军上将就怀疑这与橙色剂有关。回到美国后，他开始做研究，证明老兵们的疾病与橙色剂有关，并且成了那些被自己部队投放的橙色剂毒害的老兵们的代言人之一。他在自己得了癌症去世之前还写了一篇可作为权威的报告。

橙色剂之所以叫橙色剂，是因为这种毒药都是被装在橙色的桶里的。也有另外一些类似的东西被我们称为紫色剂、粉色剂、蓝色剂等。然而，在这一系列的药剂中，橙色剂是用得最多的并且是最有效果的落叶剂。它的有效成分之一是二噁英。1976年7月意大利塞维索（Seveso）的一家工厂发生爆炸事故使得该工厂周围弥漫大量这种有毒物质，周围2000公顷内都受到污染，将近4万人因此得了各种疾病，尤其是严重的皮肤病。这次事故造成了巨大的损失，该地区所有的牲畜都被不得不被屠杀。

在越南，被喷洒的橙色剂达到上千升。当然，橙色剂并不是纯二噁英，二噁英在这些落叶剂中被大量稀释了。但是专家们认为在越南战争期间生产的二噁英超过了400公斤。而学者们证实仅仅80克的二噁英洒在饮用水库里就能致使一座拥有800万居民的城市的人口全部死亡。

查看一下化学家们对二噁英的定义，我们就会知道这是一种在制造某些氯化物的过程中或者在高温燃烧这些氯化物时产生的有毒物质。在这个包含有十几种物质的家族中，最具危险性的是四氯代二苯-并-对二噁英，人们熟知的是其缩写形式——TCDD。这种化合物性质极其稳定，它能存在于高温中，并且难溶于水，但是能溶于油脂。这真是一种可怕的特性！正因为如此，二噁英能够在人和动物的器官组织里持久聚积。

二噁英是在生产除草剂中得到的一种产物。美国和英国的研究者们是在第二次世界大战期间开始研制除草剂的。使用正确剂量的除草剂可以杀死杂草，让庄稼完好无损地生长。但是，如果使用的剂量过大，就会杀死所有的植物。

这些除草剂的出现对于世界农业来说是一场真正的革命，因为它们能为农作物除掉杂草。从这一点上来说，我们甚至可以称之为“绿色革命”！然而，在我们都不知情的那个时代，生产这些除草剂的大公司们都守口如瓶，不愿承认这些看似无害的除草剂含有少量的二噁英。在塞维索的工厂爆炸事故之前，大众还从未听说过这种东西。

如果二噁英没有聚积在植物上而是渗入两三米深的土壤中的话，它的半衰期——即一半物质消失的时间——也需要100年。伴随着雨水的冲刷，它还会渗入潜水层，再流入湖泊和河流中，这样就会污染整个食物链。在人体内，二噁英的半衰期平均时间是7年，并且只能通过使人消瘦或者是母乳来排泄，通过母乳排泄的话就会使婴儿受害。

很快，军方就开始对除草剂的研究感兴趣了。在二战期间，多个西方军队的实验室都对好几种能使农作物致死的化学物质做过试验……目的是想利用这些化学物质作为战争武器来饿死日本人。但是后来他们还是选择用原子弹来对付日本人了！

二战后，在冷战的背景下，军方继续他们的研究。在美国和其他地方都做过试验。例如在马里兰州的弗雷·德里克 (Fort Detrick)，那里集中进行所有化学武器的研究。还有在菲律宾和波多黎各，特别是在波多黎各的别克斯岛上，该岛上的大部分居民都被驱逐。那些规模巨大的自然实验都是在野外进行的，造成的后果就是这座岛上至今仍然不能种植农作物也不能捕鱼，而且癌症的发病率显著增长。

其他试验：20世纪60年代，费城的一座监狱里的犯人被接触二噁英，就是为了要评估这种物质的致癌效果。当时人们已经开始怀疑它的危险性了，结果这些被用来试验的“人类白鼠”的的确确都发生了病变。

所有这些研究都是与大化学公司，其中包括陶氏化学和孟山都，以及美国化学界的精英人士合作进行的。所有这些公司和美国化学界的精英们都是后来橙色剂的生产者，因此，他们应为越南大面积的橙色剂毒害事件共同负责。

玛丽－莫尼可·罗宾（Marie–Monique Robin）[1]：

这些革命性的除草剂在英国和美国的实验室里同时被研制出来。很快，研究者们就明白了这些除草剂在战时意味着什么，因为它们可以毁掉农作物，这样就能饿死敌军和敌国人民。从1943年开始，英国农业研究委员会就出台了一项试点秘密计划，即1950年在马来西亚，这是史上第一次，让英军用除草剂来毁掉共产主义起义者的庄稼。

一切真正开始于1961年11月。第一位批准使用化学武器的美国总统是约翰·菲茨杰拉德·肯尼迪。他对在越南原始森林上空喷洒化学剂开了绿灯。然而从1959年开始，艾森豪威尔还任总统时，就已经开始在越南做试验了。美国军方对此事思谋已久。让他们烦恼不已的是，那些共产主义战士可以在森林的掩护下毫发无损地行军。最初的试验相对

1《孟山都眼中的世界》，La Découverte 出版社，2008年。

来说是为了得出结论：通过空中撒播化学剂可以摧毁大面积的森林，尽管这些化学剂的效果不及橙色剂好。橙色剂是到20世纪60年代中期开始使用的。美国空军在二战后试验过这种空中撒播技术，他们在受疟疾侵扰的意大利和法国沼泽地空投过DDT。之后不久的1961年8月，他们在南越用直升机也用过这种技术。

作为启动这场化学战的开创者肯尼迪，他知道这会造成怎样灾难性的恶果吗？要为他辩白的话，应该说是那些大化学公司把他们能致命的产品描述成供农民普遍使用的效果好的落叶剂。证据是：军方在现场操作这些毒药时并没有小心防范。有些战士甚至把那些装毒药的桶用作梳洗用桶，或者把它们改造成烧烤架。所以说他们并不知道这些毒药的危险性，他们要为此付出惨痛的代价！不光他们自己本身，还有他们的后代……

当肯尼迪为化学战大开绿灯时，美国在越南的行动还很有限。当时驻越南的美军仅限于向试图抵抗越共游击队进攻的南越军队提供后勤支持，这些游击队员受到北越共产党部队的大力支持。

使用落叶剂是为了达到三个目的。首先是要摧毁越共战士的天然屏障——森林，从而提高从空中俯瞰地面的能见度。其次是要毁掉农作物，这样就断了游击队赖以生存的粮食供应。需要补充的第三点是，在华盛顿的领导者们的想法里，也许还希望这场化学战可以限制美军在越南的干涉规模，至少不让规模扩大。然而，这一点却没有做到，美军人数反而逐年递增。

借助化学武器的决定在美国政府内部也引起了强烈的争论。较为清醒的一派，特别是国务院的一帮人，担心国际反响，害怕共产党利用此事来做宣传，从而挑动越南人民反对美国。

最终，肯尼迪还是做出决定，允许启动这个有着好几个代号的行动。一开始被叫作“Trail Dust”，意为尘土的痕迹；然后又被称作“Hadès”，希腊神话中的地狱之神；最后，很奇怪的是，又被称为“Ranch Hand”，我们可以翻译为“牧场工”。这个奇怪的“牧场工”的工作不是种植植被而是摧毁植被！

美军开始有条不紊地执行任务了，几乎可以说是科学地执行。每公顷所需的化学毒剂的剂量和有效喷洒的最佳方法都是被计算好了的。使用的工具也由三齿状的演变为七齿状的。他们的一次喷洒可以覆盖长16公里宽0.5公里的区域，用时需40分钟，然后再降落下来，用20分钟把桶装满之后就可以再次起飞。

缓慢再加上低空飞行相对来说是很危险的，因为这有可能会被共产党的战士击落下来，所以就有了一个很有趣的细节，这些运输机在一开始被喷着南越军队的徽章：美国人不愿暴露自己。但是这在后来又变了。为了喷洒小面积的区域，只好用上了特殊装备的直升机。为了让河边的树林落叶，又用上了装配有消防水龙的船只，这些船只由船上的海军战士直接操纵。

被喷洒的化学剂是有多种性质的。起初，喷洒的是经典的农业上用的除草剂，但是大大增加了剂量。这些除草剂或多或少都含有二噁英，只是专家们认为它们是易挥发的。从1964年开始，开始喷洒一种新的主要成分为砒霜的毒药，这种毒药对于摧毁香蕉园、稻田、木薯和甘薯等农作物有奇效。

橙色剂是在1965年出现的。此后，它就战胜了其他化学剂，因为它能摧毁所有的植物。因此，它还被用来摧毁高原上的整片森林以及湄公河三角洲上的水上森林——红树林。接着，从1968—1969年开始，美军开始使用更可怕的一种落叶剂——橙色剂Ⅱ号或者说是超级橙色剂，依然是含有二噁英的。

同时，战争的规模正在不停地扩大……继肯尼迪之后，其继任者约翰逊大大增加了美军的人数。在引起越南战争全面升级的东京湾事件——美国称其驱逐舰在东京湾遭到一艘北越炮艇的多次射击——之后，约翰逊总统决定轰炸北越。这是二战之后规模最大的一次轰炸行动，美军的B-52型轰炸机每天要投下4000枚炸弹。但即便这样，美军并没有能够真正延缓北越对越共战士的军事支持，这得归功于著名的"胡志明小道"。"胡志明小道"的存在将会成为美军的心头大患。

这就是为什么美军后来要费尽心思来对付"胡志明小道"，这条通道对于南越的共产党战士们来说是一条生死攸关的交通要道。这条始于北越南部，沿着长山山脉进入老挝境内，一直通达南越的通道上总是车辆往来频繁，通常是装载各种物资的自行车。事实上，这不是一条笔直的道路，而是由几千公里的小路和羊肠小道组成的一个网状路线，在被原始森林覆盖的崇山密林里纵横交错。而且，其中有些小路是专门用来迷惑敌人的轰炸机的。修建这条通道的工程是巨大的，而且还要被敌人轰炸后不停地重修。有30万平民和士兵（其中包括15万年轻妇女）在敌人的炸弹和凝固汽油弹的狂轰滥炸下以及化学毒剂的折磨下在修建这条通道。

美国想通过喷洒橙色剂来使"胡志明小道"暴露在他们的视线之中。这样做导致了一个难堪的结果——"胡志明小道"途经的老挝东南部也被喷洒了橙色剂，接着柬埔寨也遭了殃，因为越共的基地建在越南和柬埔寨的边境。这场化学战的范围一直在蔓延！

安德鲁·布尼（André Bouny）[1]：

这种化学毒剂的喷洒量随着飞机的速度变化而随时调整，这是为了严格遵守规定的每公顷的剂量（28升，含21公斤有效物质），该剂量比任何其他民用剂量要高30倍至40倍。通过一个由空气冷却的电动泵

---

1 《越南的灾难——橙色剂》，半月出版社。2010年。这部作品里有很多父辈或祖辈是橙色剂受害者的儿童的照片，画面惨不忍睹。

来给这种化学毒剂施加高压，控制喷洒量的电阀让化学毒剂在压力的推动下进入有12或者18个管子的钢制喷雾器里，这是为了使化学毒剂的喷洒范围能达到80米的宽度。

以下作者补充的细节不禁让人毛骨悚然：

由于晃动、压力和密封性等原因，有时那些飞机上的人员完成任务回来时全身淋满了这种化学毒剂，这简直就是在玩火自焚。

即便“胡志明小道”是喷洒橙色剂的首要目标，它也不是唯一的目标。一些大剂量的喷洒也发生在位于西贡西北方65公里处的古芝。越共的总部就建在古芝的地下，是一座真正的迷宫，它从西贡机场一直蔓延到柬埔寨的边境，也就是“胡志明小道”的终点。这条地下通道全长一共为250公里。周围的丛林都被大量喷洒了橙色剂，这还不够，地下通道的道口还成了被施放毒气的对象……

橙色剂的喷洒于1970年正式停止。但很可能一些秘密的喷洒任务还在进行，特别是在柬埔寨，为了找到红色高棉的基地。

当时白宫的总统尼克松之所以决定停止这些行动，是因为喷洒化学毒剂的丑闻已在酝酿之中了，尽管媒体还没有报道出来。1969年12月，联合国大会多票通过了一项决议，这项决议称在战争中使用对人、动物或植物有害的化学武器是违反国际法的规定的。该决议明显是针对美国的。然而华盛顿并没有立即遵从这项决议，尽管美国采取了一些防范措施。比如，装橙色剂的桶不再有明显的特征，用来喷洒的飞机像一开始一样，用南越飞机的颜色作伪装再重新起飞。所以说，美国当时很清楚他们的行为违法了。

最终，尼克松决定结束这些喷洒行动，因为越来越多的美国科学家揭露橙色剂能致癌，并且能导致怀孕妇女子宫内的胎儿畸形。这一丑闻是由参加过越南战争的老兵揭发的，不仅仅是美国人，还包括新西兰、澳大利亚、加拿大、韩国的退伍军人。可是却没有受害人数最多、受害程度最严重的第一受害者越南人。难道他们认为自己是第二受害者吗?如果非要补充，那些受橙色剂毒害的越南家庭，他们的孩子先天残疾或者畸形，却长时间保持沉默的原因，是因为他们感到耻辱。

1979年，在越战老兵的施压下，美国空军同意开始对二噁英进行研究。接着1983年，在胡志明市举行了一次大会，一些国际专家阐明了橙色剂对生态环境造成的灾难。然而，还是没有提到其对人的伤害。

1984年，将近4万名美国越战老兵收到了来自参与生产橙色剂的七家化学公司支付的1.8亿美元的赔偿金。化学公司支付这些赔偿金是为了让这些老兵不去法庭起诉他们，这种行为为这些跨国公司做了一个不好的宣传。

1991年，在民主党派参议员约翰·克里（John Kerry）（其本人参加过越南战争）的推动下，通过了一项法律，这项法律规定要给受过橙色剂毒害身染疾病的1万名越战老兵发放抚恤金。接着1995年，美国和越南建立了外交关系。但是起初，河内政府并不打算与美国国会合作，配合进行其在越战老兵施压下提出的研究。

1996年，美国科学院医学研究所发表的一篇研究就像一枚炸弹爆炸了。这篇研究承认越战老兵的15种疾病以及他们子女的17种先天畸形是橙色剂造成的。比尔·克林顿总统应承认这些老兵及他们的子女有权得到赔偿。同时，越南政府首次下令对这场化学战进行全国调查。

越南人之所以开始行动了，有一部分原因是受到美国越来越多的研究结果的鼓舞。通过查看飞行员的飞行日志，确定了有3000多个村庄都被喷洒了橙色剂。这就意味着有200万～500万的人口直接受到了毒害。但还要考虑到那些食用了受害农作物产出的食物的居民。越南的整个南部都受到了影响。

2004年，越南人向美国司法部门提出诉讼。他们在纽约的法庭对那些化学公司集体提出上诉。这在法庭上是一件史无前例的案件：组成协会的原告背后有400万名受害者。而且这牵连到的社会、环境、经济和金钱问题不计其数！

老布什政府为了让法院驳回这一上诉，想尽一切办法，他的理由如下：此案一旦定罪就为美国的旧敌向美国提交诉讼申请开了先河。

法院屈服了，这一诉讼申请不予受理。之后的上诉依然如此。然而，向越南派兵的其他国家却做出了审判结果。例如：2006年7月，韩国司法部门判处陶氏化学公司和孟山都公司向起诉的2万名韩国越战老兵支付损害赔偿。

不管怎样，沉默已久的越南人对这一巨大的丑闻不再保持沉默了。要知道在2005年，20万在越南出生的婴儿都因二噁英成了畸形儿。他们的司法诉求不会就此消失。

所幸的是，奥巴马总统不像他的前任那样在此事上毫不让步。美国已经拨款3200万美元用于资助岘港机场清除橙色剂污染的计划。岘港机场是美军在战时执行落叶任务的基地，也是越南受橙色剂污染最严重的地区之一。但是还有28个其他受污染严重的地区，因此，越南人还要继续斗争，直到美国司法部门和公众承认对橙色剂污染负责。如果他们赢了的话，孟山都公司和其他二噁英生产者将会为此付出巨额的代价！

10　霍法——一位头目的荣生与衰败

他哪儿去了？他被剁成肉末，然后在密歇根一家垃圾处理厂被焚化了吗？或者是腐烂在纽约巨人体育场的混凝土里了吗？只要他被扔进佛罗里达州的沼泽里，那里的钝吻鳄会毫不迟疑地吞噬他的尸体的。无论怎么样，人们永远寻不到他的尸首！这场神秘案已经持续了37年，从1975年在底特律的某一天开始，吉米·霍法就消失得无影无踪了。

霍法，他是一位标志性的工会主席，是势力强大的美国卡车司机工会的会长，那里云集了很多著名的厉害的卡车司机。他是一位具有非凡魅力的群众领导人，是一位极其重要的选举官员，为许多政治人物所奉承。同时他与北美黑手党有牵连，在几年内多次由于可疑的关系以及在工会活动中贪污受贿被控告或是被监禁。

为了完成这幅画卷，需要补充的是，霍法如同他的朋友们——那些黑社会的教父们一样，被怀疑曾加入约翰·菲茨杰拉德·肯尼迪和罗伯特·肯尼迪这两兄弟的暗杀中。罗伯特·肯尼迪，这位霍法最大的敌人，美国司法部部长，曾立誓要除掉霍法。

这么一个重要人物的神秘失踪不可能不被人注意，而众人对此也不断地做出许多不同的猜想……

这个人物就如同他的故事一般，短小精悍，强壮有力。他粗壮的脖颈和动不动就挥舞着的拳头陪伴他度过了青春时的每一场斗殴。他出生平民并以此为豪。尽管他掌管大量钱财，他依旧生活在底特律一间简陋的房屋里，他唯一的奢侈便是那些豪华汽车，而且他执意要自己驾驶。

霍法的另一个特性就是他的英语很糟糕。即便如此，在他当工人时发表的演说也会使得听众们热血沸腾。他自学成才，所接受的真正的教育都是来自街头。

霍法，原名是詹姆斯·瑞德（James Riddle），于1913年出生在美国印第安纳州的一座矿城。这个小男孩被人叫作“小肿瘤”叫了很长时间，这个绰号来源是这样的：他妈妈的主治医生可能嗜酒过度，称他妈妈肚子凸起是因为得了恶性肿瘤，直到这位可怜的女人生下了小吉米。

他生命的开端如此奇特，接下来的漫漫人生路便也同样是奇遇，就像是斯坦贝克（Steinbeck）的小说一般。他的父亲是一个矿工，在他7岁那年去世了，可能是因为患了硅肺病，但更可能是被无情镇压工人示威游行的雇主派来的打手多次打击所致。父亲去世后不久，他们便举家搬迁到底特律。生活是如此的艰辛，母亲带着孩子们在一家洗衣店里挣钱糊口。吉米在那时便选择了退学。

那正是大萧条时期，正是美国无产阶级承受苦难的时期。这个少年在一家批发杂货店找到了工作。与一队搬运工一起卸载车厢中的货物，每个小时只有30美分。虽然这份工作十分劳累，但却决定了他的命运。霍法在他17岁时就成功地动员了他的伙伴们，组织了一场突如其来的罢工，要求改善工作条件。这场令人措手不及的罢工，使得工厂的领导们让步了。这是吉米·霍法的第一次工会胜利！

在这次良好的开端之后，这位年轻人展示出了他无可非议的才能，他是一位斗志昂扬、无所畏惧、永不妥协的组织者。然而，那个时代是艰难的。美国的雇主们想尽一切办法来打压工会的抗议活动：福特公司招募社会上的惯犯来破坏罢工；在佛尼吉尼亚州，矿工们需要对抗国家保卫队的机关枪；在南方，三K党的打手们用各种手段来对付农场工人，有的会被处死刑甚至被阉割。

在这场斗争中出名的霍法，很快被AFL，即美国劳工联合会注意到。这个联合会在当时还没有如今这么强大的势力，只是一个工会中心。从1931年开始，霍法被招募到卡车司机工会。在那里他表现出了他的好斗精神，经常与货运老板的打手们打架对抗，好几次被毒打，被送进监狱甚至被虐待。之后不久，他的车和办公室都被炸毁。

但是霍法从未想过放弃，更何况他也可以采取对手的手段。正如雇主们经常雇用黑社会成员一样，他同样也与这些人联手来对付雇主。对他来说，黑社会的人一点儿也不陌生。在底特律街区度过的青春时期，霍法难免会与未来的流氓混混们厮混过。更简单地说，观察1930年前后这动荡的几年，黑手党促进了北美工会的繁荣发展。对于黑社会来说，这是一种投资的形式：人们马上能注意到工会和犯罪团伙也就是黑手党之间的反常关系将会不停地发展繁荣，有时甚至到了一种人们不能分辨这二者不同的程度。

对于霍法来说，他不会否认这紧密的关系，他坚持以为工会着想为依据：既然雇主们利用黑帮成员来对付工人们，我们就该千方百计认识他们并使他们反过来帮助我们。同样地，霍法直言不讳地说为了不想让警察来找麻烦，就应该收买他们！不那么做的人才是笨蛋！

尽管这样，这些辛辣讽刺的话也不能够阻止霍法在卡车司机工会内部一步一步向上爬。在当上美国中西部工会中最重要一个部门的部长时，他还没到30岁。即使他本人不是卡车司机也没有关系，早前他做过的艰苦的装卸工和码头工人工作性质与卡车司机也很相近。此外，之后不久，工会开始在其他职业领域扩大影响力以及招募更多会员。

在20世纪40年代初期，最大的事件就是AFL与另一个工会——

CIO，即产业工会联合会[1]之间的竞争。竞争是相当惨烈的，一部分AFL的卡车司机想加入到更激进的CIO里。而霍法依旧坚守在AFL，甚至有一些叛徒还是他曾经的良师益友。随之而来的便是浴血的清洗，两方在明尼苏达州首府圣保罗的大街上互殴。霍法并没有表现出不想对抗他的老友。他的这种态度并非是因为他单纯，而是想通过公开表明他的决心和勇气，好让自己当上工会的主席。

同时，霍法也致力于使组织扎根于美国社会、政治生活以及黑手党中，这是一次不可抗拒的地位的飞跃。此外，工会还将大肆招募新会员，大约几十万个。工会的官方名称是国际卡车司机协会。这样一来，工会的权力变得不容忽视：只要一声令下说要罢工，卡车司机们就算不使美国经济瘫痪，至少也会使其长期疲软，无法运作。只要是他们想惩罚的对象就会毫不迟疑地对其施加危害，对于卡车司机工会来说，他们足以有能力截断或延迟将这个公司的货物输送到目的地。

黑手党的头目们没有让他们失望，他们通过像霍法这样一类人找到工会，能够轻而易举地变富，他们敲诈勒索那些公司：要不你给钱，要不我们就破坏你的工作让你破产。这种敲诈勒索在生产容易变质食品或是卡车司机们能够暂停其零件供应的工业部门尤其奏效。按此对立推理，为了促进一朋友企业的有利发展，他们是有可能使用相同的方式来整治这些企业的竞争对手们的。

这些工会会员们的利益是双倍的：他们其中的某些人是被保护着的，因为他们依附于犯罪团伙——黑手党，他们个人也欣然接受了敲诈所带来的丰厚收益。

渐渐地，在工会活动和黑手党之间形成了相互的渗透，并且这个体系不断在扩展，要是卡车司机工会开始走在败坏的路上，那么其他部门

1 这两个组织在二战后合并成一个了。

便紧随其后，最有名的就是娱乐业，黑手党的势力触角甚至蔓延到好莱坞[1]。

然而，这是一场三方势力玩耍的游戏，另外一方便是政治家们。由于美国黑手党和政治家之间的联系本就由来已久，这使得这三者关系更加明显。不少政治家都自然而然地与黑手党掠夺国家经济有关联，因为这些“匪徒们”能够为他们拉选票甚至可以资助他们所倡导的活动，这对于政治家来说是十分有利的。另一个好处则是他们可以维护社会稳定，巩固政治家们的政治权力。无论是流氓们还是工会的领袖们都不愿意见到冲突或者是战争的发生，而后者则充分利用了这样一个体系。这同时也避免了那些老实但比较激进的工会会员们看不见美国的未来。在第二次世界大战后的这样一个时期，出现了麦卡锡主义，它的宗旨是极力反共。

莎莉·丹顿（Sally Denton）和罗杰·莫里斯（Roger Morris）[2]：

[作者提到了吉米·霍法和他的前任，卡车司机工会的领袖戴夫·贝克（Dave Beck）。]

随着地位的不断巩固，霍法和卡车司机们开始涉入一场更大的强权贿赂系统网。为了夺取并且巩固权力，像贝克和霍法这样的领袖们，通过威胁手工业的稳定来获得雇主们的支持，用钱来收买政治家们。在画廊里悬挂着肖像的著名的任职官员们，比如说基福弗，也就是肯尼迪总统，还有尼克松甚至都会直接公开地收下卡车司机工会的钱。这些领导人通常不顾下层的利益，通过社会和政治机构来维护自己的地位，因为他们总是在一场有效的工会运动中做出交替执政的样子。贝克曾与共和

1 参看《黑手党在好莱坞》，新世界出版社，2009年。

2 《一个充满金钱、权力、腐败和拉斯维加斯模式的超级美国》，Autrement出版社，2005年。

主义者联盟，而霍法也效仿他，与尼克松有瓜葛。归根结底，这两位卡车司机工会会长很明显在玩弄一样的政治，就是巩固自我强权。

就是在战后的这些年，吉米·霍法通过取得大城市里重要的工会部门的控制权，才获得了他真正意义上的飞跃成就。对他而言，这场成功的关键在于控制了芝加哥的权力，因为这样，他便可以支配整个中西部地区的工会。

在这个犯罪活动猖獗的城市，阿尔·卡彭（Al Capone）统治了这座城市很久，卡车司机工会在第二次世界大战后是受黑手党操控的。山姆·吉安卡纳（Sam Giancana），当地黑手党的头目，在幕后操纵着工会，甚至直接任命工会的领导。因此，他选择了西雅图的一位工会会员——戴夫·贝克来领导国际卡车司机工会，山姆又派了在黑手党眼里声名在外的吉米·霍法在他的身边。然而因为霍法野心勃勃想要在芝加哥一下子就巩固好自己的地位，所以他便与另外一位腐败的工会会员多尔夫曼一道路清洁工的大老板，与当地的地痞流氓称兄道弟，关系很铁一达成了形式上的市场交易：多尔夫曼引荐霍法进入芝加哥的政治领域和黑手党圈子，作为回报，霍法则将卡车司机工会产下的福特安全保险公司的领导权授予多尔夫曼以及他的家人。这个职位足以让多尔夫曼积聚丰厚的钱财，这个公司因霍法和他朋友所创造的贿赂收买体制而出名，这完全是一个“聚宝盆”，通过增加会员的会费，同时克扣本应该属于会员们的补助金来聚敛大量财富。

人们利用诈骗这一点接触了解到已被黑手党腐蚀的工会的黑暗面，霍法口口声声说为了会员的利益和权力斗争，实际上却是致力于剥削他们。这场由黑手党执行的诈骗其实损害了工会自身利益，同时还有那些入会的工人们的利益，否则霍法也不会去管理卡车司机工会的退休金管理机构。事实上，这个机构首先是为黑手党的头目们提供特权贷款。这些贷款足以让他们开创一些挂名公司，之后再将退休金管理机构提供的钱暗中转移，这些钱就这么消失了。

而这些损害工会社会业绩的诈骗活动，也第一次让霍法遇到了真正意义上的司法纠葛。

很久以来，美国的工会成员就被视为调查对象，尤其是卡车司机工会的成员，法院怀疑他们做了不正当的欺诈勾当甚至怀疑他们与犯罪团伙黑手党有关联，但是，即使经常被调查，最终也会在黑手党雇用的政治家的庇护下而不了了之。而 1957 年，卡车司机工会会长戴夫 · 贝克被控告侵吞了好几十万美元的款项，他被迫在国会委员会出庭受审前离职。吉米 · 霍法的机会来了！最终，他坐上了工会会长的宝座，因为他在队伍中很受欢迎，因此成功当选，然而，那个时候的工会正开始遭遇很多大麻烦。同年，他被 AFL—CIO 工会中心开除，官方称他是因为私自解雇了属于其他组织的会员而被控告，而私自解雇其他组织的会员是工会中心法规所不允许的一条，事实上则是因为他粗暴的解决方式和他不正当的行为导致的。从那以后，法院以及他后来最大的敌人——肯尼迪再也不会放过吉米 · 霍法。

他成为了工会会长，尽管这让他付出了很大的代价。暂时，他还能与之抗衡，因为他有手段，有依靠，还有一大群律师会为他辩护。

在他遭遇这些挫折的开始，国会委员会强迫贝克辞职。麦克莱伦委员会（la commission McClellan）负责调查清楚工会的诈骗案件以及到处都有的贿赂以免有漏网之鱼。那个时候，整个系统已经趋于完善，但是在委员会成立后，事情就不尽如人意了，因为肯尼迪兄弟开始介入这件事。

这两个雄心勃勃的年轻人通过这场对抗腐败危机中的绝佳跳板，一跃而爬上最高的地位。年长的约翰 · 菲茨杰拉德 · 肯尼迪在议会委员会的参议院占有一席之地，而弟弟罗伯特 · 肯尼迪则是这个委员会的律师顾问，他高效地完成了许多工作，在他工作的这30个月里，上千位证人愿意作证，同时调动了上百个会计师和上百个调查者来办案。

肯尼迪两兄弟赌赢了，约翰·肯尼迪获得了一个国家政治席位，同时也向总统的位置迈了一大步。对于鲍比·肯尼迪来说，在这场对抗“内敌”——对腐蚀了美国的霍法的称谓——的腐败斗争中，他成为了英雄。

然而，反常的是，因为肯尼迪的父亲过去所做的活动，这个家族对黑手党并不完全陌生。他们的父亲是乔·肯尼迪，他在美国禁酒时期从事酒品运输而奠定了部分经济基础，与底层社会也维持着紧密联系。他的两个儿子因为激怒了他使得他们的创举倡议失败。从他们家的近亲中得知，这位父亲和两个儿子发生了一次激烈的争吵。但是，这两个儿子却向他证明了政治上的优势更可以清除许多不便，乔最终还是屈服了，但是他自己本身并没有断绝与黑手党朋友们的联系，而正是这样，在总统竞选战役打响的时刻，他鼓动了他们支持肯尼迪。

然而，这场在肯尼迪派别内部的利益冲突还是留下了马脚，之后，当约翰·肯尼迪成为总统，罗伯特·肯尼迪成为司法部部长后，就会有不少心怀不轨的人注意到对于黑手党的抓捕是有选择的，与老乔·肯尼迪有关联的黑手党头目，比如迈耶·兰斯基(Meyer Lansky)还有很多其他人就可以逃过制裁。简而言之，那些以前和乔·肯尼迪有过不法勾当的人是不会被攻击的。

在麦克莱伦委员会裁定之后，贝克，吉米·霍法的前任卡车司机工会会长，被判7年狱刑，然而霍法却成为漏网之鱼，暂时逃过了一劫。他甚至通过联邦法院洗清了之前加在身上的控诉，这次免诉竟使他重新获得胜利，被再一次选为会长！而罗伯特并没有罢休，他甚至动用私人力量，从没有停止过要掀翻霍法。仇恨使得他变成了和霍法一样用暴力解决问题的人。在1960年的总统竞选斗争中就能看出来。

梦想着他的儿子成为总统的乔·肯尼迪为了达到这个目标，决定不惜一切代价。因为他十分了解工会在选举中占的分量，因而他通过法兰克·辛纳屈（Frank Sinatra）这个跟黑手党十分交好的中间人，直接去找吉米·霍法的副会长，乔希望卡车司机工会能够在大选时为儿子投上一票。但是霍法从他了解这种诡计开始，就极力反对。因为他知道，他们想通过这来铲除他，所以他十分清楚自己不能投支持票，为了报复，他投奔到共和党尼克松的麾下，即使从传统上来说，工会会员们更倾向于站在民主党这一边。

而狡猾的霍法深知不能把所有的鸡蛋放在一个篮子里的道理，于是他不声不响地与老乔·肯尼迪签署了一份秘密协定，给了肯尼迪一派好几百万美金，用钱去交换罗伯特·肯尼迪能够带给他的清净—司法上的麻烦和纠缠。然而肯尼迪并不重视这个协定，这一点将会带来十分严峻的后果。

罗伯特·肯尼迪[1]：

委员会揭露之后，很多工会领导被辞退了，比如说卡车工会的戴夫·贝克，面包师工会的詹姆斯·克罗斯（James Cross），机械员工会的威廉·马洛尼（William Maloney），纺织工会的主席兼财务主管克伦尔特·瓦伦特（Klenert Valente）。还没有算上很多没那么重要的领导们。吉米·霍法和他的长官们依旧继续垒造腐败系统，即使控诉他们的很多证据都是有利的，但他们仍旧安稳地坐在工会的领导位子上！假如说霍法不再是卡车司机工会的主席，我们就可以建立一个新的立法体系吗？对此我深有疑惑。他一直担任工会主席的这一事实提醒着立法大会的委员们，以后工会的立法改革是必不可少的。

1《我与腐败的斗争》，Robert Laffont 出版社，1964 年。

霍法，在肯尼迪刚开始任职总统的日子里，感觉到了嘲笑和背叛，虽然还有几个黑手党的大人物支持他。约翰·菲茨杰拉德·肯尼迪曾应允过他弟弟罗伯特·肯尼迪，将他任命为总律师长，也就是司法部的部长。罗伯特很快就清楚地表明自己的政治倾向：他将首先致力于打击犯罪团伙黑手党，还将带领由40个年轻的法学家组成的队伍来打垮麦克莱伦委员会之前针对的那800个流氓。在那些人中间，有黑手党的主要头目们吉安卡纳、马赛罗、罗塞利等人，当然，还有霍法！除了乔·肯尼迪的朋友们，比如说迈耶·兰斯基。

这只是持续8年打击的开端！重要的数据表明：在1959年卡斯特罗收回权力之前，大部分底层社会的头目们将大笔的利益放在古巴！他们希望能够重新得到权力，恢复他们的赌场和妓院生意。这就是为什么他们那么积极地参与发生在某海湾的灾难性案件——这是一次由美国中情局组织指挥的推翻菲德尔·卡斯特罗的尝试，这是一场当时还是艾克·艾森豪威尔副主席的尼克松准备的尝试。

约翰·菲茨杰拉德·肯尼迪自己来承担这次行动实在是犯了大错，因为后来他被一些流氓和中央情报局的几个成员控诉停步不前和没能真正抵挡住侵犯者。看上去他是被底层社会的头目们背叛了。这就是为什么后来，1963年11月肯尼迪遭遇刺杀的时候，人们会怀疑到黑手党和中央情报局的官员。

质疑的乌云长期笼罩在美国政治生活上！我们只知道杰克·卢比——了结奥斯瓦德的人，奥斯瓦德被质疑是杀死肯尼迪的凶手，这只是吉米·霍法的个人观点。另一方面，今天，我们知道，对肯尼迪两兄弟的好几个暗杀计划很有可能是黑手党做的，并且据吉米·霍法的私人律师透露，霍法跟暗杀也脱不了干系！

这场持续了8年的总的来说是反犯罪团伙，尤其是打击吉米·霍法的战斗是一场司法游击战，由罗伯特带领的队伍时时刻刻进行着。

除非，美国联邦调查局的终身主席埃德加·胡佛来助他一臂之力。长久以来，胡佛都否认了犯罪团伙的存在，这个反应并不让人惊讶，而且除此之外，胡佛更操心的是对共产党和“极左”分子阴谋的镇压，还有就是对于肯尼迪放荡的私人生活的监督！

时刻被追捕的吉米·霍法，只能够凭借一群律师为他辩护而活，而且还得不停地被法院传召。而这些，丝毫不能妨碍他继续介入工会事务。霍法使用卡车司机工会的养老金，促进了拉斯维加斯“赌城”的发展，扩展了在赌博业的威望，虽然，很多赌场实际上是属于黑手党的。他听闻约翰·菲茨杰拉德·肯尼迪被暗杀的消息时，心里顿感轻松，因为他认为罗伯特·肯尼迪肯定不会成为总统的，霍法甚至摆出胜利的姿态明言：“现在，罗伯特只是一个律师而已，跟其他律师一样！”霍法估计错了，罗伯特·肯尼迪依旧处在司法部部长的位置上直到1964年9月，而且之后罗伯特还参加了参议员的选举，尤其是罗伯特启动了司法机器，尽管霍法的律师采取了各种拖延手段，对霍法的司法调查还是没有停止。

1964年3月，霍法承认在之前的一件贿赂案件中，他收买了其中一名陪审员帮他洗脱罪名，这次他被判8年监禁，之后不久，联邦法院以霍法犯经济诈骗罪延期5年，总共13年的狱刑！他的律师用尽一切办法，以使他免遭牢狱之苦，但是没有成功。

这两次判刑并没有减损他在工会的威望，在他们的领导人被判刑的时候，工会达到了前所未有的强大，甚至募集到三百多万的会员，这实在是一个新的纪录！相比之下，即便是今天的工会，也仅有一百多万会员。

三年后，尽管他的律师们用尽一切有可能的诡辩遁词，霍法依旧还是住进了刘易斯堡，一所联邦监狱。同时，他仍然担任美国卡车工会主席，因为他的任期是到1971年。霍法很想领导好工会，也很想处理好他自己的事务，在他入狱之后，他依旧获得薪金。要是他不能够获得减刑，他早就把主席之位传给他其中一个副主席——菲茨西蒙斯，一个比他还要腐败，不过没他有威望的傀儡。

在此期间，1968年，罗伯特·肯尼迪遭到暗杀，不过幸运的是，在这之前，他继任了约翰逊（约翰·肯尼迪之子，未曾露过面）的主席职位。罗伯特是被索罕暗杀的吗？就算罗伯特曾经在任总律师一职时的确树敌不少，但结果是没有人愿意提供丝毫证据。首先就是霍法，他对罗伯特怀有深深的恨意。

罗伯特·肯尼迪被暗杀后不久，理查德·尼克松入住白宫，成为了新一任的主人。这对于在狱中的霍法来说无疑是个好消息，因为以前他和这位共和党的参议院关系十分深厚，另外，尼克松从未犹豫与这些犯罪团伙的大人物们一起开辟道路，也从未犹豫地接受霍法慷慨大方的资助，这也是霍法为什么高兴的原因。很快，这位新上任的美国总统就为他减刑，但条件是霍法要放弃工会的领导权。很显然，尼克松希望霍法淡出工会。尼克松并不想失去这枚在选举中举足轻重的棋子，因而他转向另外一位领导人，那位中看的菲茨西蒙斯，从1971年起被选为工会主席。

霍法接受了这个交易，因为他更想获得自由，然而，很确定的是，他并不愿意遵守这个协定的条款，他还十分想重新坐回主席的位置，在菲茨西蒙斯任期结束后，也就是1976年！但是他无法实现了，因为在1975年，他就消失得无影无踪了。

7月30日，霍法从底特律的住所出来，赶往城郊的一间雅致的餐馆。他将在那儿会见曾经在工会担任领导的几位黑手党成员，然而后来，人们再也没见过他了。

他去了那家餐馆吗？唯一可以确定的是，有人在那家餐馆旁边的停车场发现了他的汽车，当然，没有人说看见过他。

很显然，霍法是掉进了别人设下的圈套，他很有可能在从家到餐馆的路上就被绑架了，而最值得怀疑的对象就是那些在餐馆等他的人，清楚他的路线以及出发时间的人。而霍法之后有可能被交给了打手或者那些专门清除尸体的人。

但是，他不可能那么快就被杀掉，他知道的秘密太多了，可能在杀掉他之前，那些人会逼他把一切都说出来。2004 年，黑手党的一位被雇用的杀手——弗兰克·谢兰，在他死后的回忆录里记载道，是他处死霍法的，这个处决延迟了很久。

还要知道为什么人们想杀了他。

对于他的“朋友们”来说，霍法已经过时，而当他还想要夺回主席之位这一做法激怒了很多人，尤其是那些也想担任主席的人！我们也可以想到，那些曾经跟他有着密切关联的政治家，对于他的死反而感到宽慰，甚至有可能，在霍法死亡的路上，他们也推了一下。而尼克松肯定也不是最后一个对于霍法的死感到高兴的人。

如今，卡车司机工会的主席是小吉米·霍法，这算是对霍法死后给予的补偿吧。离奇的是，小霍法的行事手段像极了他的父亲！

罗伯特·肯尼迪[1]：

卡车司机工会是美国除了本国政府以外最强大的组织，他们控制了美国整个的交通运输，事实上，每一个美国人的生命都被霍法和卡车司机工会攥在手心……霍法先生将工会变成了为自己服务的工具，为恶势力服务的工具！

1 《一个充满金钱、权力、腐败和拉斯维加斯模式的超级美国》，Autrement 出版社，2005 年。

11 梯阵间谍网

“鹰派和雪人”，大众新闻界乃至好莱坞都这样称呼他们，后者还因为他们传奇般的历史故事拍了一部电影。之所以称为“鹰派”，仅仅是因为克里斯多夫·博伊斯（Christopher Boyce）惯于使用类似于鹰的捕猎方法。“雪人”的由来则是因为多尔顿·李（Daulton Lee）大量吸食可卡因造成他自己和朋友的不幸。就是这两个美国人被牵扯进间谍行动，这个行动超出了他们的能力范围，让以美国国家安全局为首的情报部门的行动大白于天下。美国国家安全局是美国最重要的情报部门，即使其雇员数字是保密的，但至少有几万名雇员。正是美国国家安全局特意布置了这个著名的梯阵（Echelon）间谍网——一个巨大的电子蜘蛛网，理论上能截取全球的情报——传真、因特网、电话，甚至是倒换频率的信息都不能逃脱出美国国家安全局及其超级强大的电脑的好奇心。

然而，（20世纪）70年代的时候，并非他们自己的意愿，鹰派和雪人上了新闻头条，尽管如此，人们还是一点儿都不知道这个开始一步一步秘密建立起来的网络。

事件开始之初，这两个普通的年轻人，他们是童年的伙伴，相识于学校，现今住在洛杉矶一个漂亮的郊区。然而他们表现出的是非常不同的特质。其中一个，克里斯朵夫·博伊斯，是个帅小伙，爱运动，长得健壮，又热爱大自然。他胆子大，喜欢爬树，并且好几次都是冒着生命危险。至于另一个，多尔顿·李，体弱多病，又因脸生痤疮感到痛苦和难为情。这两个朋友还有其他不同之处：克里斯朵夫是个优秀的学生，而多尔顿却资质平庸，讨厌学业，偏爱体力工作，尽管他的父母希望他能够完成学业。

这两个看似不同的小伙子，却因为相同的信仰联系在了一起。他们两个都是天主教区的学生，也同样当过侍童，这并没有阻止他们后来成为不安分的青年。克里斯朵夫很快就放弃了他的信仰。多尔顿则投身于商业活动，来掩饰他相貌上的不足，这让他在学校同学间很受欢迎：他在学校里贩卖大麻和可卡因。

他们的家庭，生活在一个富裕的街区，生活相当宽裕。多尔顿是个被收养的孩子，他有一个当物理学家的父亲。克里斯朵夫的父亲曾经是美联邦调查局的警察，辞职后负责管理一个航空航天公司的安保部。他很爱国，保守，对天主教很虔诚，跟他的妻子一样，她同样在修道院待过一年。多尔顿的父母也很信教。

毫无悬念，这样的家庭环境在克里斯多夫·博伊斯身上引发了一个传统的青年危机。在他抛弃宗教的同时，这个年轻人成为一个政治反叛者。在加利福尼亚，人们对美国的政策和越南战争的抗议爆发。于是，克里斯多夫站在了抗议活动的第一线。此时他已度过了中学阶段，却总是原地转圈，不知道在他的生命中该做些什么。

放弃了学业之后的多尔顿，成为一个职业毒品贩子，自己同样也是个毒品消费者。他靠非法买卖为生，而他的同学克里斯多夫，不再抵触他父亲在他所在的航空航天公司帮他谋得的一份工作，最终选择接受了这个雇用自己的公司：TRW 公司，一个专业从事航空航天防御系统的公司。因为没有技术培训，他被分配做一些微不足道的工作。比如说，他负责电报的信息交流。然而很快他就有了变化：被雇用几个月后，这个毫无经验的年轻人被监管分类器材的部门所雇用，在这个地方，他忙于对公司不同办公室珍贵文件的分类。依据美国的术语，分类就意味着敏感和机密。这些文件只存在两种情况："机密"和"绝密"。

博伊斯有资格获取那些最重要的，与美国国防有直接联系的文件。把这样一个任务委托给一个只有21岁的年轻人看起来似乎有些轻率，而且他又很早就表现出对国家带有敌意的信念。然而，不要忘了，得益于他的父亲，他还得到了职位的晋升，成为了安全部门忠诚的负责人。

就是这样，这个年轻人一步一步地，得到了他的雇主们的更大的信任：他被准许进入到TRW最机密的部门，一个被称为"黑窖"的，受到电子系统控制以及尖端装甲保护的房间。这个房间里有最敏感的消息，也有获取侦察卫星、情报卫星和定位卫星的代码。Argos就是一个例子。同样也是在"黑窖"里，人们接受由一些宇宙飞行器传送来的照片和影像，这些飞行器能专门侦查到苏联和中国发射的导弹。那些卫星是由TRW公司设计的，通常是为了它的主要客户——军队。TRW公司还制造出或者参与制造了KEY HOLE系列的卫星，其意思是"锁孔"。

但是"黑窖"里还有一些其他的令人好奇的情报。他们的这个发现将成为这整个事件的开端。

此外，这间密室还藏匿了一些奇特的风俗。看起来这个"黑窖"里都是一群古怪的人或者是我行我素对什么都不在乎的人：他们吸食大麻卷烟，酗酒，尽情嬉戏……后来，博伊斯提及，那些用来撕碎文件的机器被当成搅拌器使用，为了制成这支愉悦队伍的代基里酒。

在这支队伍当中，有一个越南老兵，他不停讲述他的所闻，甚至是他干的暴行。比如说，他为曾经强奸一个年轻的越南女性而自豪。当然，这种秘密使年轻的克里斯多夫感到厌恶，并且使他坚定了对尚未结束的越南战争的敌对信念。就是这样，慢慢地，他最终策划了一个计划，力求背叛他的国家，就是为了报复这个为了一己私利而鼓吹发动战争的军工联合压力集团。

于是他力图泄露一些自己接手的秘密。然而，这个头脑务实的人并不轻率也不针对任何一个人。差不多是自然而然地，他想起那个因为吸食毒品而总是需要钱的儿时伙伴。于是他便决定把这些如此容易到手的机密文件卖掉。他们一下子就想到了客户——克格勃。

克里斯多夫和他的小伙伴多尔顿思量着遇到一位俄国特工最好的方法，他们想到的是通过一位苏联外交官。但是直接去询问大使馆或者在美国的苏联领事馆显得太危险了：美国联邦调查局应该一直都在监控着这些建筑。这也是多尔顿·李建议去尝试一下求助于墨西哥的原因。两个年轻人觉得这样会降低被发现的可能性。

多尔顿于是去了墨西哥。在完成相关定位之后，他成功地靠近了一个俄国外交官，并直截了当地跟他讲想要卖给他有关美国卫星的文件资料。

年轻的多尔顿确实表现得相当令人信服，因为1975年4月初，这个外交官，尽管有些怀疑，还是选择了安排一次与克格勃的官员的见面，地点在大使馆。外交官还是很怀疑，因为那个年轻人的外表实在是不怎么吸引人。但是当多尔顿向他展示了那些文件资料，毫不含糊地证明了它们来自于秘密渠道的时候，这个官员震惊了并且立即明白了天上掉下了馅饼给他。在离开两个年轻人所在的房间之后一会儿，他就回来了，还带着250美金。这是一笔相对较大的数额，苏联人可不会随便浪费金钱的！

罗德尼·卡黎索（Rodney Carlisle）[1]：

在雷贝卡·韦斯特（Rebecca West）1945年出版的畅销书《财富的

1 《二十世纪间谍史》，Marabout 出版社，2007 年。

新意义》里，她展示了众多被共产主义或者法西斯主义所迷惑的叛徒。她研究那些美国的、英国的和加拿大的叛徒，他们服务于德国纳粹或者苏联。如果说其中有一些人是业余的，那么另外一些人则是专业的。他们的动机往往是有关意识形态的和智力上的，并且与他们特殊的性格紧密联系在一起。

(20 世纪) 70 年代的时候，导致一些美国人从事间谍活动对抗他们的国家的动机似乎经历了一次新的变革。我们可以谈论对“叛国”一词的新的含义。大部分的间谍把谍报活动当成一种赚钱的机会，并且毫不犹豫地卖掉他们所知道的情报。引述雷贝卡·韦斯特的话，就是“机灵”的思想。

自从多尔顿·李收到第一笔美金后，便一发不可收拾了：已经不再有回头的可能性了。苏联的档案里登记了这两个年轻人的代号。

李当然提及了他的消息来源，克里斯多夫·博伊斯，但是他拒绝透露他真实的身份。克格勃的特工们没中断过尝试着去验明李的消息来源，目的是为了直接接近潜伏的间谍。这个年轻人抵抗住了某个叫瓦斯利（Vassili）的人在他身上施加的压力。如果苏联人直接接触博伊斯，那么他自已便失去了作用并且也不能再经手这件事。这也是这个年轻人打算继续做他朋友克里斯多夫跑腿人的原因，这也使得不想现身的克里斯多夫很满意。

克格勃当然有办法刺探出博伊斯的身份，他们派人盯梢着李。但是在莫斯科，人们可能认为，既然方法可取且令人满意，恰当的做法就是保持现状，至少暂时如此。

一个最传统的办法已经被安排好了。李和克格勃的军官之间的会面总是被提前确定在墨西哥的公共场合；因为标志提前确定好和被放置在无用的信箱内，李知道这个会面是否会没有危险地进行。每次交易，他都会收到一沓美金。克格勃给了这两个叛徒的美金总计达8万。

这一大笔钱被两个同伙给分了。博伊斯冒的危险最大，他本该有拿到最大一部分钱的权利。然而这产生了矛盾，造成这两个朋友间第一次不和睦。很快，博伊斯怀疑李没有公平地分配因叛国得来的钱。随后，其他的原因又接踵而至，使得第一次争吵恶化了。

为了谋得让苏联人感兴趣的资料，博伊斯把事情做得很简单。人们经常叫这个“黑窖”里最年轻的职员去为同事们买酒。他只要在这个时候把资料悄悄塞进那个从不离身的书包里，书包里尽是他要传出去的资料。在混杂的办公室里，他很容易就拿到资料并且悄悄塞进他的书包。接着，一旦离开公司所在地，他便离开群体将他的成果拍下来。然后，买酒之后他又安静地回到“黑窖”。门卫从来不要求要检查他的包，因为他们对他的进进出出已经司空见惯。

他还有另外一种办法，同样也是完完全全没有危险。出于对自然的喜爱，他有将绿色植物搬到他工作的地方的习惯。他经常更换那些植物。他把资料弄小，然后放在那些根处，到了外面他只需从花盆中挖出植物。

这一点，因为都知道他的这些奇怪的念头，人们也从来不觉得惊奇。

此类小把戏本可以无限期一直持续下去。但是这种情况屡试不爽后，博伊斯和李关系紧张开始加剧。因为有了苏联人的钱，李吸食毒品越来越严重。他的性格受到毒品的影响，在处理与负责官员关系上的行为也变得轻率冒失，同时也越来越忽视对与其接触程序的重视。克格勃因为担忧结束了交易：这个毒瘾间谍变得越来越不可控制。更何况李目标更大了，在美国的时候，他到了要向瓦斯利求助给自己介绍秘鲁可卡因的地步。

让他接受去参与进同样危险的计谋里是基本不可能了。至于博伊斯，他也开始显露出厌烦的信号。比如有一天，他把一些裸体女人的照片悄悄塞进给克格勃的信封里。这个玩笑却压根没有使苏联人高兴。更严重的是，克里斯多夫在开始的时候，可能认为自己叛国仅仅是作弄一下他的国家，也可能最后考虑到了他冒了太大的危险并且以失败为结束。简而言之，他已经做好全盘抛弃的准备。但是他的朋友李并没有跟他一样的想法：如果博伊斯终止了，那么李就失去了经济来源。

之后两个朋友间发生了新一轮的剧烈争吵，争吵最后多尔顿威胁道要将事情全盘告诉克里斯多夫的父亲。博伊斯只得被迫继续他的叛国行为。然而，出于对他儿时玩伴的狂怒，他决定与苏联人直接联系。

1976 年初秋，他去了墨西哥并在那遇到瓦斯利。似乎就是从这个时候开始，这个年轻人决定做一个真正意义上的间谍。不管怎样，这是他跟多尔顿的负责官员说的话。

克格勃的人表示赞成，并且向他提出一个惊人的建议：如果克里斯多夫愿意真正成为一个有能力的双重间谍，就应该首先重拾他的大学学业。克格勃还准备在经济上资助他。克里斯多夫·博伊斯因为自己被慎重考虑而狂喜，想象着考取一个美国情报部门，成为酷似“康桥五剑客”的著名间谍。

博伊斯的幻景之外，如果说瓦斯利跟他如此提议，是为了让他平静下来并且消除他的疑虑——博伊斯继续在 TRW 工作，还向他们提供关于间谍卫星的宝贵情报，这让他们感兴趣——倒不如说，这个男人不遗余力地给了他们一份额外的满意：他打算给他们一项美国新草案图纸的最初照片，这个草案是一个命名为“金字塔”的，具有革命性的变革的卫星，而它的实现刚刚被委托到他的公司。

尽管对多尔顿还有怒气，博伊斯还是决定把资料委托给他，让他把资料递给克格勃在墨西哥的负责官员。

这两个年轻人之间当时又发生了什么？具体情况不为人们所知，总是有意外的事情。多尔顿·李不耐烦，可能是因为与瓦斯利的会面在他看来太远并且不够。他一烦躁紧张，就直接拜访了苏联大使馆。被门口卫兵拦下后，他做了一个包裹，上面写着“克格勃”，然后把它从高墙上扔了过去。两个墨西哥警察看到后认为这是个恐怖分子并逮捕了他。一个身份检查将会加快多尔顿和克里斯多夫的失败！

罗德尼嘉莉诗：

李叛国的一个有趣的方面就是，他表明了，一个疯癫和冒失的人成功地做了两年的间谍信使。

开始的时候，保护大使馆的墨西哥警方认为他可能投了一颗炸弹。当他试图摆脱这个大麻烦时，事情就变得复杂起来了。他还搬来了一个满是TRW秘密资料的信封，这些资料描写的是“金字塔”，一个新卫星草案。经过墨西哥警方好几天的讯问之后，他声称自己服务于美国中央情报局，为了提供虚假情报给克格勃。

墨西哥警方决定把李移送到美国联邦调查局。轮到博伊斯了，他也紧接着被逮捕了。当他本不会被他的同伙揭发时，警察却根据李发现情报的来源追寻到了其踪迹。

两个间谍都受到了审判。在美国，指控卖国可能被判死刑。

博伊斯为自己辩称，他仅仅是提供分类文件，而不是机密文件。第一次交货后，他就受到儿时朋友的敲诈勒索。他们的律师也质疑在越南和智利的美国政权，在那儿美国中央情报局曾帮助皮诺切特（Pinochet）推翻了合法的政府。如此多的理由让博伊斯感到愤慨，于是他传递了情报给敌方。其他的资料对于苏联人而言没多大价值。那么为什么他们还要出卖呢？

除了这些特别的推测，博伊斯还有一个秘密，在诉讼伊始就被提审了，应该是因为美国信息部不想让这些情报公之于众。他自己也基本保持缄默。他差不多确信诉讼之前就可以了结。

博伊斯于是收到了宽恕并免于死刑。他被判处40年监禁，李则是无期徒刑。两个人都被送往联邦监狱。

克里斯多夫·博伊斯被关押在加利福尼亚的一个有三层电子围墙的安全建筑。但是诉讼两年后他便逃出，只用了一把他在监狱简单修理的梯子。美国监狱从不因逃犯越狱而出名，所以人们禁不住猜想应该有人帮他逃狱。

克格勃于是被人想起。但是对于苏联人而言，博伊斯已没有任何价值。更可能的是某个美国部门小小帮了下忙，并且越狱应该在诉讼之前就已经协商好了。

证据就是博伊斯很准确地知道他逃跑后往哪里跑。他有一个居住在美国西北的女人的地址，这是一个远离政治中心并给所有逃亡者以避难所或者是无家可归者敲门的地方。房子很偏僻，位于人迹罕至地区的中间。爱慕自然的博伊斯，自然可以满足于打猎和钓鲑鱼。他甚至在森林里的小屋里度过很长一段时间。

令人惊讶的是，当他需要钱的时候，他会抢劫银行。他一共抢劫了13次还没有被抓，然而他的照片被放在美国所有警察局的醒目位置。更有甚者，据说他还特意学习飞机驾驶课程，偷了一架飞机，经过阿拉斯加朝苏联飞去。但是他确信苏联人会张开双手迎接他吗？

不管怎样，越狱后19个月，博伊斯的逃跑生涯结束了。他最终身份得到鉴定，可能是由于他抢劫银行所为。有人说是一个地方行政司法长官注意到他的老旧的汽车。抽丝剥茧地，这个正直的男人慢慢接近了他。不管逮捕是不是偶然，人们可以合理地认为，在美国，某些人更愿意他驾驶飞机成功逃出，从此消失。

的确，克里斯多夫是个狂热的不稳重的年轻人，但是他非常敏锐，还善于观察，即使他的科学文化知识有限。TRW 的实际工作的重要性他并没有忘记，即通过卫星逐渐建立一个虚构间谍网络。然而值得注意的是，这个蜘蛛网的存在很久之后，直到 20 世纪 80 年代末才被媒体揭开真面目，而被官方承认则是在 20 世纪 90 年代。

到底是怎么一回事呢？1943 年，美国和英国这两个同盟国，签署了一项条约，就是决定分享所有电流信号的情报资料，还有密码的计算程序加上扰频的方法。这项条约之后的 1947 年将有一个秘密协议要签署，它联合了英联邦的三个国家：加拿大、澳大利亚和新西兰。窃听站在它们之间连接起来，情报从理论上来说则是集中和再分配给各个不同的政府。每个国家负责窃听一个确定的地理区域。自然而然地，第一批间谍卫星投入使用，间谍网络就被极大程度扩大了。

理论上说情报应该分发给不同的国家，但是这个原则却是被限制的。这样，在冷战时期，窃听主要是用于刺探东部阵营。然而，随着人们称之为“梯阵”(Echelon) 的网络的技术发展，其他的想法就出现了：如果窃听是全方位的，就可以提供珍贵的经济方面的信息。比如说，当涉及攻占一个市场时，这些信息就是极其宝贵的，于是美国毫不犹豫地将之运用到本国公司与欧洲公司竞争中，当然不包括英国公司。但是这个网络不仅仅是收集经济方面的信息，它还储存具有严格政治性质的信息。博伊斯就涉及此方面。

参与此次间谍条约的澳大利亚，同样也是在同盟国中对美国最忠心耿耿的一个国家。它支持美国的军事活动，曾多次派遣士兵在朝鲜、越南还有伊拉克作战。由于它的地理位置，它可以果断躲在美国的军事保护伞下。不过，在“黑窖”的秘密里，博伊斯发现美国人利用间谍网络，在澳大利亚人不知情的情况下对其窃听，而且从窃听站（Pine Gap）开始设立就开始了。这个窃听站设立在澳大利亚并受其控制。

曾经最好的同盟国终于采取了政策措施来阻止白宫的所作所为。一个例子就是，20世纪70年代一个工党党员高夫·惠特拉姆（Gough Whitlam）在选举中获胜，在长达四分之一个世纪的保守党政府领导之后，成为澳大利亚总理。刚刚选举完，他便表示出要将在越南驻守的本国军队撤回的意向。接着他宣布要承认新中国和越南民主共和国。如果说还有一个事实，那就是他想领导国家渐进改革，随后人们就知道这项政策只可能会引来尼克松总统和基辛格的不快。

白宫方面自然要千方百计阻止他，哪怕是将他推翻。在这一方面，因为有了窃听站，才让这些信息得以搜集。毋庸置疑的是，这些情报落入了澳大利亚总理的政治对手手中，结果一场严重的政治危机在美国人的煽风点火下，在澳大利亚蔓延。史无前例的结果是：1975年，代表英国女王的总督，宣读了与宪法有争议的声明，无条件撤销了惠特拉姆的职务，随后被保守党人所替代。

博伊斯被他在“黑窖”里的所见所闻深深地冲击到了。他在诉讼之前利用这些资料当作自己的挡箭牌，他必然以揭露这两个秘密相威胁：英国电子间谍网络的存在以及美国插手盟友国家的政治。他清楚地知道，他肯定会因为间谍身份免于死刑。

美国机密情报部门从未真正说明由博伊斯叛国所导致的损失。也许是因为克里斯多夫·博伊斯离奇的经历和多尔顿·李还藏匿着另外一个同伙。克格勃在TRW公司还有第二个秘密间谍，这是一个更为高级的叛徒，一个科学家，与之相比博伊斯只是一个简单的职员。博伊斯其实对他出卖的情报并不太了解。他可以轻松地利用诡计来保护那个真正的从未被揭开面纱的间谍。

12 霍梅尼——在美国大选中的作用

444天。这些人质被关押了444天！52名美国外交人员被伊斯兰革命卫队抓住，所谓的革命卫队即那些具有革命精神的伊朗大学生，他们狂热地盲信他们的领导者阿亚图拉·霍梅尼。

这是一场前所未有的蔑视国际法律的活动，并且向世界揭露了伊朗新政体的真相。伊斯兰教什叶派的完整主义者刚刚拥有权力，就通过这场象征性行动向西方与美国发起挑战。正是由于这些完整主义者或者是幸亏由于他们，罗纳德·里根才在1980年的总统选举中打败了吉米·卡特。同一时期，苏联红军入侵阿富汗，伊拉克与伊朗宣战。

不为人知的是，这次事件掩盖了很多秘密并且挑起了一些别有用心的政治策略，这些策略在20世纪最后二十年闻名世界的一些大动乱中起到了至关重要的作用。

1979年11月4号，在阿亚图拉·霍梅尼回到伊朗的9个月后，几百名大学生侵占美驻德黑兰的大使馆。60多名外交人员被劫为人质。这些大学生以人质来要挟美国向他们交出正在美国纽约居住并治疗癌症的伊朗国王巴列维……然而几个月后，伊朗国王在1980年7月去世。这场活动是大学生自发组织的？很明显，答案是否定的。革命卫队是服从于阿亚图拉·霍梅尼的。霍梅尼利用这次事件除去在俗教徒以及那些在伊朗仍有权力的稳健派。

回顾一下历史，1950年初，美国中情局策划阴谋使摩萨台倒台之后，巴列维国王重新上台，他对于美国的任何要求自然会来者不拒。巴列维的军队在当地最为强大，并且大部分已被美国化，该政权的恐怖秘密警察组织萨瓦克也与美国有着密切的联系。

对于伊朗局势的变化，华盛顿本应早已知晓一切。然而，正如人们所看到的那样，美国对于霍梅尼权力的膨胀毫不知情！

为什么美国在这次信息收集中竟如此糊涂盲目？

首先很明显，美国中情局一贯的政策是重点监视马克思主义者及苏联的活动。另一方面，美国对伊朗的保安部队颇有信心。前一年即1978年，伊朗几乎各处都暴露出问题和矛盾。然而，在巴列维的命令下，军队以数百人死亡为代价血腥地镇压了示威游行活动。因此，华盛顿认为巴列维能控制住这次局面。

尽管如此，那些美国领导人还是忽略了一条重要信息：伊朗的统治者早已病入膏肓。他因癌症所忍受的痛苦以及承受的治疗已经削弱了他的决策能力。那些伊斯兰教徒甚至不用开枪就清除了伊朗势力便是一条有力的证据。

伊朗军队在1979年2月再一次试图对游行示威者开枪，但巴列维已经去了国外。并且，自霍梅尼在2月1日的胜利回归后，无须军事力量的介入政权就已经倒塌了。

最后一个解释美国中情局犯如此大错的原因：中情局的分析员们从未考虑到宗教的反抗势力能够形成政治力量。一个相当严重的疏忽是，由于伊朗领导与美国之间的密切联系，霍梅尼所领导的反对巴列维的反对派同样也反对美国。对于这些宗教者而言，礼萨·巴列维是美国中情局的产物！因此很明显，一旦拥有权力，他们必然危及美国的利益。

从2月中旬开始，几百名游行示威者占领美国大使馆。但是这次行动不过持续了几个小时。准确地说，霍梅尼的革命卫队还没有完全掌握权力，因此必须要考虑那些在俗教徒。但是在华盛顿，人们似乎还不知道在伊朗发生了什么。

首先吉米·卡特其实并不是舍不得交出伊朗国王。1978年那些残酷的镇压和牺牲使他感到十分吃惊，因此，美国总统在没有弄清楚它的本质以及那份对美国凶狠的敌意时，就立即尝试同这些新生力量的革命者合作。所以，美国政府部门甚至为了向他们提供几十亿美元的军事装备而打算同这些伊朗人谈判。

经常被谴责为幼稚，却使埃及和以色列戴维营协定创导人的卡特这次犯了严重的错误。在10月末，因为人道主义的原因卡特同意巴列维国王来美国接受治疗，霍梅尼就此抓住机会。15天以后，美驻伊朗大使馆再次被占领！几个负责保卫大使馆的士兵对如何击退这几百个突击的年轻人而感到束手无策。那些学生，或者说那些伪学生，他们自称"革命保卫者"！这就是革命卫队。那些完整主义者即将在德黑兰的大街上颁布法令并强加伊斯兰教教规法及伊斯兰教教法。

在占领美国大使馆时，那些革命者想逼迫美国交出伊朗国王。但是，他们还有另外一个目的。在民间，人们都将美国大使馆称为"间谍之巢"。在将大使馆据为已有的时候，那些革命者自然希望能够把间谍以及派间谍来的那些人的文件复原出来。当然，美国人在突击时已经成功地销毁了那些文件。但是所有有可能被完整复原的碎片都被那些革命者获取了。某些文件被重新恢复：对于伊朗新型机密服务机构而言是一场十分引人注目的收获。另一个结果是，对美国大使馆的侵占使得阿亚图拉·霍梅尼摆脱了政府首领。事实上，马赫迪·巴扎尔甘和在这次革命中产生的许多政治人物不赞同此次嘲弄所有外交惯例的行动。可是由于革命领导者同意这次行动，巴扎尔甘被迫辞职。这样阿亚图拉又增强了他的权力。

所以外交人员虽被劫为人质但并没有受到暴力对待。一些妇女，尤其是黑人很快就以反帝国主义斗争的名义象征性地被释放了。

在华盛顿，人们首先犹豫不决。这样的情况从未见过，从来没有见过！美国人被嘲笑了，被羞辱了。但他们能做什么呢？对于卡特来说，同样也是对大多数美国人来说，不可能交出巴列维。这不仅因为伊朗国王的健康状况每况愈下，同时美国总统也不想给人留下屈服的印象。

另外这场大规模人质劫持对美国人的观念造成了剧烈冲击。电视上播放的那些画面令人无法忍受：那些人质眼睛上蒙着布带，美国国旗上堆放着垃圾。

卡特的第一反应，也是他的自然倾向，是尝试协商而不是冒险再被羞辱一次……

白宫派了在土耳其的两个人，一个是司法部前部长，一个是高级官员。伊朗革命议会为了能够进行对话本来是同意接见的，然而，在这两个密使将要在候见室等候接见时，霍梅尼亲自干预了这件事并禁止同美国的一切联系。

这是对双方力量的考验！双方都采取了一些报复行动。华盛顿在非正常的情况下驱逐伊朗人出境并冻结了伊朗在美国的资产。而德黑兰则暂停美国在伊朗的石油开采。

这场轰动一时的人质劫持事件对于伊朗革命和伊斯兰利益来说也带来了巨大影响。这纯粹是一场宣传活动。在第三世界国家尤其是在伊斯兰国家，如果西方舆论针对霍梅尼爆发起来，人们会带着同情和娱乐的精神看待伊朗人向美国至高权力发起的挑战。

在被逼得走投无路之下，美国人开始考虑采取军事措施。

某法国文献这样记载：

（笔者确信美国打算要求让曾是他们黑色怪兽的亚西儿·阿拉法特来调停。但是霍梅尼拒绝这次他们调解的意图。）他这样写道：

同美国政府的一切直接联系都成了禁忌，对于协商的探求仍在继续，但其错综复杂性超过了美国以往的谈判对象。正如1979年11月24日《快讯》中的雷蒙·阿隆所说："既不同穆罕默德一起也不同狂热的大众一起，这场传统形式的协商不会得到解决。"从库尔特·瓦尔德海姆到摩洛哥的哈桑二世都是通过瑞典和巴基斯坦政府来解决，欧洲议会和梵蒂冈，一直到伊朗政治人物私人联络网（特别是与巴尼萨德尔有联系的，为了在法国同巴列维政体战斗的法国律师），整个世界为了人质的释放都在斡旋调停。

美国中情局为了德黑兰人质的释放，负责研究军事行动。但是由于革命，美国通讯社在伊朗与其失去大部分联系。一些委托人被逮捕，另一些早已不见踪影。因此法国的外国情报与反谍部署领导人亚历山大长官被联系上了。此信息服务部署成功地监视了霍梅尼的一举一动。那些人甚至拍摄下了霍梅尼在库姆圣城的常规视察。总之，法国与美国部署打算采取一个大胆的举动：对霍梅尼突击！由直升机运输的突击队将在待在库姆的首领阿亚图拉·霍梅尼突然逮捕，然后将其带到伊朗边界附近的美国小船上，最后将与大使馆的人质互换。

这是一个精心准备的计划。美国的一个反恐部队也参入其中。但是卡特却在最后一刻否决了这项行动。他认为，人们不能这样对待这么一个年纪的宗教领袖！这也不是编造出来的。

美国人并不因此放弃军事行动。再一次得幸于驻德黑兰的外国情报与反谍部门，他们观察到，夜间美国大使馆的防卫并不森严。一场突击又有可能形成。

这次行动准备很充分。停放在美国基地的直升机必须着陆于那些革命卫队布置在大使馆的柱子附近。幸亏由于他们的卫星监测，美国军队才找到地方着陆。然而，另一个困难出现了：直升机无法完成基地与大使馆的来回航程，因为中途需要加油。一场只能完成一次飞行的行动。

再次得益于卫星提供的照片，美国中情局的专家选择了一个平坦而荒废的地方，距离德黑兰 350 公里的塔巴斯。地方足够宽敞，能让装满燃料的 C130 运输机着陆。但是地面能够承受得住如此庞大沉重的直升机吗？

美国中情局的一支队伍在一次极其大胆的侦察中定位出一架小型飞机一整个晚上都停在塔巴斯。一些美国官员仔细观察地点，甚至很小心地为 C130 运输机和直升机指路而埋入信标。然后同他们来时那样没有惊动任何人地离开了。

然而在 1980 年 4 月，这场行动却遭到无数挑战。首先出现的问题是 8 架计划好的直升机无法在塔巴斯会合。因此这次突击行动的负责人当场取消行动。但是当他们重新起飞时，一架直升机掀起了风沙，飞行员被迷了眼，无法控制飞机，撞上了一架 C130 运输机。运输机当场爆炸了。事故中损失了另外 3 架飞机并造成数人死亡。

法利戈与雷米卡夫：

仅举一个但却重要的例子，尼米兹基地的海上种马直升机足够强大。结果却是：在实际上投入两三架飞机就足够的条件下，贝克威思鲁莽地决定动用六架。这场悲剧揭示了那些强大权力在极其复杂的决定前以及行政机构权力之间对抗时决策有限的弱点。国家经常受到他们自身复杂因素的束缚：在提尔皮茨附近，海上种马号直升机被用泵以极大的冲力来冲洗。人们必须用海水来清洗垃圾，这却损坏了直升机的机械结构。这才是导致一些突然故障的真正原因，而不是风沙。这次突击失败了，解救人质的希望很快就破灭了。后果是灾难性的。对卡特而言是如此，对于美国中情局来说也是如此。中情局从未如此值得怜悯。

塔巴斯的灾难也是政治性的。吉米·卡特的共和主义竞争者罗纳德·里根就利用了这点。相当不公，美国政府暂时又被嘲笑了一次。且不提这次惨烈的失败之后，美国人再也不想尝试军事行动，而伊朗人则在美军失败的突击行动后分散了那些人质。对于获胜的伊朗人来说，这是对恶魔撒旦的新战果！德黑兰报社报道并确信这次塔巴斯的突击不过是美国策划的密谋的前奏。

在塔巴斯之后，还有协商的可能性吗？

在德黑兰，政体更加强化。那些传统主义者在选举中获胜：霍梅尼的权力达到顶峰。军队和政府管理都被清洗了。而且正如舆论所猜测的那样，他们想要赶上美国的第五纵队。

巴列维国王在 7 月去世，正如那些革命守卫者所要求的那样。但是那些伊朗人立刻又想到了其他要求。比如，他们要求美国解冻伊朗在美资产。他们也要求，在大使馆人质劫持期间，或由于伊斯兰教革命所产生的对他们不利的控告都要被取消。最后尤其是，德黑兰要求收回属于伊朗的巴列维国王的财富。这笔财富是从伊朗人民身上掠夺来的。对于华盛顿来说，把驻在美国的巴列维国王家属的财产全部没收并交给霍梅尼，这是极其棘手的一件事。

伊朗的这些要求似乎都是不合情理的。一些美国政治家如里根，甚至谈起了赎金。

此时，一件重要事件完全改变了局势：伊拉克在 9 月份攻击了伊朗。从此，人质事件呈现出另一面，并变得可以操控了。

尽管陷入同伊拉克的战争，人质劫持事件对于伊朗人来说还是头等大事。正如官方所说，对美国大使馆的占领仍是一个有力的操纵杆。然而，德黑兰必须要考虑两件事。首先，为了自卫，伊朗必须要有足够的武器，弹药以及设备零件，这些主要来自美国。不管伊朗乐意不乐意，如果它想对抗伊拉克的话，它必须要依赖美国。而且战争持续得越久，它会越来越依赖。其次，临近美国总统大选了。时间拖得越久，人质事件对美国政治影响越大。里根甚至宣称，如果他被选上，他将建立调查委员会。这是对卡特的一个直接威胁，在选民投票中，卡特票数迅速下跌。

对所有的观察家来说，很明显，如果在11月之前在任总统能够成功使那些人质被释放，那么他有很大的可能打败他的共和主义对手。因此，对美国的内部政治来说，此次事件至关重要。

很快，罗纳德·里根身边的亲信就意识到这件事情的重要性，甚至是在加利福尼亚政府选定共和政党代表人之前，也就是说是在驻德黑兰大使馆被劫持后不久!

在这次事件之后，两个密使被秘密派往德黑兰。在此期间，霍梅尼禁止一切与美国的联系。但其中一位密使以前是位医生，后来成为与伊朗建立众多联系的商人。尤其是他认识霍梅尼任命的总理。这个人列了一张伊朗的军事所需品的表。他甚至获得了一条最重要的信息：巴列维国王的忠诚官员破坏了相当多的信息系统。而伊朗人在恢复程序系统方面感到无能为力。因此，他们需要帮助。

里根的参谋部从中看到了该如何应对未来，看到了总统选举的胜利。因此共和候选人到处宣传，人们不该同人质挟持者谈判!

这些秘密联系并没有逃过美国中情局的监控，但他们却没有对卡特的亲信透露一句话。某些负责人甚至已经投奔里根政党。总统所谓的和平主义对美国中情局来说并不管用。中情局那些最难应付的人希望不惜一切代价推倒卡特。

在里根阵营里出现了一个新面孔，威廉·卡西。他在战略事务局也就是中情局的前身，曾被任命为共和主义候选人运动负责人。但是一旦知道与伊朗建立的秘密联系后，他成功地说服了信息界的一位天才，这位天才悄悄地来到德黑兰修复那些损坏的系统。这种行为看起来像是背叛。卡西却毫不在意。他想要的是，不惜一切代价让他的候选人胜出。只有效率才最重要。在这场里根与卡特的斗争中，对共和党的参谋部来说，与伊朗建立相互信任的联系才是最重要的。

由卡西派去的信息界的天才成功地完成了他的任务，他恢复了巴列维手下官员所破坏的数据。几乎在同一时刻，里根被共和政党正式任命为政党代表。对卡特来说，民主投票已经显示里根胜出了。伊朗人猜想，在这场人质危机协商中，里根将是下一位谈判者。因此他们意识到在美国总统选举游戏中他们才是真正的操控者。在选举开始前决定是否释放人质，听起来不可思议却不得不信，是由霍梅尼来决定谁是下一届美国总统！

因此，里根政党同伊朗的秘密联系从未如此紧密。由于已经同伊拉克开战，伊朗迫切需要军事武器。

自此，对于共和参谋部来说，这是一场与怪兽的赛跑！然而，为了与德黑兰密使的联系不太显眼，里根政党使用了一些出乎意料的中间人——以色列人，他们对于必须与伊朗完整主义者谈判感到毫不拘束！

必须要加快步伐，大选已经临近了。在德黑兰，如同在华盛顿，人们越来越多地谈到在 10 月末也就是大选之前释放人质。这些流言看起来有根有据：伊朗议会似乎已经准备好释放人质了。那些人质早已不在大学生手中，而是在交给了政府。至于卡特，他似乎顺从地接受了霍梅尼的要求，并且解除在美对伊朗利益的制裁，甚至向伊朗人交还巴利维的财富。

对里根阵营来说，这是场灾难。失败是无可避免的！但是突然，一切又停下来了。这就是人们所说的“十月惊喜”：德黑兰突然决定推迟释放美国人质！里根现在是注定要获胜！

这并不难理解。里根阵营向伊朗人加码了：如果延期释放人质，在我们选举胜利后就为你们提供武器和军需品！

里根在选举后却没有兑现他的诺言。但是这是不可能的！伊朗人有这场私下不正当交易的证据！如果这个新总统没有信守承诺的话，他们就公布这件丑闻。因此几年之后出现了伊朗门事件，也就是说无视美国的禁止贸易令，通过以色列私下与伊朗进行武器交易的丑闻。

新任总统因此兑现了他的诺言。他不能对他做过保证的事食言。

罗纳德·里根就职后，在阿尔及利亚的调停下，人质在一场长时间谈判后的半小时后被释放。美国被迫接受伊朗人所有的要求。

法布里奇奥·卡尔维及蒂埃里·斯特：

罗纳德·里根密使进行的非法秘密交易的揭露，以及人质释放所选的这个特殊的日期让人怀疑并出现了伊朗门事件这件丑闻。（两个作者给出了这次事件两个主要人物的名字，里根身边的前任医生叫厄尔·布莱恩。至于那个信息界天才，叫作米歇尔。）

在1980年由里根身边的亲信与伊朗所进行的秘密协商期间，根据证词，不得不揭露出，那个信息界天才不仅仅处理了伊朗电脑的硬盘，同时为了一部分伊朗人的利益，他也负责超过400万美元的资金转移。

13　格林纳达——罗纳尔·里根的马岛

“历史不会重演，但却有争议。”翻开这已被遗忘的案卷，我们自然想到了卡尔·马克思的这句话。然而，就今天来看，确实是这样……

1983年10月份，正值欧洲中程核导弹危机，就像在麦卡锡主义时期或是斯大林模式试验期那样，冷战再次被掀起……在华盛顿，里根总统将苏联归类为“邪恶帝国”。在莫斯科，苏共总书记尤里·安德罗波夫断言，在铁幕的操纵下，北约势力迟早会掀起一场核袭击。为了防止这场袭击，他动用了大批国家政治保卫局的机器，这些机器将在世界范围内优先关注所有可能出现的核袭击苗头……简言之，自从古巴导弹危机之后，世界从未如此地接近灾难日。

在这样异常紧张的局势下，美国突然袭击了加勒比海上一个天堂般的岛国——格林纳达。无视国际法的存在，美国借口这个独立的小国正在逐渐成为第二个古巴而对它展开军事攻击。因此，距离格林纳达2400千米的美国第一道海岸线对格林纳达造成了威胁。

然而，此次侵略原因何在？其中又有何隐情？

格林纳达是安的列斯群岛最美的岛屿之一，梦幻的美景与小镇延续了殖民时期优美的建筑特色。之前，它是法国的殖民地，后来被大不列颠所侵占。事实上，格林纳达由哥伦布所发现，然而在17世纪初，它被法国冒险家们所殖民，他们大肆屠杀当地誓死反抗直至最后的印第安人。

就像在加勒比海上的其他岛国一样，人们引进黑奴种植棉花、可可子，尤其是肉豆蔻，这是这个面积和法国一个省差不多大的小岛的主要财富。一个半世纪后，由于灾难性的七年战争，享名“香料岛”的格林纳达被转到了大不列颠。

20世纪70年代，格林纳达成功独立。理论上，伊丽莎白女王依然是国家领袖，而实权却被王室高级官员所掌控，格林纳达也因此成为了英联邦成员国。

格林纳达的首席部长埃里克·盖里是一名空想主义独裁者，也是一位伏都教信奉者，他总称自己与外星人有联系。如同杜瓦利埃在海地一样，他借助一支军事自卫队控制了反对派。尽管如此，在1979年，这位独裁者渐渐地被一支小的革命队伍所撤职，这些革命家以马克思主义为旗帜，并且迅速表明了他们与古巴建立真诚合作关系的意愿。

华盛顿一下子紧张了起来。根据著名的门罗主义（教义源于19世纪，旨在防止欧洲大国干涉美洲事务），美国一直认为格林纳达所在区域在他们的管辖领域内。此外，亲苏联革命者的掌权使美国进入了艰难的时期。在尼加拉瓜，他们庇护的索摩查总统刚刚被打倒；在美洲中部的萨尔瓦多，马克思主义游击队扰乱当权者。这些还不包括异常混乱的国际局势：阿富汗被红军入侵；伊朗国王被推翻；甚至还有古巴军队入侵非洲。当东部军营无可争议地占上风的时候，美国几乎在世界的每个角落都挑起事端。

在格林纳达，新的领导阶层公开表示了他们对社会主义政体的认可。尽管与东方国家签署了合作条约，他们也不愿意就此投身到苏联人的臂膀下。同样持此观念且谨慎的莫里斯·毕晓普成了他们中第一人。

掌权之际他正值35岁，和格林纳达几十万居民中的大多数一样，是黑人，并深受黑人权利思想意识形态的影响。在伦敦法律专业毕业后，毕晓普被先前的政权打入监狱，他的父亲也是被这些可怕的反动派残害致死。相比较马克思主义的务实与轻微的空谈，他更趋向于民主的社会主义。此外，受密特朗总统的邀请，他备受欧洲社会主义者的欢迎。

身为斯堪的纳维亚民主社会主义的仰慕者，他很快按其模型着手进行社会改革：全国扫盲，实施免费的健康医疗服务，建立农业合作。但创建共产主义政体是不可能的，比如说，新的政体不会对私人产权再次提出诉讼。

毕晓普，一个备受欢迎并且十分虔诚的人，在其掌权的整整四年里，充分利用了格林纳达的人口。

然而他与美国的关系更为复杂。1979年，在其掌权期间，毕晓普明显意识到他和他的政友们都不能否认的一点：华盛顿与他们是敌对的。仅仅一周后，这个想法便得到了证实：一位美国秘史来访，并告知白宫对于格林纳达与古巴的亲密接触表示强烈的不满。而格林纳达新政府表示，他们不允许任何国家支配他们的政治，因此，他宣布了与古巴兄长建立密切合作的意愿。

毕晓普和他的政友们明白，他们与美国的对峙迟早会发生。而格林纳达的革命家们则一直担心着美国人的直接干预，尤其是华盛顿已经明确表示：他们组织的航海技术点距离格林纳达的海岸线并不远，此外，1983年初，罗纳德·里根进行了一场极具恐吓性的演说。里根提到，格林纳达将要建造一个机场，并配备一个线索装置，从而使得大型承重飞机能够着陆。他强调，这个机场将由古巴人建造……结论就是：它是用于接收会对美国安全造成威胁的装备的。

在某种程度上，当冷战被激活时，古巴战火的那一幕将会重演。

毕晓普一如既往地控诉“美国法西斯主义团伙”企图入侵他的国家，但又一直警惕防止与美国关系决裂。带着和解的意愿，他甚至向华盛顿妥协。里根拒绝接见他，然而为了祖国的安全，毕晓普与美国议会进行了一次会谈。为了避免他的国家成为美国入侵的受害者，格林纳达领导人显然已经准备好做出重要让步，例如：他宣布，机场一旦完工，几百名古巴的施工人员将重新回归祖国。此外，他强调，抑制发展与苏联及其仆从国的关系。

同时，他希望能够进一步加深格林纳达与美国的联系。然而毕晓普却是孤立无援的，虽然他拥有一支自己的军队，但他们一致不愿接受对美国做出的让步。“新宝石运动”的在野党们是一群真正的马克思主义者，他们也是党中央委员会的多数党。

毕晓普一回到格林纳达，便受到政界的冷遇。他被谴责太过软弱、无知，并且是小资产阶级者，总之，他不是虔诚的马克思主义者。这场政变主要由两名男子领导，第一位叫伯纳德·科尔德，身任副总理并且是毕晓普年轻时的朋友，这位经济学教授是一个教条主义者、理论家和思想家，并且和苏维埃人关系密切。另一位叫休斯顿·奥斯汀，他与毕晓普在监狱相识，而他却并不是被监禁，因为他是一名监狱看守员！

虽然身份悬殊，但这并不阻碍两个人达成共识，并对专政展开抨击。当毕晓普成功掌权后，以前的监狱看守员奥斯汀被任命为安全负责人，同时，也成为一支拥有上千人小军队的将军。

为了代替毕晓普成为继承人，科尔德将利用他在华盛顿的这一失误来推翻他的老朋友——不管怎样，这也是党中央委员会的决定。当然，抱着任其发展态度的奥斯汀也帮助到了他。然而，这两个不忠的附庸也许同样是被操纵的。

安德烈·方丹（《世界报》前任负责人）：

埃里克·盖里爵士是一个心存善意的人，在他的指挥下，格林纳达于1974年成功独立，然而权力却使他昏了头。通过打压那些被当地人称为海地“吃人狂魔”的反对派，并声称自己天赋神权，他随意地将国家财产与其个人财产混为一谈。当45个果断的健将用和平的方式将他罢免的时候，他正在纽约尝试说服联合国大会去掌控飞碟的相关问题。他们让卡斯特罗的一个老朋友莫里斯·毕晓普取代了他的位置，成为“新宝石运动”的领导者，该运动也是国际社会主义运动的一部分。

首先，毕晓普进行了一系列没有任何革命性质的社会改革。他请求哈瓦那阻止盖里夺回政权的企图，这一举动很快让美国人惊慌起来。随后不久，他与苏联、古巴签署了一系列条约，其中涉及计划机场的建造。用里根的话来说，这是个“重大可疑”。他的行踪不允许菲德尔士兵听信国务卿助理，从而在非洲控制2000公里。

如果毕晓普与美国和解的尝试不被那些虔诚的执政者所重视，那么他们并不是孤军奋战，尤其还有菲德尔·卡斯特罗，他会对此表现出强烈的不满。然而，他自己能够意识到与美国对抗是非常不利的。要是没有吉隆滩战役（猪湾入侵）的失败，华盛顿就不用花费很长的时间用武力降服古巴。此外，菲德尔·卡斯特罗与格林纳达领导人关系密切，当毕晓普被推翻的时候，他提出了抗议。

此外，最有权威的是那些苏联人，科尔德与其关系密切。克里姆林宫很可能对毕晓普的倒台起了推进作用，而他最终离苏维埃军营也越来越远了。

毕晓普到底是怎样被推倒的呢？得到军队总指挥奥斯汀的支持，科尔德说服中央委员会将毕晓普免职，并且将其软禁。几天后，正值1983年10月中旬，支持毕晓普的所有部长们都辞职了。这一群立场坚定的人看似是赢，然而这只是暂时的。毕晓普被撤职逮捕的第二天，他的几千号拥护者占据了首都圣乔治的街道，呼吁毕晓普是民心所向，并释放了他们的英雄，欣喜若狂。

奥斯汀和其他政友毫不迟疑地进行打压。那些装甲车和满载士兵的卡车猛冲向人群，军人们开枪扫射，造成了数起死亡，而毕晓普和他的几个朋友再次被捕获，并被转移到营房中。当天晚上，广播便宣布对其进行了处决。引起注意的是，在遇害人中有一名女部长——毕晓普的情人。

格林纳达人民很难再进行游行示威：军队控制了道路、强迫实施宵禁令、机场封锁并驱逐了国外记者。同时，革命领导者奥斯汀将军向盎格鲁-撒克逊族（英国人祖先）寄去了宽慰信：美国想要借口撤离一千多名在格的美国学生，从而对格林纳达展开直接袭击，奥斯汀不会给美国这样一个机会。他匆匆发表申明，表示他不会对那些学生采取任何行动，并且如果愿意，他们绝对可以自由离开小岛。

然而奥斯汀将军的声明并不足以慰藉美国人，在很久以前，甚至是在毕晓普被推翻之前，美国就决定进行军事入侵。而毕晓普被处决对于白宫来说同样是一个好消息。

如今，形势很明确：亲苏联的革命者们掌握了政权。尽管如此，还是需要为军事干预找一个有力的借口。在华盛顿，国家安全委员会委员们积极活动，像是麦克法兰、海军司令波因德克斯特、诺斯上校，当然还有中情局局长威廉·凯西，他们也是后来伊朗门丑闻和非法援助尼加拉瓜反政府武装的核心人物。然而，另一个叫康斯坦丁·门格斯的中情局前任局长也将成为此次事件的中心人物，在议会中，他主要负责拉美的相关事务。以上这些人已经制定了一系列积极措施，就像苏联人说的那样，这些是宣传行动。最重要的一点是能够接受东方军备的机场。

为了格林纳达的权威，建造机场只有一个目的：使大型民用飞机能够在岛上着陆，并以此带动旅游业的发展。如果是古巴人参与建设机场，那么大不列颠的企业将是这些科技装备的主人。然而，这些工程师设计的设备并不参与军事用途：碳氢燃料池并没有被深埋，雷达也没有任何特殊防护。最终，为了推动这个小岛的发展，欧共体承担了工程融资的一部分。面对那些曾与美国发生争执的欧洲国家，里根希望他们放弃投资该项目，然而这个请求却是徒劳的，除了布鲁塞尔。尽管如此，其他国家依然参与了融资：利比亚、伊拉克，甚至还有叙利亚。按美国的等级划分来看，这些都是“流氓国家”。

在华盛顿，国家安全委员会的委员们毫不顾忌各方消息，毅然决定把重点放在机场问题上。需要承认的是，格林纳达正在成为苏－古的军事基地。里根总统毫不迟疑地亲自在电视上以一组空中照片相威胁，这些照片曝光了古巴士兵营房以及格林纳达在建的具有争议性的飞机跑道……但这些还不够：门格斯散布谣言，称这个机场是用作导弹发射基地，并且格林纳达的深水港口区很快将迎来苏联海底核能。

这些消息丝毫不可靠，然而门格斯却无计可施。为了得到白宫的允许，从而进行一场军事行动，他愿意不惜一切代价。比如说，在国家安全委员会那里以所谓的机密作为担保，他保证菲德尔·卡斯特罗部署30万士兵，并且通过在短期内架起的空中桥梁，他可以向格林纳达输送几千名士兵。

而里根却依然担心身处险境。事实上，他当然希望展开行动，前提是不至于招来国际舆论的谴责。

他的参议员们一个接一个地为他提供军事入侵的合法借口。

威廉·布鲁姆：

美国就其入侵行动的另一借口是要撤离几百号美国人，尤其是圣乔治医学院的学生，这一点也是里根总统强调的"重中之重"。据称，由于新政体掌权以及随之而来的混乱局面，这些学生的处境十分危险。

然而，两名美国驻巴巴多斯的大使馆成员肯·库尔茨和琳达·弗洛尔解释说，在入侵的前一周，美国在格林纳达的大部分学生不希望离开或是被迫撤离。

白宫也承认，在入侵的前两天，格林纳达让美国撤离其美籍居民。而美国官员们称里根总统的管理是不可靠的，据他们所言，格林纳达曾承诺机场将在周一开放，以便进行撤离，而里根称其并没有开放。但事实上，白宫却在周一接收了来自格林纳达机场的四个航班。

在当天撤离的人中，有几名是美国的医学院学生。医学院校长查尔斯·莫迪卡博士当时正受邀于纽约，他申明在撤离当天，自己正通过无线广播与学校取得联系："我认为里根总统的消息是不可靠的，因为美国人昨天就开始撤离了。"

法律背景却是这样的：有一个东加勒比国家组织，它由数个东加勒比的小岛国组成，包括格林纳达。这个组织的主席是一位多米尼克的总理，她专制独裁，并奉行亲美政策。人们建议她向美国求助，从而在没有阻碍同时能获得一笔可观经费的情况下，重整秩序并重修格林纳达的民主政体。

显然，这是不置可否的，但却很好地缓解了格林纳达与美国的关系。同样，入侵后不久，他们收到一份州长的来函，据称，这份文件是代表伊丽莎白女王来向他们请求支援的。

10月21日，也就是毕晓普被处决的第二天，里根总统命令大批美国人前去黎巴嫩，并在中途转变航向前往加勒比海。此时，美国还没有决定入侵格林纳达。然而，一起突发事件让他们展开了行动。两起恐怖袭击案件涉及多国力量派往黎巴嫩的士兵，其中包括美国海军陆军队士兵和法国士兵。美国在此次事件中付出了惨重的代价：200多名美国人遇害。对美国而言，这个打击是致命的，因为自越南战争以来，美国从未牺牲过如此多的士兵。很快，美国总统就入侵格林纳达进行了官方部署，尽管它与贝鲁特事件毫无关联。

里根总统在电视媒体前进行了一场引发轰动的演说，在演说中，他将两起事件进行了比较：格林纳达革命与贝鲁特恐怖袭击的幕后人到底是谁？当然了，是莫斯科！因此，里根入侵格林纳达是在为那些在黎巴嫩牺牲的士兵们报仇。他坚定而又具有挑衅的演说使其民望扶摇直上。一名法国记者很公正地评论说，格林纳达是撒切尔的马岛。这场位于马岛的战争使得这个具有钢铁般意志的女人要夺回大不列颠的话语权。

当然，罗纳德·里根丝毫不会上当，但他迅速意识到在此次贝鲁特悲剧中能得到什么好处。在这样一个异常混乱的格局中，他有机会对格林纳达进行干预。

此外，无论军事计划是怎样的，此次军事行动并没有大的风险。势单力薄的格林纳达军队该采取怎样的行动来反抗美国强大的力量呢？即使民主主义对此次侵略提出了抗议，小小的格林纳达也不能一直让西方国家担忧。至于东方国家的态度，里根总统毫不在乎。苏联也不会冒险采取军事回击，而在四年前，它却亲自入侵了阿富汗。

事实上，格林纳达事件并没有长期居于报纸头条！里根对其进行着双向打击：对外，他展示出自己雄厚的力量。此外，他表明，在面对苏维埃政权时，如有需要，美国随时有能力进行军事行动。

消息直接被传到了莫斯科。就像里根总统所说的，这也是对星战的一种补充：我们建造了一个完美的防导弹保护体系，但同时，我们也可以利用政治权杖。

然而，入侵格林纳达是一项想要夺回话语权的内部企图。美国对越南战争的失败依然耿耿于怀，它企图恢复自己的颜面，并向全美国人民展示，他们的国家依然是强大的。

然而，战胜一个实力悬殊如此大的小国确实不是一件光彩的事。

1983年10月25日拂晓，美国入侵格林纳达战争正式爆发。此次活动的开展并没有在电视媒体面前曝光。数以千计的海军陆军队士兵、突击队员和伞兵参与其中，作战兵力有强大的舰队和航母。而在对面，仅仅是拥有千余士兵的格林纳达武装力量以及七百多名古巴人，其中大多数是在机场工地工作的工人和技术人员，但这却并没有使他们放弃斗争。然而，得知在机场有20余人牺牲后，他们迅速投降了，仅仅剩下格林纳达士兵仍在抵抗、斗争。

在此次战争中，总计有20余名美国士兵牺牲，格林纳达损失了40余名。然而这次军事行动对岛屿却造成了巨大的损害，合计有几千万美元。

推翻并处决毕晓普的那一批人被逮捕入狱。次年，一名亲美总统理所当然地当选了。此外，在总体上来看，格林纳达人民并没有排斥美国军队，原因很简单，因为他们会将杀害毕晓普的那些人带走……毕晓普至今仍是格林纳达人民心目中的英雄。

细节显示：此次事件从头至尾，宣传都扮演着主要角色！其次，它与伊拉克的联系以及他们所谓的有巨大杀伤力的武器是直接相关的：军事入侵后不久，白宫宣布，美国军队发现了惊人的军器储备，这些储备足以武装数千名恐怖分子。并且，古巴拥有着比它公开的更强大的军备装置，他们中的一批仍在山丘中进行斗争。然而，这些几乎都是虚假的言论，就像他们谎称发现了恐怖分子训练大本营那样。但事后，理应对此次入侵事件进行合理的解释。

《世界报》(节选自罗纳德·里根对格入侵后的电视演说):

我们发现了完整的基地，配有武器和通信设备。很明显，正如我们所预料的那样，古巴要控制这个小岛。格林纳达并不像人们所说的那样是旅游天堂，而是苏-古正在为输出恐怖分子、暗中破坏民主主义而建立的防御据点。而我们去得正是时候。当歹徒企图控制格林纳达的时候，岛上有30名苏维埃议员和数百名古巴士兵，这并不是巧合。

14 欧文·布朗——一位宣传推销家

很少人知晓他的名字——欧文·布朗，这只是一个普通的名字；而这个乐观开朗的美国人所从事的工作则更加不为人所知。他痴迷于我们国家的美食与红酒，以至于后来选择法国定居并终老于此。

然而在蒙帕纳斯公墓他的那方墓碑的石板之下，又永世埋藏着多少不为人知的秘密？欧文·布朗卒于1989年7月14日——一个无论对于他还是我们国家都非同一般的日子。

布朗也许可以说算是冷战期间极其关键的人物之一。这是一个一直奋斗在冷战前线的积极分子，他终其一生所服务的阵营最终在冷战中获得了胜利——柏林墙的轰然倒塌和苏联大帝国的内部瓦解证明了这一点。

布朗拥有多重身份：幕后推手、间谍、秘密操控者、工会成员，除此之外，他还是一位不知疲倦的西方的宣传推销家。精通多国语言的他在欧洲如鱼得水，工作上他也是游刃有余，但最终他还是选择法国作为其大显身手的地方。

为了对其有更深一步了解，首先让我们对其形象有个大概的了解：布朗第一眼看上去让人很舒服，而且才智敏锐；生性好动的他总是戴着一副黑色粗框眼镜，体形显得肥硕，面颊圆润，这一点也许得益于其对美食的偏好。然而这一切都是具有欺骗性的表象：尽管他钟爱美酒佳肴，但他却生性警惕，每天睡觉都是极其小心而且绝不会睡多过四小时。

布朗1911年出生在纽约的一个普通街区——布朗克斯，是一个平庸的犹太人家庭的孩子。他的父亲拉尔夫是一位牛奶配送工，但同时也是一个勇敢的工会活跃分子和真真切切的社会主义者，这样一个父亲对儿子产生了深远的影响。拉尔夫在其工作生涯中，同企业老板和老板们所雇用的守卫军展开了极其激烈的斗争，而且这一时期还是美国史上著名的“禁酒时期”，黑帮势力蹿升并开始染指工会，例如著名的美国运输工会，也就是拉尔夫·布朗所在的交通运输工会就被黑帮大佬吉米·霍法所把持。

年轻的布朗对父亲所从事的工会斗争深感兴趣，当然除此之外，他还有其他方面的爱好，例如他酷爱棒球运动，他曾经甚至想成为一名专业运动员，但再一次意外事故之后，他不得不放弃他的梦想。

贫寒的家境让他只能通过获得奖学金来完成学业，再加上父亲的政治信仰又为其人生道路设置一道障碍。为了能顺利完成在纽约大学的学业，他不得不同时打多份零工。他曾经做过机场的行李搬运工、服务员，甚至包括《纽约时报》的送报员。他对学生圈子中左派的意识形态争论很感兴趣，并且还成为了其中一个社团的主席。正是这个大学期间的社团经历深刻影响了其未来的政治方向。

在一次聚会中，布朗结识了一个叫罗弗斯通的人——美国共产党的总书记，因其敢于批斯大林而被认为意识形态方面出现了偏离，并受到内部排挤。

和罗弗斯通的会面对布朗来说具有深刻的影响意义——在其心目中，这位以前的共产党领导人已经上升到良师益友的高度。在大学毕业后，布朗正式选择走上了工会斗争的道路，并永久地成为了“黑帮之城”——芝加哥市汽车工会的一分子。

在与雇主打手的冲突中，汽车工会的工人们常常持枪面对。当然当冲突发生时，布朗并不是一个只会躲在办公室里面的胆小鬼：1937年，在与福特工厂保安人员的冲突中，他被严重打伤。但还不是最严重的，更甚之，他的一名同事在冲突中被殴打致死。两年后，在针对福特的诉讼案中，布朗成为了关键证人之一。

大西洋的另一边，西班牙内战刚刚打响。怀着左派信念的布朗，义无反顾地站在了共和政府的一边，反抗国民军的将军们。此外，由于受到罗弗斯通的影响，布朗在工会中的地位节节上升。另一方面，罗弗斯通决定向开除他的斯大林主义者实施报复，他和工会中两位来自纽约的重要成员保持着密切联系。和罗弗斯通一样，杜宾斯基和沃尔也是来自立陶宛的犹太移民，并且他们还是美国第一大工会组织——美国劳工联盟的重要成员。

这两位野心勃勃的工会领导人在劳工联盟中占有重要职位，杜宾斯基掌控着世界上重要的妇女服装业工会，这个工会拥有着广泛的金融渠道；至于沃尔，一开始在好奇心驱使下领导一家企业家组织，之后成为了工人人权联盟的书记。从沃尔走过的工会斗争之路不难看出，这是一个对工会工作孜孜不倦的人。

在罗弗斯通的引领之下，布朗很快便成为了小圈子中的一分子，这个小圈子聚集着诸如乔治·米尼——劳工联盟未来主席这样受到排挤的人，后者曾是列宁和托洛茨基的好友。

因此，那些向往美国民主制度的工会分子便毫无顾忌地与美当局进行了合作，例如与美国联邦调查局的合作，尽管其领导人埃德加·胡佛臭名昭彰。罗弗斯通和其朋友，其中包括布朗，一直都积极主张美加入到对德战争中去，他们对纳粹的反感尤甚于共产主义。除此之外，他们当中还有为数众多的犹太人，一些有识之士一开始就看清了希特勒政权的真正面目。

然而，在美国，主战人士并不受欢迎；相反，一些主张孤立主义的人则大行其道，这当中包括和乔·肯尼迪一样的对希特勒怀有悲悯之心的有影响力的商人。因此，只有等到真正的悲剧——珍珠港事件的发生时，罗斯福政府才真正决定对法西斯宣战。

为此，工会成员也急切做出了反应：他们希望以自己的方式参与到战争中去。布朗也在 1943 年加入到一家研究与战争有关的社会经济问题的组织，很快，他便成为了该组织的副主席，他的命运也就此有了翻天覆地的变化。

在那个时候，罗斯福总统在美国首度创立了情报机构。建立传奇性战略情报局组织的多诺万将军很快便设想在欧洲发展纳粹抵抗力量，而这就需要首先借助工会的力量；在彼时的欧洲，工会组织在纳粹的打压下仍然坚强存在。多诺万的想法也极大地鼓舞了欧文·布朗。

弗雷德里克（Charpier）：

在其工会生涯的起步阶段，布朗从未来妻子莉莉·克拉拉·史密斯那获得颇多的经验教训。史密斯是前美国共产党领导人罗弗斯通的秘书，而罗弗斯通也是对布朗一生有重大影响的人。罗弗斯通(Liebstein）的真名叫雅各，在20年代初受到共产国际高层的支持并被推上美共产党总书记的职位，布尔什维克的领导人布哈林甚至曾聘用其作为“美国事务”的顾问。在从莫斯科回到美国后，罗弗斯通从20年代后期开始反对斯大林和其所实行的打击托洛茨基主义者的流放政策。因此，罗弗斯通和其上百位同仁，在美国共产主义联盟(1929年5月)成立的几个月前，成立了共产党“多数派”，并于1928年发表了他的报纸《Militant》的第一份号外。在与共产国际断绝关系后，尽管罗弗斯通抱有对马克思思想的崇敬之情，他还是在美国劳工联盟机构中任重要一职，战后，他又在中情局领导层从事更加隐秘的工作。

比尔·多诺万对工会是如此之信任，以致这位急性子的将军在战略情报局内部创立了一个负责工会工作的特别部门——劳务工作分部，这个部门由一位芝加哥律师——阿瑟·戈德堡所领导。阿瑟后来成为了约翰·肯尼迪的国务秘书，他也是布朗最要好的朋友之一。多诺万的首要任务是与工会建立合作关系。当前的优先努力方向是“战争”，工人们应当将工会内部的需求先放一放。工人们认识到这一点：在美国，政府不会无缘无故地要求公民爱国。要求码头工人工会成员去揪出码头上可能的德国间谍这件事对各方影响重大，但考虑到工会与黑帮的密切关系，这明显行不通。后来的黑手党也许会怀恋那段与工会的蜜月期。

战略情报局劳务工作分部因此被上级要求加强美国工会与欧洲同行之间所有可能存在的联系，这样的联系很容易建立，因为在美国，工会成员有着许多来自中欧国家的移民。而这些移民通常倾向于招收他们的同胞，他们也就自然而然成为战略情报局在被法西斯占领国家的合伙人：这是为自已留后招。多诺万考虑到重组后的工会不可避免地会参与到战后格局的重建中去，所以应该为二战后自由民主主义与共产主义必然的交锋中为己方事先增加砝码。

而布朗这样的一些人就自然成为了后备人选，他们与共产主义走得很近，而且自认为是最清楚布尔什维克主义危险的人，最清楚的人往往也是最有经验的人。

甚至在1944年5月诺曼底登陆之前，布朗就已经到达伦敦并会晤了一些欧洲工会人士，这些工会人士来自法国、比利时、波兰，甚至德国。这些人站在同盟国的一边，在战后，他们将在各自国家任重要职位。尽管有着种种不情愿，但我们不难看出布朗已经为战略情报局执行任务。诺曼底登陆不久后，布朗就和其前辈多诺万一样，来到法国打听询问关于法国工会的情况。由于战火尚未平息，他又秘密前往斯堪的纳维亚半岛并与当地工会领导取得了联系，战时的国际交通运输联合会事实上也撤退到了挪威。在挪威，布朗特意结识了一个叫维利·勃兰特的德国反纳粹人士，维利一直站在挪威人民一边与纳粹战斗。

在周游欧洲列国后，这个美国人发现了一个危险的情况：在许多被纳粹占领的国家，工会成员往往屈服于敌人的威逼利诱。这种情况在法国尤为严重，因为许多工会成员就供职于维希政权高层。法国境内其他组织对纳粹的妥协，让被共产主义影响深刻的法国总工会有机会理直气壮地声称自己是唯一一个还继续抵抗的组织。对于布朗来说，共产主义得势令人担忧。这也就解释为什么到了1944年9月之后，各自为政的美国劳工联盟和产业工会联合会走上了联合的道路，并创立了一个新的组织：自由工会联合会！这将是一个针对共产主义的战争机器抑或冷战的前兆吗？

野心勃勃的欧文·布朗决心在接下来的变局之中插上一脚。从斯堪的纳维亚回到法国后，他便定居于巴黎。一家布朗经常出入的叫巴尔的摩的酒店成为了其与许多法工会成员例行会晤的场所；最终，这个美国人就这么定居了下来，没有任何一方赶他走。这些与布朗有来往的人中，包括在战前分裂之后在一系列压力下重又整合的法总工会的领导人。当时所谓的和平只是镜中花水中月：共产党与工人国际法国分部之间的裂痕一直存在，而且这条裂痕越来越深，对于这一点，布朗比谁都清楚。

这个阶段，年轻的布朗的职务也是一步步地获得了提升：1945年的春季，他被任命为劳工联合会和产业工会联合会驻欧洲美军占领区代表。尽管身在德国，但这个美国人从未停止将好奇的目光投向法国——一个后来他定居的国家。在这期间，布朗不惜冒犯他的美国同胞；对他而言，军方目光短浅，完全没有把握帮助欧洲创立自己所谓的自由工会。

后来，布朗退居巴黎并正式担任美工会驻法国代表一职。这也许是他的一个判断失误——共产党成为了法国的第一大政党；与此相呼应的，一开始还只是负责传达共产党指令的法国总工会，也在一天天地壮大；而亲近工人国际法国分部的政府成员的影响力却在日渐下降。无论在底层，还是领导机构里，共产党都占据了大头。就国际形势而言，情况更加不容乐观：由苏联布尔什维克牵头，一个国际工会联盟正在萌芽。

尽管在国际工会运动中处在势弱的一方，但布朗和其朋友手中并不缺少王牌。首先，至少他们都不必担心钱的问题！

罗杰·法利戈和雷米·考弗：

一开始，在这个仇视共产主义的工会成员圈子中，布朗感觉不是特别自在。在这些的成员中，有老机车司机罗伯特（Bothereau）——维希政权时期地下工会的最好组织者之一；另一成员奥古斯特因为在占领时期模糊不清的态度而被运输工会孤立。

为了进一步开展工作，布朗跑遍了北部地区遍布煤层的盆地。在那里，他与两位当地工会成员——儒勒·加尔庞蒂和亚历克西斯·梅利认识；后来也许是通过这层关系，布朗与一位叫阿尔伯特·科尔奈特的老共产主义民权保卫者相识，后者成为其最要好的朋友之一。科尔奈特的父亲是织布工人，母亲是女佣，他自己则是共产党创立之初的成员之一。在1924年游历苏联归来之后，科尔奈特成为了北方抵抗分子中最有名的人物之一，并且成为了莫里斯·多列士的对头，多列士是后来法共的总书记。

至此，科尔奈特的人生轨迹从共产主义者的角度来看，也许是无可挑剔的；但人心难测，很快，他便犯了一个人生中最大的错误：身为船长工会书记的他在投靠托洛茨基主义之后，很快又另觅新主，与占领时期的维希政权走得很近。

很快，布朗意识到面对共产主义这台无懈可击的机器（拥有75,000名党员），也许只有金钱能使其动摇。为了达到这一目的，他认为应该支持某些组织——这些组织反对共产党对工会的控制并资助工会。然而任务却是艰巨的：这些反共产主义者很难取得成功，他们自身往往也劣迹斑斑。总之，这个缺少合作伙伴的美国人可以说是举步维艰。

布朗所需的资金直接来自华盛顿——工会说服了白宫方面。这对布朗来说也许是一次天赐良机：他的良师罗弗斯通正式被任命为自由工会委员会的领导，这个组织一直希望有朝一日推倒强大的FSM共产主义。而布朗这个时候却不得不采取克制的态度——在二战后的几年里，国际政治关系因为冷战的原因一直很紧张。

1947年注定是一个不平静的年头，戴高乐下台后，身为法共总书记的莫里斯·多列士仍然是多方联合政府里头的部长，他激烈批评美国的帝国主义行径。米歇尔计划是这一切的导火索，这个计划名义上是帮助欧洲各国的战后重建，然而这在共产党看来，是美国想借机控制欧洲。与此同时，在东欧，一道铁幕已在红军解放区缓缓升起。

当时，被冷落的戴高乐开始有意接近RPF——一个坚定的反共产主义运动组织，该组织广招各色人物而且打击报复其中伤者。值得注意的是，这个时期的戴高乐相信新的世界大战即将开始，而且他认为红军铁骑极有可能席卷西欧。

戴的恐惧在欧洲很快便蔓延开来，华盛顿方面也决定建立一个叫GLADIO的网络和秘密机构来防范苏联可能的入侵。

紧张的局势也在一步步地加剧，布朗本人甚至被共产党当面质询。伯努瓦·弗拉松——共产党重要领导人，同时也是法国总工会的总书记，强烈指责布朗是美国人派来的奸细；弗拉松还揭露了布朗大肆利用金钱贿赂工会内部人员，并诱使他们分裂工会。

但很快布朗看来就时来运转了。政治与工会内部的交锋因1947年底的罢工而进一步加剧；一些社会运动也变得更加暴动，尤其是在法国北方。这一切都让人觉得应当将共产党踢出政府，同时这也预示着三方联合政府的瓦解和抵抗运动以来诞生的幻想的破灭。罢工最终被一位社会主义阵营的部长无情镇压，这个人叫朱尔·莫克——布朗对此人很了解。

最终，冷战阴云也降临了法国。就当时国际大环境而言，法国不可能独善其身。在法国的“内战”氛围下，美工会领导人出于谨慎将办公场所安置在布鲁塞尔，而这时的布朗就居住于此并筹备着分裂法国总工会的工作。然而布朗能否得逞还得取决于法国面对米歇尔计划所采取的态度——这也是其一贯找的借口。一些重又聚集在名叫“工人力量”的政治派别周围并由权威人士罗布特·波特罗（robert bothereau）引领的同盟者，主张应当接受美国人的援助；而那些亲近法国共产党的总工会人士则是大力反对。

在1947年9月份所举办的一次集会中，总工会的分裂最终被促成，以波特罗为标志性人物的总工会众多领导人辞去了联合秘书处的工作。几个星期后，一个新的全国工会联合会成立了：法国总工会——工人力量，也就是后来我们通常称之的“工人力量”。可以说，这一切都是布朗暗中策反工作的功劳。同时，布朗还给予那些分裂人士以承诺：如果他们肯与总工会决裂，美国老大哥将提供资金上的援助。

事实也正是如此，对“工人力量”的资助直接来自美国政府用于特别行动的资金——这可以说是一个尽人皆知的秘密了，但出于谨慎，新工会的大部分领导人故意装作不知道，而且这份来自美国人的馈赠在工会创建后还会继续！

“工人力量”并不是唯一一个例子，其他一些工会甚至政党都从

“意外之财”中获得了好处。例如，工人国际法国支部的传奇人物莱昂·布鲁姆就曾迫不得已向布朗的朋友“乞讨”来维持党报《人民报》的“生计”；后来，这家受到美情报部门资助的社会主义性质日报，因此发表了一些反共言论。此外，法国的社会主义人士开始公开偏向西方主流思想，并毫不犹豫地赞成北大西洋公约组织的成立和法国加入这个军事联盟。

然而，布朗并未因“工人力量”创立的巨大成功而止步，他频繁出现在德国并鼓励德国自由工会的成立，但其更多关注的还是法国和意大利，因为在两国分别存在着两个最大的共产主义政党和工会联合会。例如，在意大利，布朗和一个叫詹姆斯·耶稣·安格尔的中情局人士携手工作，这个人后来成为布朗反间工作的上司。在意大利，中情局特工在布朗和罗弗斯通的帮助下，布置了一系列的底下网络，后来当刺杀教皇保罗二世的丑闻被揭露时，许多类似的间谍机构被发现。

布朗与一些戴高乐主义者结为朋友，其中有一些最激进的大西洋主义者，例如雅克·苏斯塔尔。后来，他还参加了马赛之战——这成为其人生中的一次重大事件。

对于美国来说，马赛港地理位置极为重要：米歇尔计划中的大量物资运输都要经过这个港口；然而，这个港口却掌握在共产党的手里。因此为了摆脱共产党的控制，需要一次真正的清洗运动，布朗为此决定不择手段。

罗布特·波特罗（robert bothereau）：

（这位“工人力量”的领导人对其为何会做出与抵抗运动时期同仁路易·赛扬不同抉择进行了解释，赛扬是总工会中信仰东正教的领导人。）

我的理智将我推向了共产主义的对立面，两害相权取其轻，就像和共产主义者一起抵抗希特勒一样，我会站在民主人士一边反对斯大林。如果让我选择的话，我会选择那些更加容易处理的风险，而且我坚信一定会有办法来规避所有的危险，而我们的工会也正是抱着这样的憧憬来试图铺平一条前进道路。

值得注意而且也在情理之中的是，法国总工会的分裂和境外的一些工会活动有着很大的关系，可以说这是一次依附于共产党工会的国家面对苏联方面所做出的回应。

（需要注意到这一点：波特罗在其解释一直未提到布朗的秘密行径，而且他甚至公开支持安德烈·伯格隆——“工人力量”创立之初的几位领导人之一，后者在其回忆录中却忽略了波特罗。）

二战后，因马赛在抵抗运动时期的重要地位，共产党将其变为己方的阵地之一。这就导致了一个直接结果：总工会制定码头的法律，码头工人大权在握。

战后，美国所提供的与马歇尔计划有关的物资装备经由马赛卸货，法国运往印度尼西亚的军队和武器也是从马赛出发的。除此之外，不久之后的朝鲜战争中，一些被派往远东地区的驻欧美国大兵也是从这儿经过的。

共产党因此试图通过总工会人士来给马赛港的运输施加压力，他们及早便开始了相关方面的行动。二战结束后不久，偏向共产党的世界工会联合会便在马赛设立了海洋办事处；对于密切关注共产党一举一动的布朗和朋友来说，这个办事处只是共产党情报局的借题发挥，共产党设立这个办事处真正目的是为了给大西洋联盟带来阻碍。

自然而然，布朗在成功策划总工会的分裂和“工人力量”成立后，开始着手进行马赛工会分部的建立活动，而且在这里有着一位重要的合作伙伴——一位受欢迎度极高的叫作费里－皮埃尔·皮萨尼的海员，这是一个左派人士而且还是一位勇敢的社会主义者，在战前期任海员工会领导时，曾让控制着个城市的科西嘉暴徒们付出过惨痛的代价。

在战争中，这群暴徒投向了与法西斯的合作，而费里则选择了加入抵抗一派的阵营。也正是因为如此，费里难免牢狱之灾，他被关押在了集中营里。但在解放集中营后，他竟还奇迹般地活着，而且尽管其健康状况不理想，但他又很快投入到了政治与工会生活中。

但在回归之后，费里却发现当下的形势与以往有了很大的不同：首先，在他们这群社会主义分子之中又出现了一个强有力的人物——加斯东·德费尔，同样身为二战时期抵抗运动的成员，这个年轻律师俨然已成为当地共产国际分部的一把手，而且他还非常希望能获得马赛市长一职。对于加斯东来说，他不希望被复出后声望极高的费里所代替。因此，这两位社会主义者之间的角逐就变得格外激烈，结果是费里在1947年成功阻止了加斯东获得登上马赛市长一职。

当然最终，在马赛还应考虑到更加强大于往昔的共产党，这也是费里重树在该地区威信和地位路上的一道障碍。

被派往马赛地区的欧文·布朗很快便搞清楚了在冲突不断的形势中，他应该选择站在哪一方。这个手上握有美工会大量钱财（事实上是美情报部门提供给他支配的资金）的美国人慷慨解囊，帮助费里荣登“工人力量”海洋商品支部的一把手之位。后来，布朗与这个曾被关押在集中营的犯人亲密合作，创立一个依附于“工人力量”的码头工人工会。接着这两个由布朗带头创立的全新工会分部参与了地中海海员委员会的创建，可以说这是一次对FSM创立海事办公处的明确反应。

和战争中与暴徒们兵戎相见不同的是，暴徒们这次掺和到了费里的阵营中去。从1948年开始，人们发现了一些马歇尔计划所租用的船只在黑帮教父级人物之一的安托万的手下武装人员的保护下卸货。受科西嘉互助传统所使，加之缺乏足够的人手，费里选择和这伙强盗们做了笔

“互惠”的交易。

布朗是幕后的老板，他毫无顾忌地利用这些暴徒为其做事。与人们认识相反的是，诸多事实证明这群暴徒确实是“可交之辈”，而且布朗还得常感谢他的这群来自科西嘉岛的新朋友帮助他打开了娱乐场所、餐厅、夜总会等大门。

然而很快，情况却又朝着不利于布朗的方向发展，1950 年是关键的一年。总工会的码头工人为了反对向印尼运送军事物资，决定抵制官方租船在马赛的活动。很快，反抗的情绪便弥漫了开来，矿工、冶炼工人和铁路工人也加入到了行动中来。布朗和其朋友也决定做出反应。为了做出有力回击，中情局也毫不吝啬金钱：两百万美元用于支付暴徒人手和在意大利雇用的黄种人。

随之而来的就是愈发激烈的反击，在罢工人士方面甚至出现了人员伤亡的情况。然而站在风口浪尖的圭里尼（Gurini）兄弟俩却沾沾自喜，甚至还承认自己之所以敢于打压罢工，就是为了捍卫自由行事的权利。同时，他们还与反对共产党的海员委员会走得很近，这个委员会经常在两兄弟的夜总会举办一些会议。

在如此激烈的回击之下，工人们的反抗运动随之土崩瓦解。布朗和其朋友费里赢得胜利，成为了码头的“主人”。然而，工会与暴徒之间的勾结很快便引发了极其不利的后果。强盗们从来不会做没有好处的买卖，因此，在这次针对共产党的行动中表现相当出色的他们要求获得相应的回报。布朗、罗弗斯通和其他一些工会方面的好友必须耐心倾听科西嘉教父们的所求所想，因为也许在不久的将来，他们还会有求于他们帮助“保障码头安全”。出于此种考虑，他们也就对暴徒的一些不法活动睁一只眼闭一只眼。例如，贩毒，而且中情局甚至还被请求为几宗毒品交易提供便利。也许这样想来，在暴徒帮助恢复码头秩序之后，一些毒品加工实验室很快便在马赛建立就不是一个偶然了。至于法国政府方面，对此则是没有多大的发言权；但他的美国朋友由于为重建中的法国提供了慷慨援助，在一些事务上是想有“绝对的权威”。因此，当这样的朋友礼貌相求时，做出让步和睁一只眼闭一只眼就显得很明智。而且这些毒品还不是销往法国，而是美国。

事后，人们也许要问：精明的布朗是否从经手的大量资金中获利？然而答案却是：好像没有。布朗经常出入高级餐厅，活得很自在，这一点是不容置疑的，但布朗的开销也仅限于此。布朗为人诚实，对上级所安排的反对共产党的任务兢兢业业，可以说，为此他奉献了一生。但现在，他不得不离开马赛了。

雅克和文森特：

布朗和费里还和一些危险分子保持着联系，他们参加了一次于波尔多市举办的集会——集会目的是“保障港口安全”，与会的有一些来自科西嘉的朋友——安托万·圭里尼、乔·雷努齐、约翰·科隆纳和毒品化学家辛普森·切萨里。在反对共产主义的斗争中，布朗甚至支持启用新纳粹人士或者一些关系不清的联合执政时期的人物。例如，费里就曾建议布朗和黑帮人物斯皮里托取得联系，后者正因贩毒罪在美国服刑。这位前教父级人物也许能提供有用的帮助，前提是他被释放回马赛，就像卢西阿诺——美国西西里黑手党的大老板，在1946年获释并被派往意大利。但是对于从斯皮里托的美国律师那儿获得的消息，布朗并不是太乐观。斯皮里托“如果重新被送回法国，他将没有任何用处，因为在法国他已经被判了死刑”，布朗在一封信的末尾如是潦草写道。

加斯东这位下届市长人选的有力竞争者，希望成为马赛的头号人，生性记仇的他永远不会忘记费里·皮萨尼——他的死对头，后者曾在1947年阻拦了他的市长之路，因此他想移除费里这块前进道路上的绊脚石。为了达到目的，他首先要做的是将布朗（费里的主要支持者）支开，布朗曾为费里提供了大量的资金赞助。虽然在镇压共产主义者的罢工中，布朗曾帮助过加斯东。至于这个美国佬和工会所保持的联系，德费尔并不是太担心：因为德费尔本人就和圭里尼兄弟里的 MEME 私底下保持着密切的关系，后者在抵抗运动时期听从德费尔调遣。归根到底，一直困扰着这位未来马赛市长的是：布朗和费里之间的复杂关系。

德费尔利用其在政府部门中任海洋商品部长一职之便来给布朗制造疑点。他写信给亨利·克耶——议会主席，指出布朗的可疑举动。德费尔机智地提出质疑：为什么布朗一到马赛，港口就恢复了和平？这其中肯定有隐情；布朗本人是不是和共产党有什么瓜葛？同时，他还影射到了这个美国佬行迹中的许多可疑之处。

德费尔的信件很快便产生了效果：表面上是法国总统府方面要求，实则是根据美驻法大使馆建议，布朗离开马赛。

但这只是一次暂别，他还有机会卷土重来，因为其秘密间谍身份和保持与工会人士的联系要求他这么做。在此期间，法方与美方缉毒机构也将布朗列入监视名单。

值得注意的是，布朗拥有一项非常有用的特权：他可以不必接受调查和搜身自由进入美国国境——其享有外交豁免权。

在马赛篇章揭过之后，布朗成为了中情局所布置的声势浩大的宣传活动的发起者之一。但在这之前，布朗对一位非常有影响力的人物——乔治·阿尔贝蒂尼产生了浓厚的兴趣！阿尔贝蒂尼曾经是全国人民运动——占领时期由马塞尔·迪特创立的组织的二号人物。阿尔贝蒂尼曾是二战时期的法奸，身背多项罪名指控，在解放运动后被关押，而且差点被枪决。但最终，他逃脱了判罚，这或许得“归功”于法国烦琐的司法程序的缺陷、暗中的秘密保护以及与科西嘉警察的复杂关系。其面对指控时所表现的良好口才也起到了很大作用，他将一切都推给了前任上司迪特，他还厚颜地将自己表述为一位迷失方向的左派人士。所以，最后他避免了成为死囚的命运，只蹲了5年的大牢。在其坐牢期间，战争尚未结束，肃清运动也在如火如荼地开展！但故事的后续更加让人难以置信：1948年，阿尔贝蒂尼受到总统奥里奥尔特赦并最终获释。很显然，在事情发展中，一些政治上的默契发挥了作用；还有就是在当时冷战的背景下，阿尔贝蒂尼这个反共产主义人士可以提供很大的帮助——身处情报网的他深谙政界关系。出狱后，他很快就受雇于狱中结识的一位银行家——伊波利特·沃姆斯（Hyppolyte Wormes）。

最终，阿尔贝蒂尼成为了咨询工程师并独自拥有一个办公室——到这里，他的故事可以写成一部小说了。很快，他又涉足一处独家的政治情报机构，这家机构的宣传部门雇用一些其他二战时期的投敌分子，从事着反共宣传册的出版工作。尽管周围是这样一群疑点重重的人，但这并未阻止一些雇主机构为阿尔贝蒂尼提供活动上的资助，其中包括著名的矿产和冶金联合会。

由阿尔贝蒂尼重新建立并掌控的社会事务研究所成为获得左派人士活动信息的来源，研究所通过工会组织密切关注着各个大小政党团体。可以说，阿尔贝蒂尼成为了法国最见多识广的人之一。许多政界人士，其中包括左右两派，都来向他询问建议——尤其是在选举时期。就是这样一个有影响力的人不可能逃过布朗的火眼金睛，而且两人还有着反对共产主义的共同意图。

通过各自的情报网络，两人经常交换一些信息，并在各自的宣传活动中互帮互助。而且当需要时，中情局会为阿尔贝蒂尼提供大笔的美钞；另外，阿尔贝蒂尼自己还拥有来自政客和企业家的固定经济来源。

弗雷德里克·沙尔皮耶：

出狱之后，阿尔贝蒂尼计划出版一本专门研究共产主义的杂志。在一次晚宴中，阿的律师将他介绍给了鲍里斯·苏瓦林（Boris Souvarine）——后来对阿有很大帮助的人，和雷蒙·阿隆一样，苏瓦林被认为是战后最强力的反共人士之一。尽管苏瓦林身材矮小、体弱多病，并且其貌不扬、视力衰弱，但就是这样一个人却是第三国际的创始人之一，在列宁死后脱离了第三国际。20世纪20年代期间，他逐渐远离了马克思主义，并在之后的10年里投入到了反对共产主义的斗争中。二战中，在维希政权的帮助下，他获得一张退居美国的护照；在美国，他仍一直与法国的情报机构互通消息。1947年，他带着中情局给他的一笔美其名曰"大学奖学金"的资金回到了法国，利用这笔资金，他重新创立了社会事务研究所——在战争中解散，后又和阿尔贝蒂尼的中心联合，成为中心的分支机构。在其重振IHS旗鼓的过程中，苏瓦林获得了来自沃姆斯集团的资助；而且在1925年后，美犹太人反共产主义联盟的主席阿尔弗雷德·科尔伯格也开始向其提供资金支持。

布朗和阿尔贝蒂尼一拍即合，但布朗同时也在为中情局一次规模宏大的宣传行动卖力。

文化自由代表大会是一个云集文学界、哲学届人士以及众多艺术家的知识分子运动，自二战结束以来，这些参加运动的人一直担心马克思主义占领西方文化界，他们认为马克思主义极有可能会演化为思想届和意识上的"专权"。

一开始，知识分子们聚集在一起是因为恐惧共产主义，之后则是为了反对共产主义。然而从某种意义上来说，这些个具有影响力的人物并不是真正意义上的积极分子，他们所希望的是能够在马克思主义影响范围之外自由表达意见。

但将他们聚集起来的想法并不单纯，许多人后来才知晓他们在不知所以的情况下被操控了。

在文化自由代表大会创立之初，人们发现：在西方世界尤其是欧洲，马克思主义知识分子往往占据着优势地位！1949 年于巴黎举办的国际和平运动大会进一步加强了马克思主义的思想控制，毕加索曾为这个组织画过著名的白鸽，而这个组织很大程度上是由共产党所把持的。在美国，很多人都希望组织“火力”来打压代表大会；于是，一些最保守派别的成员成为了招募的对象，这当中甚至包括白宫方面的人士，其他一些则是在商界和政界身居要职。这时，在 1947 才刚成立不久的中情局急切希望一展身手。而此次打压计划的倡导者就是布朗，于是人们纷纷从长远角度猜测：布朗和其良师罗弗斯通集中工会阶层中质疑的力量来打击共产主义，极有可能是为了在知识分子中散播反共的思想。

这解释了为什么布朗可以从马歇尔计划中调转一部分资金用于他的新任务，他也再一次踏上了他的巴黎之旅。首先，他想聚集一批知识分子召开一个会议来给和平运动带来一丝阴云。这不是一次没有付诸行动的反共计划，雄心勃勃的美国人计划创立了国际反专制与战争日。

布朗随即开展了他的知识分子利用计划，曾被关押在集中营的托洛茨基主义者——大卫·卢塞就热烈欢迎布朗的到来，大卫出版过有关集中营的伟大作品。之后不久，他还和萨特发起了一个运动，运动主张共产主义和大西洋主义之间的第三条道路。其他一些知识分子，像西蒙娜·德·波伏娃和安德烈·布勒东也加入到了这个行列。有一点布朗做得很明智：他和朋友们拒绝了一些非常著名的反共人士加入其中，例如雷蒙·阿隆和阿瑟·库斯勒。

在冬赛场举办和平大会的组织者们可以庆祝了：会议有了如期的效果。但布朗还是很克制：共产党在这个时期做得并不是很过分，这可能是他们隐约看到了当中有美国人的影子——后来，一些立场中立的演讲被美国人所监听证明了这一点。然而这一切对于布朗来说并不重要，这不过只是一个开始。

布朗获得了来自中情局探员麦可 · 乔塞阿森的帮助，乔塞阿森来自波罗的海国家，犹太血统，精通多国语言，曾从事德国占领区的军事情报工作，后参加知识分子中的非纳粹化运动；再后来，他又投身出版行业，并且还在一定程度上起到促进德国文化复兴的作用。但私底下，乔塞阿森却一直与美情报部门保持着密切联系。不管如何，布朗的计划正在一步步地推进，指导委员会特意选址在巴尔的摩酒店——布朗曾在此居住过。

乔塞阿森给人的感觉是有教养、平易近人而且心思灵敏，他从未从事过反共的工作，只是一个反对极权的知识分子——就像他热衷于呈现给人的一面一样。在布朗的支持下，他有了筹措文化自由代表大会的念头，这个想法一经提出就获得了众多知名人物——英国人勃兰特 · 罗素，德国哲学家雅斯贝尔斯和法国天主教作家雅克 · 马里旦的支持。

1950 年 5 月，在柏林召开了一个有奠基意义的会议，就在这时朝鲜战争也刚刚开始，会议的成功影响巨大。与会人数众多，单单就说参加会议并表达了对共产主义同情的法国人，就可以列举安德烈 · 纪德、雷蒙 · 阿隆、阿尔贝 · 加缪、儒勒 · 罗曼以及社会主义者莱昂 · 布鲁姆和二战时期抵抗运动的成员亨利 · 弗里内。

然而，会议的成功也导致了一些组织机构的变动，这对于布朗和乔塞阿森来说，他们是乐于看见并积极促成的，因此文化自由代表大会成立了执行委员会和国际事务秘书处。

乔塞阿森所在的中情局是文化自由代表大会的主要出资人，但其成员对此却一无所知，而且就算心知肚明，他们也尽量装作不知或者避免提及这方面的问题。当提及出资人时，大家总是一带而过。但对于布朗来说，面对外界的指责，他可以大胆承认：是美国工会资助了文化自由代表大会。同时，大会还被赋予政府机构的性质，其法国名字就是“自由之友联合会”，并得到了 MRP 中的基督教民主人士和社会主义者的支持。可以说，这也就是人们所说的除大西洋主义者之外的第三方力量。

文化自由代表大会也因此迎来了发展的黄金时期，非共产主义知识分子在这里受到欢迎，他们可以找到所需的文献资料和大量工具书来抵抗当时的主流思想——马克思主义。当时“自由之友”们还出版了一本精心策划的杂志——《证言》，杂志很快便获得了当时众多知名人士的签名支持，很多左派年轻记者也纷纷向杂志投递很有质量的文章，这其中甚至包括弗朗索瓦·密特朗。至于布朗，他则是时刻关注杂志的发展，同时还鼓励欧洲一些类似杂志的创立，希望在它们之间能分享一些好的文章。

后来，代表大会发展成为一张笼络知识分子的网，并通过文化展览、研讨会、艺术节、音乐会等活动来开拓范围，甚至诺贝尔文学奖得主威廉·福克纳也曾支持过其中的一项活动。但矛盾的是，此次针对共产主义的文化与政治攻势的主要障碍却在于美国方面，即使是在麦卡锡开展清洗反对派期间；于是，对共产主义所掌握的新闻媒体来说，这就变成了一次天赐良机，他们在报纸专栏上大肆揭露美国议员的疯狂举动，后来就连雷蒙·阿隆也不得不在代表大会的杂志上承认这一点：麦卡锡的所作所为滋养了反美的情绪。

但在这之后《证言》杂志还是过了几天好日子，尽管中情局也渐渐和代表大会拉开了距离。变相的控制让知识分子产生了厌恶情绪，因为这些人生来就是不服管和具有反抗精神的；后来，就连一次在墨西哥举办的普通会议也转变成了针对美国的控诉。发生的一切让布朗和代表大会中的一些人也就渐渐拉开了距离。

对文化自由代表大会的致命一击是在 1966 年。就在这年，纽约时报发现了一“惊天”秘密：代表大会从一开始就是由中情局资助的！对许多为《证言》写过文章的忠实知识分子来说，这次揭露无异于晴天霹雳——才发觉一直被操控的他们大为痛心。但平心而论，文化自由代表大会的一些创举还是具有积极意义的：一些在本国无从开口的东方知识分子因为代表大会让自己的作品公之于世，而且还结识了西方的同行——这可以说是东西方有识之士之间兄弟情谊的开端。

在这之后，布朗不再只是一心关注反对共产主义的事情了，他开始对殖民地的未来产生了兴趣。从罗斯福执政开始，美国一直敦促法当局加快去殖民化进程。美方甚至支持一些独立运动：例如，在印度支那战争之初，美国就坚定站在胡志明一边，后来因为捍卫“自由世界”的名义，美国又转而支持法国；在阿尔及利亚，美国曾尝试暗中帮助FIM。这就是已经支持过突尼斯主张独立工会的布朗角色所在了，而且因为突尼斯一事，法国情报机构对美国的行为进行了报复，在MAIN ROUGE错误指示下，布朗的一名保护人被谋杀。

适时，布朗正在为其工人力量中的几位好友帮助亲近FLN的阿工会UGTA在国际自由工会联合会获得承认而大为恼火。后来，阿尔及利亚的法方当局将布朗驱逐出境。一句话来说，布朗成为了法占阿尔及利亚高层的眼中钉、肉中刺，高层组织了两次针对他的谋杀，但他都有幸逃脱了。然而这并未给布朗的反共活动画上句号，这位前社会主义者最后甚至投入了罗纳德·威尔逊·里根的怀抱。在其临终之前，人们发现了他将50万美元的资金捐给了一家法国学生工会——起源于SAC的少数派组织。

15 伊朗门事件——里根之过

尼加拉瓜反政府武装丑闻毁了里根最后的总统生涯，向阿亚图拉·霍梅尼 (Khomeiny) 出售非法武器的伊朗门事件更是让他雪上加霜。

不过最终，里根幸免于难，并没有被指控犯有任何罪行。作为罗纳德·里根 (Ronald Reagan) 的继任者老布什 (George Bush senior)，也赦免了那些卷入事件的人的过错。但实际上，伊朗门事件远比比尔·克林顿与莫妮卡·莱温斯基偷情曝光和导致尼克松总统垮台的水门事件严重得多！

1981 年 1 月，当罗纳德·里根入主白宫时，他只有一些简单的想法。对他来说，苏联是邪恶帝国，因此必须动用一切手段摧毁敌方的作战工具和核威胁。凭借“星球大战”计划——一项迫使苏联为了维持自身军事地位而濒临破产的技术引诱战略，美国当局获得了胜利。而戈尔巴乔夫的小修小补并没有挽回苏联内部解体的局面。

罗纳德·里根上台之后，再次推行冷战政策。很快，新政府的注意力都集中在中美洲的一个小国——尼加拉瓜身上！

40 年来，在某种程度上索摩查 (Somoza) 家族一直独裁统治着尼加拉瓜，并私吞国家财政。这个令人憎恶的独裁政权受到美国政府的支持，因为它能保证美国在该国的多项利益安全，几乎成了美国的准殖民地。直到美国当局确保索摩查家族的执政地位已稳固，才于 19 世纪 30 年代将海军陆战队撤出该国。

以著名的门罗主义为名，美国总是插手世界各国政事并毫不犹豫、自以为是地进行军事干预。即使当他们想针对菲德尔 · 卡斯特罗 (Fidel Castro) 时栽了跟头，也没有放弃这样的念头。

在 20 世纪 60 年代初，尼加拉瓜革命军人正是参考古巴模式，创建了 FSLN，即桑地诺民族解放阵线。其成员被称为桑地诺分子，以奥古斯托 · 塞萨尔 · 桑地诺 (Augusto César Sandino) 将军的名字命名，因为他奋勇反抗美国海军陆战队，最终在 1934 年被索摩查成员暗杀。

这些桑地诺分子打算一边反抗索摩查家族一边与美国霸权主义做斗争。但直到 20 世纪 70 年代初，他们的斗争才开始广泛开展并真正受到拥护。1978 年初，某反对派报纸编辑被谋杀成为起义的导火索。接踵而至的是集体罢工和反独裁阵营的扩大发展。但安纳斯塔西奥 · 索摩查 (Anastasio Somoza) 像往常一样，冷酷无情地镇压着反对派。紧接着，桑地诺分子发动了总起义。

当吉米 · 卡特 (Jimmy Carter) 开始执政时，尴尬的事情发生了。作为美国在尼加拉瓜最好的利益保护者，放弃索摩查家族是一件艰难的事。但另一方面，宣称自己是人权捍卫者的卡特，无法纵容独裁横行。1979 年 2 月，卡特终于决定取消对索摩查家族的军事援助和经济援助。不可避免地，索摩查家族的独裁专制于 7 月走向灭亡，很快，桑地诺分子就夺过了政权。

他们建立了一个军政府把周边所有的反独裁运动集中到一起。在这些切 · 格瓦拉的仿效者们身边，我们能看到资本主义甚至是教会的代表。但桑地诺分子中的马克思主义者占据首位，并逐渐占据革命成果。

实际上，这个军政府很快面临来自内部和外部两方面的严峻挑战。

于是，该政府逐渐开始强化制度建设，并对政府中的极左派进行调整！

美国当局在第一时间向这一新政权伸出援手。卡特总统向其给予了数百万美元的人道主义援助，并准备显著加强与新一届领导班子的合作。但里根在1980年的总统选举中击败卡特，一上台就采取了截然相反的政策。里根认为，马那瓜是共产党人在掌权，来自莫斯科的先锋已经登陆美洲！

从1981年初，新总统立即取消了对尼加拉瓜的一切援助！此外，还终止了对其小麦的出口。结果是，本着不结盟，处于美苏阵营中间派的尼加拉瓜政府，逐渐向苏联靠拢。

另外，尼加拉瓜的经济状况也不太景气：国家继承了索摩查家族沉重的债务，美国的经济封锁更是加剧了这种情况。

索摩查分子被驱逐出境，但他们一直想着复仇。一些反革命小团体、反政府组织聚集在洪都拉斯和哥斯达黎加境外，开始对尼加拉瓜军发起暴动和突袭。里根曾公开说过，对他来说，那些支持索摩查家族的尼加拉瓜反政府武装成员就像当年二战抵抗运动的法国人和奠定美国独立基础的创始人们一样伟大，他们是捍卫自由的战士！只是他仍在寻找帮助他们的最佳方式。

史蒂芬·爱默生 (Steven Emerson)[1]：

很快，中美洲成了里根当局对外政策中最主要的问题。[作者引用美国驻联合国大使，珍妮·柯克帕特里克 (Jeane Kirkpatrick) 的发言。]

位于西半球的美国由于处境恶劣，已引起前所未有的安全隐患，现在我们国家可能将会面临未知的挑战，以抗击苏联在我国南部和东部建立的基地网络。

1 《中情局的阴影战士》,《经济学刊》, 1991年。

接下来是史蒂芬·爱默生的话：

在1981年的头几个月，美国国务卿亚历山大·黑格(Alexander Haig)曾询问参谋部，是否能向尼加拉瓜采取军事行动。出乎政府意料，国防部并不想在该地区发挥直接作用，也不想增加其在加勒比海的军事力量，或是封锁非法贩卖武器行为。国防部想起了越南战争。他们不希望参与这项民意支持率可能很低的军事冲突，也不愿意受到政治上的限制，并被国会指责，从而危及其军事预算的审批。

新政府需要使用一些计谋以避免惊动国会。因为众议员和参议员不想自越南战争后卷入一场新的战争，所以，里根的顾问团必须想一个方法来劝服这些议员，让他们赞成对尼加拉瓜采取的敌对行动。

尼加拉瓜政府被指责协助萨尔瓦多游击队一起对抗由美国支持的军队和军事组织的入侵，那么，尼加拉瓜是否在保护其友国萨尔瓦多不受邻国的反动武装侵略呢？我们并没有找到确凿的证据来证明这一点，但是显然，在抵制所谓的美帝国主义在中美洲的扩张统治时，这两个国家之间存在一种自然的共鸣。

总而言之，参议员和众议员们还是被说服了：他们本着防守而非进攻的目的，给中央情报局拨了一大笔钱，让其阻止尼加拉瓜军向萨尔瓦多输送所谓的武器。从美国的观点上来看，这是合法的，但暗地里，他们做好了在中美洲大陆上直接袭击尼加拉瓜的准备。

尼加拉瓜反政府武装人员稀少且组织混乱。中情局首先建立了一个军事素质过硬的反革命军游击队。待时机成熟时，便给马那瓜当局致命一击，并最终将其拿下！

在一定的经济补偿下，北边的洪都拉斯和南边的哥斯达黎加都不太困难地接受了反政府军在其领土上避难训练的条件。在军备方面，中情局需要同国防部达成小小的协议，他们要求国防部向其提供数量可观的军事物资，由于该物资被认为是官方盈余的，所以应免费提供且不会被记在支援反政府军的账上。而这整个过程就是为了欺骗国会！

在陆军中存在一个“特种作战部队”，由于受白宫暗中支持，作战部队的将军们欣然接受任命。在里根执政期间，该部队稳步发展，并成为陆军部队的中坚力量！同时，此“秘密部队”物资、财力充足，在根据白宫命令行事的国家安全委员会的支持下，实际上充当中情局军事派系的角色。

由于涉事人员众多，走漏风声在所难免。从 1982 年起，美国报纸上开始揭露中情局联合尼加拉瓜反政府武装的事实以及所谓的反对供给萨尔瓦多游击队军火其实就是个烟幕弹。里根对此不予理睬，仍继续编织着同样的谎言。然而，国会并不认同这种做法。一项禁止中央情报局和军方采取行动推翻尼加拉瓜政局的修正案通过决议！

事实上这并没有发生任何改变！用来协助萨尔瓦多抵抗游击队的大量军火实际上直接输送给了尼加拉瓜反政府武装，这份圣诞礼物将继续派送。反政府军作为一个管理有序、装备精良的部队，还收到由中情局控股企业出售，库存在美国空军部队中的战斗机。在尼加拉瓜，这些飞机将用来供应军需，同时也会用来实施轰炸行动。当然，往往都是非常危险的飞行航线，很多架飞机已被击中坠毁。尼方通过飞机残骸中的文件等信息发现飞行员多为北美人，所以，尼方很确定美国直接参与了这些行动。

除此之外，还有一件事也能显然证明中情局无视美国法律和国际法，直接参与了在尼加拉瓜的行动。

伊格纳西奥 · 拉莫内特（Ignacio Ramonet）[1]：

低强度冲突战略最先使用在尼加拉瓜，根据该战略理论家的说法，

1 《外交世界》，1987 年。

这是一种全新的作战方式，所以要用尽一切手段抵挡共产主义者和恐怖主义者。作为该战略理论家中的一员，山姆·萨奇先 (Sam Sarkesian) 这样解释道："低强度冲突战略不认同战略和战术上的民主观念，革命和反革命有它自己的道德标准，即尽最大努力取得胜利，活下来才是最基本的道德标准。"

在这个标准下，里根总统认为中美大陆的一切争端都完全是苏联全球战略计划的产物："共产主义计划旨在利用中美人民的苦难来攻击中美大陆。我们却迟迟没有认识到，加勒比人和中美人民抵抗马克思列宁主义的传播对我们的国家安全至关重要。"

根据《哈瓦那》一书，尼加拉瓜作为苏联运输军事物资的枢纽，被指控帮助萨尔瓦多游击队，因此，美国向其发动了秘密战争。

里根顾问团想到的第一个方法是，对尼加拉瓜采取禁运措施从而在经济上对其进行封锁。但是白宫觉得这还远远不够，因为很显然，光靠尼加拉瓜反政府武装独自行动是无法取得胜利的。因此，他们就想出了由美国直接进行一系列的行动，再把这些行动自然地算在尼加拉瓜反政府武装的头上。

再一次，中情局利用了国防部。中情局要求买一艘史上最大的船舶。偷天换日的事就这样发生了。这艘本是运送粮食的船，被改造成能运送整个全副武装的船队的工具，它也增加了容纳直升机的能力。同时，船上还安装了先进的电子追踪和监听系统。

这艘船经常航行在尼加拉瓜海岸旁边。1983 年底，船队第一次在科林托港口附近发现许多油藏，船上的特遣队员们炸毁了港口设施。对重度依赖石油资源的尼加拉瓜经济来说，这是一个非常沉重的打击。但这才仅仅是个开始！

此时的白宫，一切都紧随中情局的方向运行，估计会有更多的行动出现。有人建议直接在尼加拉瓜的港口下埋水雷，但一切都得小心进行。第一，是为了不遭受国际社会的谴责。第二，一旦港口下面安装成功，这些水雷是不会区分船只的，它们很可能炸毁的是来自苏联的船舶。

于是美国政府决定制造一些能引起破坏却又不至于完全毁灭的小水雷，目的是为了吓跑那些同尼加拉瓜有贸易往来的人们。

没过多久，有三个主要港口受到了影响。有一些船只碰到了水雷，尼加拉瓜准备出口的货物堆积在港口，国家很快开始缺乏日用品和工业用品。

此事迅速引起国际社会的广泛关注！中情局的人为了混淆视听，在洪都拉斯伪装制作了这些仪器，只有拥有强大科技实力的人才能构想出如此精密的仪器，一般人根本无法察觉它的真实构造。

这一次，国会怒了，议员们感觉受到了欺骗。然而里根再一次全身而退，只有中情局遭到了指责。这次的后果很严重：国会决定控诉对反政府军的一切援助行为，并禁止美国在尼加瓜拉事件中的直接或间接参与的密谋行为。

里根假装低头屈服，但实际上他早已决定继续支持反政府军。在比尔·凯西 (Bill Casey) 指挥下的中情局并不打算听从国会的决议，在与里根顾问团商讨之后，中情局决定行动更为谨慎，并与私营机构联手。

里根的总统大选得到了美国保守党的支持。在美国，有一个由富人们出钱资助的反共集团组织，该集团影响颇大。并且有些组织并不仅是单纯的政治团体，还拥有一定的军事框架。

所以，里根要求所有的保守党成员努力搜集资金。但这些钱还是不够，顾问团成员们于是开始联系沙特阿拉伯、文莱和以色列这些友国。应美方要求，这些国家秘密地对反政府军提供物质上的支持。此外，以色列还提供了 1982 年黎巴嫩战争期间的指导员和现扣押库存在巴勒斯坦的黎巴嫩武器。最终，南非也加入了阵营。而中国欣然赠送武器似乎只是为了惹恼苏联！

比尔·凯西是个厉害的角色！但国家安全委员会的一员，诺斯(North)上校是在瑞士开户并监督武器运输的负责人。身为前海军部队官员，他是一个冒险敢干的人。他反共，带有牛仔的狂热精神，倘若现在还有十字军东征，他一定投身其中。与他并肩作战的还有一位老将军，西科德(Secord)。他创办了一个航空公司，在哥斯达黎加建立了一个飞机场，还在一个美国富翁的植物园里建了一个地下轨道。

可想而知，反政府军享受着各种优待，这也为他们不停地骚扰桑地诺军创造了条件。然而离完全动摇马那瓜政权还有一定的距离。

不管怎样，里根还在固守着自己的立场，尼加拉瓜的问题时刻萦绕在他心头。1986 年春，里根认为报复国会的时机到了：尼加拉瓜总统丹尼尔·奥尔特加 (Daniel Ortega) 竟然投靠了苏联。马上，白宫反复强调尼加拉瓜是苏联阵营的并要求国会取消关于直接援助反政府军的禁令！然而这份胜利是短暂的。

10月，一架装着反政府军入侵尼加拉瓜所需武器的飞机被击落，一名机组人员跳伞成功并存活下来。和另外三个遭遇空难的人一样，他也是美国人。当他恢复到可以说话的时候，他表示自己为中情局工作。当然可以向他逼供，但从飞机残骸中找到的相关文件和武器已经足够证明一切，也让美国压力重大，这名机组人员很难不说实话。

很显然，白宫方面从一开始就在欺骗国会。丑闻舆论在华盛顿蔓延开来，然而没过多久，更令人反感的新闻爆出来了：伊朗门事件！

我们一起来看看伊朗门事件的起因。

如果说反共是罗纳德·里根一直坚持的观点的话，那么美国总统都有的另一个执念就是人质事件！这个原因很好理解：在 1980 年吉米·卡特和罗纳德·里根竞选总统期间，如何解救被困在德黑兰[1]的美国大使人质问题成为竞选的一部分。

然而，里根一上台就又遇到两次人质事件。首先是环球航空公司(TWA)的波音飞机在1985年6月被挟持事件。承载着美国游客的飞机被两名黎巴嫩人劫持转移到贝鲁特机场，他们要求释放数百名被关押在以色列的伊斯兰教什叶派教徒。这两个歹徒意志坚定并以立即殴打一名乘客来表明决心。最终，什叶派教徒被释放，人质得以获救。以色列也因此来向美国寻求帮助。而这时，美国已私下与伊朗沟通，决不放过劫持者。这也说明两个顽敌之间还存在着其他的联系。

乘客们被释放了，但是还有七名其他的美国人质被关押在黎巴嫩，其中有一名是中情局贝鲁特分局的局长，威廉·巴克利（Willian Buckley）。虽说绑架他们的是真主党活动分子，但是谁都知道是伊朗当局在暗中操纵。他们的释放（和其他西方人质一样）取决于阿亚图拉·霍梅尼的决定。

美国民众强烈要求白宫采取强硬措施解救人质。另一方面，你们可以想象中情局的处境。人们很难想象如此重要的官员被控制在阿亚图拉手中。

同一个长期将美国视为“大魔鬼”的伊斯兰教国家沟通是很困难的。不过间接交流还是有一定可能性的。

美国国家安全委员会的一位顾问米歇尔·莱丁(Michael Ledeen)提出他的建议。他是研究中东和恐怖主义问题的专家，曾多次与特勤局合作，但与以色列的关系最让他感兴趣！也许他甚至可以当犹太特勤局的顾问。总而言之，莱丁认为人质问题的关键可能在以色列，因为他们手上拥有很多关于伊朗的有利的情报。他建议去以色列打听相关消息。

1　详见第12章。

为了了解他的以色列朋友同德黑兰秘密保持联系，莱丁做了很多工作。伊朗是伊拉克的顽敌，双方之间的激战持续多年并涉及伤亡数千人。然而，毫无根据地，以色列认为他们在中东最强劲的敌人是伊拉克！敌人的敌人就是朋友。很确定的一点是，两伊之间的冲突并不会引起以色列的不悦。甚至，他们很轻易地就能给伊朗提供一些帮助。在伊朗国王执政期间，德黑兰军队最主要的关注点是美式装备，但是很难提供补充弹药和备件。然而以色列也配备了美式军资，所以以色列就能悄无声息地向伊朗的阿亚图拉提供军事物资！两伊对这样的非法交易公之于众都不感兴趣，因为霍梅尼在不停地呼吁对这个犹太国家的毁灭！

以一种温和友好的方式协商合同签署和物资运送事宜的关键人物叫戈尔巴尼法尔 (Ghorbanifar)。这个伊朗人效忠于伊朗王国下设的秘密警察机构，可怕的萨瓦克 (SAVAK)。然而有趣的是，戈尔巴尼法尔同与以色列的摩萨德接触密切的阿亚图拉的新政权也保有良好的关系。所以，这个有点复杂的人物即是沟通犹太国家和霍梅尼伊朗政权之间军事贸易往来的最佳人选！不过这对伊朗也确实是非常宝贵的资源。多亏了他，以色列人掌握了关于阿亚图拉非常有利的信息。不过这样一个三方沟通的桥梁人物是否可信呢？美方用测谎仪让他做了一项测试。结果非常有说服力：除了被要求说他自己的名字，戈尔巴尼法尔一直在说谎！

让我们回到莱丁和他在以色列的任务。他遇到以色列总理西蒙·佩雷斯 (Shimon pérès) 和他在摩萨德的朋友时，已经产生了一个念头。他了解两伊间谍工作和戈尔巴尼法尔扮演的角色，他想到了一个既能解救人质又能让世人满意的办法。

莱丁根据他收集到的信息，了解到德黑兰在与伊拉克无止境的争斗中，迫切需要武器支援。另一方面，美国希望用尽一切手段解救被黎巴嫩真主党绑架的人质，也就是说事实上是被伊朗人自己绑架的。然而，表面上是不能直接用武器换人质的，因为在美国驻伊朗大使馆被劫持后，美方已经禁止向伊朗运输武器。如同专家们所说，必须要想一个计谋。莱丁已经想出了一个虽然不太道德但绝佳的方法！

皮埃尔·波安 (Pierre péan)[1]：

另外他与凯西和前中情局特工的关系，被标在一个名为伊朗门的文章最右端，问题的关键在于莱丁和以色列之间的特殊关系。他的妻子芭芭拉 (Babara) 是国防部史蒂芬·布莱恩 (Stephen Bryen) 的助理，在 20 世纪 70 年代曾被联邦调查局调查涉嫌向以色列传达美国机密。1981 年，莱丁和前面提到的布莱恩一起创办了"国家安全事务中心犹太研究所"以保卫以色列的国家利益。1982 年当以色列入侵黎巴嫩时，以方国防部邀请他参观以方占领的领地。最终，他和佩雷斯成为了好朋友，并且可以终身进入以色列。只要他想，任何时候都可以去那儿旅游……

莱丁是这样想的：以色列把自己的武器卖给伊朗，除了武器，也可以是一些来自美国的伊朗所需物资。

这样就没人能指责美国贩卖军火给伊朗了！只是以色列也会受到牵连，不过他们也不是什么纯良的角色，与阿亚图拉的非法买卖，已暗中勾结了很长时间。一切就这样偷偷摸摸地进行着，他们太狡猾，谁都发现不了！

很显然，并不是以方的船只或飞机运输这些武器，以方把这些卖给商人，商人充当中间人的角色再把武器卖到德黑兰。当然也会有其他的流通手段。

莱丁实在是太机智了。但这一想法要得到实施，需要各国达成协议。美国通过戈尔巴尼法尔表示保证伊朗能拿到货，而且还是伊方感兴

1 《威胁》，1987 年。

趣的武器材质。至于以色列方面，更是完全赞同这个主意：以方希望用一切手段把武器卖给伊朗。对伊朗来说，为了削弱萨达姆·侯赛因(Saddam Hussein)和其潜在的军事威胁，与伊拉克之间的战线拉得越长越好。所以美国的提议对他们来说很重要。这时，以色列和他强大的同盟军美国已经蓄势待发！

然而在美国，插手这样的事是很棘手难办的。一旦消息走漏，不可避免又是一场风波！但国家安全委员会内部却意见不一，有些人对此持保留态度。首先，即使是间接向伊朗输送军火，这也和美国多年来官方对外宣称的主张相违背！其次，这相当于用赎金将人质赎回，实在是太憋屈了！其他与里根主张相悖的人则高声宣扬坚决不向恐怖分子妥协！

没错，又是莱丁，为了劝服那些保留派，换句话说，为了通过这项艰难的决定，为了将这件黑暗的交易最终变得光明正大，他又想出了一个办法。他假装自己在伊朗方面是个温和主义者，开始和那些今后需要密切交往的人打好关系。毕竟霍梅尼也不是永生的！

这个方法在拉近美伊两国关系的进程上迈出了第一步。

里根总统有些迟疑了，但是他得用尽一切办法赎回人质，他也想让媒体舆论再次支持他。于是他决定以个人的身份参与其中，并签署了一份惊人的文件，该文件让中情局的负责人在不让国会知情的前提下，组织管理整个事宜。但实际上联邦法律规定所有武器出口运输的相关决议必须经过国会同意！最后，无论是国务卿乔治·舒尔茨(George Shultz)，还是国防部长卡斯帕·温伯格(Caspar Weinberget)，这些原本负责政府对外事宜的官员，都对此毫不知情！

像上次的尼加拉瓜反政府军事件一样，里根又一次只身做着完全非法的事情。

在尼加拉瓜反革命军事件中暗中帮助里根的关键人物之一，国家安全委员会的诺斯上校，他是这次事件中最热心的人之一。他也即将成为之后的风云人物。

幸运的是，当伊朗门事件爆出来时，里根的顾问团成员之一，海军上将波音德克斯特 (Poindexter) 第一时间烧毁了有总统签名的合约文件。

不出所料，为了自保或者说避免人们的指责，里根再次编织了一个谎言，这也是他唯一能做的事了。他声称这些军火不是救回人质的赎金，而且给那些从中斡旋谈判的人的奖励，并且没有提及真主党效力阿亚图拉一事。

戈尔巴尼法尔提议用 100 个陶氏导弹和 1 个反坦克武器换 7 个美国人质。然而随着时间的推移，谈判没有太大进展，伊朗方面的要求却越来越高。到了 1985 年，伊方提出要 500 个导弹。

同年 8 月，以色列送来了美国立马提供的 100 个导弹，但是伊朗当局不买账，说还少了 400 个。

美方开始质疑戈尔巴尼法尔的能力，奥利维·诺斯却说服里根，说伊朗是目前唯一的希望。

于是到了 9 月，剩下的 400 个导弹在交给伊朗前，被运送到了以色列。7 个美国人质之一的一个牧师得以释放。而中情局认为他们驻黎巴嫩分局的特工已经被劫持者杀害。

不过伊朗方面却更加嚣张，声称要防空导弹，美方已是焦头烂额。

值得注意的是，虽然美方收效甚微，但以色列却强烈劝说美国答应伊朗的要求。首先，以方必然希望两伊战争拖延。其次，这些武器贩运涉及许多中间人，比如著名的沙特军火商卡秀吉，他把佣金存放在瑞士账户。想必以色列特勤局对这方面的事情不会无动于衷。同时，特勤局也不反对在全世界开办置钱箱以此周转资金，虽然这是被禁止的。

更有趣的是，这种分配方式给了诺斯上校，这个积极主动有宏图抱负的人以灵感！

安德烈·封丹 (André Fontaine) (《世界报》前主编)[1]：

对白宫发言人拉里·斯皮克斯 (Larry Speakes) 来说，诺斯"像在电视上的表现一样，一直跑遍全国，虽然没有人知道他是谁，也不知道他的秘密任务是什么，但是一切都像演电影一样"。一个诺斯的同僚形容他是"一个有人格魅力，充满活力和极大热情的人，他就是天生的领导者。但他看待世界的方式有些极端。当一件事情与他的想法有出入时，他选择无视它。这种想法蒙蔽了他的双眼"。这样一个性情中人不太容易习惯如此阴暗的行为，也没有任何做这事的经验。这样看来，一个替罪羊的形象跃然纸上，不幸的"奥利"，这迟早是他要扮演的角色。

自从被激怒的国会禁止了美国对尼加拉瓜反革命军的直接援助，白宫就将其转为了私人帮助。所以，诺斯一直在想办法为反政府军的武器提供资金支持。他想着可以把存在瑞士账户里的一部分钱拿来用。而且如果他们提高武器的价格，中间人也不会受到损失。毕竟伊朗是如此需要，也就不会在乎价格高低！

伊朗方面打算间接购买原本给反政府军的军火！不幸的是，诺斯虽然是一个出色的政治家，但不是一个精明的商人。天真的上校用几百万美元只赚了些面包屑的钱，而中间人却在从中发了大财……

不管怎么样，向伊朗出售军火事宜还在继续：1986 年，大约一千个总是使用相同材料的反坦克导弹运输到伊朗。这时，另一个人出现了，他就是席克德将军。他也是参与反政府军事件的一员：在中情局的授权下，这个前高级官员创建了不少公司，其中的航空公司负责援助尼加拉瓜反革命军。同样，向德黑兰运输武器的事宜也由他负责。这样，就简化了资金的流转，应当从支持反政府军事宜中获取的利润又利用了

1 《在他们之后是洪水》，1995 年。

出去。

虽然阿亚图拉一直在承诺释放人质，但是他并没有兑现！

但是白宫方面却继续坚持这样做！以个人身份介入此事，冒着巨大风险的里根并不想就此退让，他和诺斯上校一样斗志昂扬。伊朗方面继续狮子大开口：他们希望更精确地知道伊拉克军的位置，因此要求美方提供军事数据。而美国方面，多亏有探测卫星，最终向伊朗提供了宝贵的数据资料。

现在美方迟疑了，这个问题对于中情局来说是个真正的争论。伊朗通过这些发送过来的数据信息，占据了决定性的优势，这也极大影响了两伊战争的结果。并且说实话，美国不太希望伊朗能战胜伊拉克，并消灭萨达姆的部队。因为如果伊朗胜利了，整个中东地区的格局都将会动摇，这是其一。其二，中情局也已经把伊朗的地理位置发送给了伊拉克！

在白宫的压力下，中情局局长凯西做了一个模棱两可的决定：将由中美洲向德黑兰政府提供情报信息，当然不是完全公开！

现在的情况是，美国同时向两伊提供信息。这样一来，令人害怕的两伊战争就能继续下去。一方面，萨达姆毫不迟疑地开始使用化学武器，另一方面，霍梅尼下令要求大量的青壮年参与这场屠杀。

反正伊朗方面没有表示任何感谢，很显然，霍梅尼想要最大限度地利用这些人质，所以现在还不会释放他们。目前，诺斯上校急需钱来支撑昂贵的反政府军；以色列总是希望一切能继续下去；而大红人戈尔巴尼法尔已经和伊朗方面建立了私交，地位相当。这一切持续烦扰着里根，解救人质迫在眉睫。

为了让美国继续信任他，戈尔巴尼法尔得不停地编造理由。1986年春，他表示伊朗准备直接和美方代表面谈，而他也是这样跟伊朗说的！自然这样一个会谈需要最谨慎长远的考虑和准备！代表团由深得里根信任的前安委会成员罗伯特·麦克法兰领头，他也曾在幕后为里根提供重要参谋。当然，和他一起同去的还有诺斯将军。

当然他们不会两手空空前去，他们乘坐的飞机上还装有满满的导弹。作为此次会谈的组织者，戈尔巴尼法尔称美方代表团在见过伊方的负责人之后，人质将被全部释放。以此作为欢迎他们的礼物。

但是结果很让人失望：首先，美方没有见到希望会谈的最高负责人；此外，伊朗并不满意美方提供的武器数量，他们想要的多多了！

会谈失败显而易见。对华盛顿来说，这又是一次屈辱。里根第一次开始觉得拿军火换人质是个错误的选择。他都想放弃了！但是伊朗当局，在戈尔巴尼法尔的提醒下，嗅到了危险的气息并向白宫发出了信号。伊朗国会主席拉夫桑贾尼 (Rafsandjani) 在一次演讲中表示不可能和美国恢复友好关系。不久后，德黑兰就释放了一名人质。

美方又开始重新信任伊朗了。很快，一大批导弹又运往了伊朗。抱着人质获救的希望，霍梅尼之后的伊朗温和派继续向美方索要武器。然而那些年在伊朗有这样一种说法：如果你真要承认温和派存在的话，他们并没有任何实质性的影响。但美方仍然选择相信，并和拉夫桑贾尼身边的人进行了一次沟通。

11 月初，又有一名美国人质被释放。但与此同时，有三名美国公民在黎巴嫩被逮捕。显然双方之间的会谈已无法进行下去，里根已经掉入陷阱，一切都太晚了！

1986 年 10 月，中情局的美国飞行员哈森福斯 (Hasenfus) 在飞机坠毁后，被尼加拉瓜逮捕。他招出了他所知道的一切。反政府军的丑闻被爆出。在华盛顿的里根身陷困境，原来他从掌权以来就在欺骗国会。这个“伟大的演说家”在企图证明自己是无辜的时候，言辞模糊。伊朗也立马明白与美国交易的一部分资金被用在反政府军身上，一切迟早都会被揭穿。很快，阿亚图拉决定乘机占点政治上的便宜！

自从他们知道没法再继续收到美方的军火，就计算着怎样除掉里根。1986年11月，贝鲁特的报纸爆出美方向伊方销售军火的新闻，很显然这是里根中计的地方，德黑兰当局下令指挥的。一时间，伊朗门事件满城风雨，人尽皆知！

里根不停地辩解，笨拙慌乱地自保着。虽然舆论已经将其痛斥一番，这位美国总统还是免不了下台的结局。他身边的人也受到了牵连，诺斯上校和海军上将波音德克斯特，还有其他的一些人都受到了判决，不过不久后就被取消。1992年12月是里根在白宫的最后一段时间，他的继承人老布什赦免了所有人。

总而言之，里根和因他受到严重牵连的顾问团和中情局局长，都从这场沸沸扬扬的丑闻当中逃离出去。

当他们在一心为反政府军寻找资金的时候，美国人正在参与吸毒！由席克德将军负责运送军事物资到哥斯达黎加的飞机从来都没有空过，回来是往往装着贩往北美的毒品。不过这很安全，谁让他是归中情局管的呢！

有些人知道，但是在1986年11月，被保存在政治发展中心的文件恰好被盗了！然而在1996年，一家加利福尼亚的报纸——《圣荷西水星报》(San Jose Mercury News) 披露中情局曾牵线反政府军和哥伦比亚毒贩，更令人困扰的是，这项交易和洛杉矶贫民黑人区毒品的出现对上了号。

16 波拉德事件
——以色列：一个虚伪的伙伴

2005年5月，据美国有线电视新闻频道，福克斯新闻报道，一张巨大的以色列情报网在美被捣毁。美联邦调查局（联邦调查局）对此未发表意见。

据悉，这张情报网由一百多位自称是美术专业的年轻学生组成，而他们的真实身份则是一些高科技领域公司的特工。联邦调查局对这些学生进行了秘密调查，他们中的大部分将会被遣送回国，而另外十几个也许会被继续关押。

当然，以色列当局对此则是予以大力否认。值得注意的是，福克斯新闻被普遍认为政治立场偏向右派保守主义，也就是小布什团队。这次让以色列极为尴尬的间谍事件的披露，极有可能是获得了来自白宫方面的暗许和支持。

更加引人关注的是：对这些以色列特工的身份调查，早在2001年夏天就开始进行了，也就是说在9·11事件之前。然而被调查的特工中，有人曾出入了参与9·11事件飞机劫持的基地组织成员住所。这难道只是一个巧合吗？如若不然，是不是另有目的？难道说他们是去监控这些未来的恐怖分子吗？在这种情况下，他们是否掌握了恐怖袭击准备的相关信息？如果这样的话，这个被戏称为全美第51州的国家为什么没有事先和其盟友通风？

这一系列的问题重又抛出一个敏感而棘手的话题：以色列在美国的间谍活动。因为在美国这并不是第一次，以往的一些先例曾引起巨大轰动。1985年，美国国防部长卡斯帕·温伯格所披露的波拉德事件，一直被认为是美国所经历的最严重间谍活动之一。

以色列间谍活动在美国一直都是一个敏感的话题，这是因为在北美有着人数达600万的犹太人社区，而他们则是一些以色列企业的首选雇用对象。以色列间谍问题的处理风险重重：散播对在美犹太人聚居区的不信任，间接滋养美民众的反犹太人情绪。

所以不管如何，这些在美以色列企业都不应该利用美籍犹太人为其从事间谍活动。然而，事实却相反，一些犹太人在行政部门、敏感行业和媒体行业甚至是情报部门占据重要位置；而蛊惑这些人忽略其美国公民身份，优先考虑其是犹太民族一分子就显得有利可图。

更加耸人听闻的说法是：一些以间谍雇员利用美情报机构截取一些对以色列安全至关重要的信息。而这对他们来说也许只是举手之劳，甚至不会有背叛所居住国家——美国的感觉。

像这样的例子不胜枚举。1960年一家铀提炼工厂的老板惊讶地发现，一位以色列顾问从他手中获取了极其重要的资料文件；1997年，一名美国空军副处级别的人员因向以提供机密信息而被解职；1980年，一名中央情报局官员因同样原因被免职；一位在北大西洋公约组织同样任顾问一职的公司老板被发现向以非法出售原子弹发爆管。像这样的类似案例总计40多起。

大部分情况下，考虑到以色列在中东问题以及美秘密行动中的重要作用，这类案件总是不了了之。值得一提的是，以色列曾经在伊朗门事件中扮演着重要的角色。

就是这个希伯来人建立的国家会在本国利益的驱使下，单方面破坏与美国的同盟关系。1967年，阿以六日战争（第三次阿以战争）期间，以军方就攻击并炮击了一艘美间谍船只，造成三十多名美方人员的伤亡。

这次波拉德事件之所以引起如此巨大的反响，原因便在于曝光迅速。这次事件事态的严重性导致其不可能像以往那样不了了之。甚至，很明显，事件背后肯定还有隐情。

间谍事件也让美对以心生芥蒂，不过美政府内部对此却产生了分歧。如果说里根总统政治态度明显倾向以色列——在其总统任期内，两国签署了多项军事合作协议；美国还决定每年向以色列提供35亿美元的援助——那么对于其他政府成员来说，则不尽然。国防部长温伯格显然就不太支持以色列，此次事件中，他扮演着至关重要的角色，而且，极有可能是他促成了事件的曝光。

温伯格这样做的原因显而易见：以色列密探乔纳森·波拉德，受雇于温所领导的美海军陆战队情报部门；为了摆脱嫌疑，他极其需要收集相关资料来促成对波纳德的指控，并在其司法部门同事和中情局老板的帮助下做出对波的明确判罚。

如今被关押在一所美国监狱的波纳德，事发时30岁，出生在印第安纳州的一个犹太人家庭，优越的家庭条件让他有机会进入一所相当好的大学。然而其在校期间，行为方式却比较古怪。这或许是一位幻想家：他曾经告诉他斯坦福的大学同学，他和以情报机构摩萨德有着联系，或者他是中情局一位有着资深经历的负责人的儿子。也许是情报工作的巨大压力让其往往精神恍惚，导致他严重依赖毒品，据那些对其有所了解的人称，他还是一个可卡因吸食者。

大学毕业后，他曾试图进入中情局工作，但却因为在测谎仪前的糟糕表现而失去了这次机会。除此之外，他还被指责隐报了其对毒品的依赖。

这位被中情局淘汰的小伙子，很快便将目光投向了同样拥有情报机构的美海军陆战队，这次他终于如愿以偿了。很明显，这次美海军陆战队聘用波之前的调查应该是敷衍了事。一开始，在陆战队情报部门中，他还只是一个低级职位的分析家，并没有多少机会接触到一些机密信息。

然而这并不影响波在其岗位上小有所成，他表现出一位优秀分析家的品质，所以，他很快便获得了职务上的提升。

波随后被调入反恐警报中心——1983年驻贝鲁特（黎巴嫩首都）美海军陆战队大楼遭恐怖袭击后成立的机构。1984年，波又获得一个新的晋升机会，他被任命为“危险分析”部门分部的一名主管。自然而然，他也就有机会接触一些“机密”或者“高度机密”的有关恐怖主义的信息，这些信息来自全美各地的情报机构。除此之外，他还被容许以反恐的名义向银行机构咨询一些极其隐秘的数据资料。

当被提升到这样一个信任职务之后，波开始跨越警戒线了！

丹拉·维夫和约西·梅尔曼：

我们不得不提出这样一个疑问：波的雇主怎么会忽略其学生时期的古怪举止、吹嘘和谎言？DIS，美国国防部调查部门，在招募波进入海军陆战队情报部门之前曾对其做过一次例行调查，并询问了其父亲和弗莱彻学校的同学。但中情局并未向DIS提供关于波的相关资料，资料显示波是一个说谎老手、隐形间谍、犹太复国主义者和吸毒者。1981年，美海军陆战队因其古怪举止和反常心理状态，曾一度中止其接触机密信息。波曾经声称他有一位非常要好的朋友在南非情报部门任重要职位，但随后当事人员的来美正式访问让其谎言不攻自破。为此，波上司要求其咨询精神疾病方面的专家，但最终却因为缺少足够证据证明其有精神方面的问题而取消了决定。

1984年，在一组约犹太商人举行的晚会上，他结识了以空军的一名上校阿维耶姆·塞拉。这位各方面表现出色的飞行员来美是为了接受信息技术方面的培训，波对这位成熟稳重的英雄式人物印象深刻。

事实上，以色列方面极早便开始关注波。一家极其隐秘的组织，后来也就是它利用波为其做事，名字叫拉卡（Lakam）。这个组织一直不为人所知，主要从事科技情报的收集。拉卡由西蒙·佩雷斯任以国防部长一职时创立，并且在以色列核项目中起到了重要的作用。

拉卡由人称“脏拉菲”的以传奇情报人物拉菲·埃坦所领导，这一称号的由来是因为在以独立战争期间，一次针对英军的袭击中，他成功地从下水道中逃脱。埃坦在其任职期间受到以总理阿里埃勒·沙龙的庇护，因领导特工逮捕艾希曼（阿道夫·艾希曼，前纳粹高官）一事而声名鹊起。

是什么原因吸引这样一个主要负责收集科技情报的机构对波下手？首先，要说的是，埃坦一直处在和以其他情报机构大佬的勾心斗角之中，理所当然他不会错过这样一次出人头地的机会。其次，更加深层次的原因是，美海军陆战队情报部门手中同样掌握着大量科技方面的重要信息：一些秘密代码、程序，工业信息和珍贵资料。

可以说埃坦行事胆大：他不顾美以情报部门之间所达成的协议，擅自窃取美情报信息，拉菲奉行效率至上的理念，为收集有用情报不择手段。另外不得不提的是，拉卡一直都是非正式存在的机构，只有以高层知晓其动向。

拉菲在这次间谍事件中是否获得了来自高层的批准？在当时，以联合政府由以下几位掌握实际权力：外交事务负责人沙米尔，国防部长拉比和拉卡的创始人以色列总理西蒙·佩雷斯。当时，以政府肯定暗许了此次行动，哪怕后来事态发展不顺时，也可以否认或把责任推脱给底下的人。

还有其他证据指明以政府口是心非：波所提供的情报很显然其来源是美国。因此，佩雷斯及其同僚不可能否认埃坦在美安插人线这一事实。

雅克·德罗兹和河西·卡梅尔：

两位作家都详述了波在一名叫史蒂芬斯特恩犹太人富商家与上校塞拉碰面的事实。这位一直寻求与一位以情报负责人取得联系的未来间谍，很快便向以情报机构提供了大量情报。

塞拉很快便获得其上司阿莫斯将军的支持，并在其鼓励下向拉菲·埃坦递交了一份报告。值得一提的是，中情局对拉卡这样一个以国防部所掌握的隐秘组织居然一无所知。很快，埃坦就批准了塞拉与波的另一次见面机会。这次，波又向塞拉提供了一些有重要信息的文件。兴奋异常的埃坦相信这是一次难得的打击竞争对手摩萨德的机会，然而下属们却不这么想：一方面，拉卡并不负责从事在美的情报工作；对波本人字体的鉴定还有待进一步确认。因此他们要求获得一份可以排除波危险性的有效证明，并中断塞拉的接线工作。为了以防万一，埃坦亲自前往美国，说服塞拉通过让波相信被以高层关注继续加紧对其的控制。

在与塞拉的第一次见面后，波便被要求通过一次考验来证明其工作效率。这位未来的间谍不负所望，第一次向波交付了情报，情报内容包括：以色列周围阿拉伯邻国军事计划的相关内容。借助这次机会，以确认了他们一直关于美国的怀疑：美对以一直有所隐瞒，并向一些与美保持良好关系的阿拉伯国家出售武器，例如，阿联酋、埃及、约旦等。

由于波第一次任务就带来了大量有用讯息，以当局要求拉卡加紧对波的进一步跟踪，而不必考虑可能带来的政治风险。

一开始，一直都是塞拉上校作为波的接线人，两人也成为了朋友。但显而易见，这样的关系不会维持太久。不久，一位真正的情报特工叶戈尔（Yagour）接替了塞拉的工作，与塞拉不同的是，叶戈尔是以驻美领事馆一名负责科技方面事务的人员，并且享有外交豁免权。至此，波的间谍工作开始趋于专业化。

叶戈尔掌握着有关波心理状态方面的资料，因此他能做到投其所好。同时，这个谎语癖者迫不及待得到认可，叶戈尔也试图让其相信他所做的工作有着不可估量的作用。事实也正是如此，波从情报部门所盗取的信息都事关重大。

波利用其工作权限进入银行机密档案室收集美国公司数据，然后借机将这些他复印的原始文件和卫星照片交给他的接线人。意味着，他从办公室携带出了相关文件。这就不得不让人怀疑美海军陆战队情报机构的安检工作是否存在漏洞。

当收集到情报资料后，波会利用以下流程将其传出：以方人员事先为波购置了华盛顿郊区的一所公寓，波每隔十五天会光顾一次，屋中配备着非常现代化的照相复印机。当文件被复制完成后，他便离开并回到办公室将文件放到原地。

这当中的一个关键细节：波以前一直挥霍无度，为债务所累。拉卡决定向其支付丰厚的报酬：每个月固定的工资，一枚给他未婚妻的戒指，一次欧洲蜜月行以及最好的酒店，还有一个在瑞士银行开户的账户。总计，数万美元价值的报酬。

波为以卖命并不仅仅出于对这个犹太国家的特殊感情，但也正是这一点让拉卡安心，因为他们相信：你给一个间谍的钱越多，你越容易控制他！对波来说，不错的回报让他感觉这一切显得理所当然。受到种种的鼓励，波工作起来也越来越卖力。

从此，波为拉卡工作尽心尽力。一开始，还是波自主决定复印那些他认为有价值的文件；后来，其上司开始指派他收集哪方面的情报。为了安抚他——波所冒的风险越来越大——以向他提供了假名顶替的以色列护照，这么做是为了留一条后路；当事件暴露时，他还可以到以色列避难。当然，这也是波希望以色列雇主为他做的。

波就这样一次又一次完成了成千上万份机密文件的转移！这些文件包括：关于美海军陆战队交流系统的情报，苏联在中东地区的军事部署，美对阿国家军售以及大量卫星照片。正是利用这些照片，1985 年 10 月份，以色列空军突袭了亚西尔·阿拉法特位于突尼斯城南郊的巴勒斯坦解放总部。随机，华盛顿方面的情报专家开始有所警觉。因为他们清楚地知道，以色列根本不可能在没有空防图的前提下，实施如此大规模的军事轰炸行动。因此，他们怀疑情报机构中有内鬼。

而在同时，乔纳森·波纳德开始变本加厉地窃取情报。日常生活方式的改变暴露了他：波夫妇开始挥金如土，频繁出入高端时装店和光顾豪华酒店。不可否认，拉卡在这件事上一开始就犯了了一个极其不专业的错误。在这一点上，埃坦的竞争对手摩萨德绝不会犯同样的错误。波除了与往日不同的行径外，其他一些工作方面的表现也让上司对他越来越不信任，波多次被揭露在说谎。他以虚假的借口来趁机偷窥一些高度机密的档案文件，并对自己在时间上的安排支支吾吾；更加严重的是，他的一个同事发现他从办公室带出一大包文件。后来经核实，这些文件根本就不允许带离其工作场所。

最后，还是一个安装在波办公室的秘密摄像头证实了其间谍行为。美海军陆战队反间谍部门也在随后的调查中，发现了波曾查看一些与其工作根本无关的恐怖主义资料文件。

有关方面一开始还是很礼貌地对波进行询问，波如是回答：他之所以查看这些工作无关的文件，是因为他发现了一起间谍案件！但随后他却犯了一个致命的错误：在被要求和妻子通电话的过程中，他通过暗语告诉妻子，让她尽快处理掉放在家中的文件。然而惊慌失措的妻子却将文件放入一个手提箱中，然后交给了邻居，后者感觉事情非同寻常，便将箱子交给了当局。

事后，波并没有很快被捕。当晚当他回到家中，他发现一切都已经暴露。他马上打电话给了他的接线人叶戈尔，并请求尽快安排他离开，但对方却没有回应：事发前一切安排好的程序、出国手续都泡汤了。感觉到被抛弃的他决定孤注一掷：他和妻子驾车，趁以色列驻华盛顿大使馆的栅栏打开时，冲了进去。

然而他的尝试只是徒劳：在他逃跑的路上，他一直被联邦调查局所跟踪，多辆联邦警察的车辆已在大使馆内布好了陷阱。对此，以方也只好睁一只眼闭一只眼。为了避免造成与美方的冲突，以大使馆还是驱逐了波，尽管其拥有以护照。

波的间谍命运注定没有好果实，尽管拉卡方面还在试图帮助其离开美国。

失望的波很快便承认了他一切的所作所为，事情后续发展可想而知。在美国，人们气愤难耐；以色列则为此寻找借口并将罪行推给了埃坦和其下属们。最终，冷静下来的双方还是试图给事情灭火。

波纳德间谍事件给美以关系带来的阴影并未一直持续：双方为一些更加重要的利益关系所牵扯。但尽管以色列的一再请求，华盛顿还是坚持对波的判罚，判处了波终身监禁。

美国防部长温伯格对此态度更为坚决：波应当执行枪决。如果将这次事件放在时代的大背景下来看：20 世纪 80 年代期间，以色列竭力试图获得苏联批准释放关押在苏联的犹太人，其中包括一些以方相当关注的高级人员和科学家，而苏联方面对此却是置之不理。因此以色列就萌发了通过交易手段换回在苏重要人员的想法：在波所提供的重要文件中，有许多涉及苏方的切身利益。就拿一个例子来说，美海军掌握着发现和打击苏联核潜艇的方法，这将在美苏爆发冲突时起到关键作用。

话又说回来，以色列是否将这些军事情报交给了莫斯科？这从多名在苏以方人员突然获准回国就不难发现，当中可能涉及双方不可告人的秘密交易。美情报部门对此次事件的总结是：波犯有不可饶恕的错误并应当为此承担责任。

1999 年，《纽约人报》的知名记者西摩·赫希在一篇文章中透露：中情局相关负责人对白宫方面屈服于以方压力表示出不满，而且据说未来还有可能释放波纳德。为了避免这种可能性，他们列举了波间谍事件所造成的严重损失，其中最超乎想象的是，一些重要信息已经落入苏联人之手。

17 沃克——间谍之家

正如法国歌手阿兰·巴雄在歌中唱到的，约翰·沃克一手打造的小型家族企业未曾遭遇过危机，反而是蓬勃发展，获取的酬金以千计算。直至1985年，一位家族成员的背叛，才让一切都土崩瓦解。

在间谍史中，沃克家族的案例是绝无仅有的。其涉及的信息总量之大可谓独一无二：这个潜伏于美国海军的家族企业向克格勃（苏联国家安全委员会）提供了一百多万条情报以牟取巨额报酬。局势一片大好，以至于身为一家之主的约翰·安托尼·沃克还装模作样地给他苏联的雇主们发了这些话："无论组织的现有成员还是新成员，都不会有这类工作所惯有的问题，诸如吸毒、酗酒和同性恋之类。所有人都是心理健康且成熟的。组织有能力把收到的酬金进行洗钱。"

我们将重新回顾一下约翰·沃克的间谍之路。苏联潜艇K129海难就同他有关，而这一事件是冷战期间众多蹊跷案件之一。1968年，莫斯科几个亲克格勃的共产党高层政要制订了阴险狡诈的计划，旨在挑起苏联两大敌人，即美国和中国之间的矛盾。为此，他们打算将一辆苏联潜艇伪装成中国潜艇，在驶入珍珠港美军基地范围时发射一枚核导弹。但导弹引信是自行毁灭的。由于策划人并没有完全了解这类核导弹发射前应遵照的规程，引信的爆炸致使 K129 沉船。

无论是在华盛顿还是在莫斯科，这场骇人听闻的事件都被平息了。不过美国方面打捞到 K129 部分残骸，弄清了事情真相。尽管这些都曾被媒体或多或少地泄露过，但直到现在它始终是被严格保密的。而沃克在此次事件中的作用就是向克格勃透露：美国预料中国要发动攻击。在获得如此珍贵的情报后，克里姆林宫的这些忠奸人才实施了这次计划，指望嫁祸于中国。

要知道，约翰·沃克的杀伤力远比这要大，他绝对是让美国潜艇部队恨之入骨的一个人！这么说吧，苏联在很长一段时间内都不知道 K129 潜艇沉船的真实原因，他们始终认为是与一艘行驶中过于靠近的美国舰艇相撞导致的。这个说法一直在苏联政府那里得到认可，而几天后一辆损坏的美国潜艇进驻日本更是巩固了此论断。然而几星期后，1968 年 5 月底，美国“蝎子号”潜艇在亚速尔群岛海域沉没。美国方面当即推测，这是苏联潜艇为了报复上次的 K129 海难事件而发射鱼雷将舰艇击沉的。

美国潜艇艇员对此深信不疑。直到 1985 年沃克被戳穿后他们才明白，这个曾向苏联传送了美国海军所有密码的“神偷”间谍，该对“蝎子号”上百名海员的遇难负有直接责任。事实上，他的出卖使得苏联能够探测到美国潜水艇的位置。

然而，美军通过苏联潜艇爆炸时发出的强光，利用卫星网准确定位到了 K129 的沉没位置。不过苏联方面应该没有获悉此事，因为搜寻工作是在另一区域进行的，徒劳无果。这场颇为可疑的沉船的位置并没有告知美国所有的情报机构，沃克也就没能接触到这条信息，更没能通知苏联。这一切说明，美军的残骸打捞工作是能够绝对保密的。事件到此结束。

沃克被称作“Jaws”，英语是“颌”的意思，取自他名和姓的首字母，这也恰恰体现了他那无穷无尽的欲望：对女人、对酒精，尤其对金钱，这才是他的主要驱动力。他做间谍并非出于信念，这点毋庸置疑。而苏联有关部门也越来越难以找到出于支持共产主义而出卖情报的间谍，特别是在20世纪50年代末以及匈牙利事件之后。

最初，沃克只是一个因偷盗被数次逮捕的小混混。1955年18岁的他最后一次受审时，法官给他提供了两条路，要么继续蹲监狱，要么参军。沃克很自然地选择了后者，加入了海军，成为一名通讯专家。凭借其聪颖天资，他被调到了位于南卡罗来纳州的查尔斯顿潜艇艇员训练中心。

由于军饷不够花，他一边做着美国海军的海员，一边开了一个餐厅酒吧。随后，他被分到位于弗吉尼亚州诺福克的大西洋潜艇部队指挥中心，这里有两艘导弹核潜艇。作为通讯专家，沃克精通美国海军使用的尖端复杂系统，信息编码机，以及用来破译这类信息的密钥。

沃克很快就知道，他所接触的这些信息能换来高额的回报。要知道他始终是需要钱的，已婚并已有四个子女的他不仅仅是为了养家，还要包养情妇。不堪重负之下，他打算将经手的情报全部出售。

根本不需要特别提示，沃克必然会转向苏联。1967年末晴朗的一天，沃克就这么敲了华盛顿苏联大使馆的大门。尽管这看起来有些莫名其妙，但他就是用这种方式开始了他的间谍生涯。美国中央情报局的大“鼹鼠”阿尔德里奇·埃姆斯也是这么开始的。

一位外交官接待了沃克，这位外交官铁定是克格勃的成员。他边听边询问。沃克保证他能够提供重量级情报。但听者仍抱怀疑态度，毕竟来者只是个军士长，他怎么能获取到诸如海军编码这种宝贵的信息呢？沃克可不是空手而来，这时他便拿出了杀手锏。他带来的样件足够让这个克格勃成员相信，他面前的这个人未来很可能成为头号“鼹鼠”。

贪得无厌的沃克开价很高。然而，在这方面一向吝啬的苏联不仅同意付款，还保证每周发给这个新成员1000美金的薪水。这对一个每月只能领到750美元军饷的水兵来说确确实实是个大财路。

克里斯托弗·安德烈和欧列格·戈德尔维斯基在《世界上的克格勃》[1]一书中写道：

几个商业公司破产后，负债累累的沃克曾强迫他的妻子卖淫以缓解财政状况。他把整个家庭都卷入到克格勃的情报活动里。而且当女儿的怀孕威胁到他的间谍事业时，他还试图强迫其流产。不过他不怎么讨人喜欢的一面并没有阻碍他摆布家庭成员、朋友、情妇、同事以及高层领导为他效力。1972年，他的上级在能力报告中这样说道："军士长沃克极其忠诚。他为自己自豪，为在海军效力自豪。坚决捍卫道义和传统。拥有极强的荣誉感，十足的正直感和出色的幽默感。热情、智慧，能够很好地融入团队。"而就在人们向他致敬之时，沃克已经为克格勃工作了四年。

克格勃组织立刻确信他们获得了至宝。华盛顿常驻代表甚至发出这样的感叹："这种好运他这生也就仅此一次！"事实上，所有处理过有关沃克情报的苏联成员都迅速得到提拔。这也间接反映出这位美国海员所提供情报的价值之大。

最让克格勃组织惊叹的是，区区一个士官居然能轻易接触到如此大量的情报。一开始，克格勃的领导人十分担心这是场中毒阴谋。但随后他们便不再怀疑：事实上，苏联中央充分利用了美国海军安全系统中存在的漏洞，更何况沃克到来不久后就提供了一份惊人"礼物"。

这是有关1968年初发生的一个案件，即朝鲜海军俘获美国普韦布

---

1 《世界上的克格勃》，法雅出版社，1990年。

洛号间谍船，而此事与沃克有关。极可能是他向苏联方面透露了普韦布洛号所执行任务的确切属性，特别是这艘船上到底有什么东西。也是他泄露了这艘船准确的方位坐标。

不过，在这次让美国蒙羞的事件中，美国鹰派也玩儿了一手：他们故意让普韦布洛号被俘以在美国和朝鲜之间挑起严重事端，并迫使总统约翰逊动用武力，甚至是核武器。面对共产主义的进攻，有些将军干脆想在越南北部投掷原子弹。普韦布洛号事件就这样成了诱发紧张局势的导火索。为此，普韦布洛号的防御力要降到特别低以便被俘。

说到底，美国鹰派的这个举动和苏联叛徒把 K129 伪装成中国潜艇的阴谋非常相似。但这绝对不会削弱沃克在此次事件中的重要作用，毕竟船舱中的东西才是重点。

1968 年 1 月 23 日夜里，陈旧笨重的普韦布洛号行使在日本海足够接近朝鲜海岸的地带，以便记录地面通讯。而领海基线规定为 12 海里，那么就要判断这艘潜艇是否遵守了这一规定，而这常会引起争议。普韦布洛号指挥官收到命令，要故意突破基线。不论怎样，正当普韦布洛号缓慢前行的时候，朝鲜巡逻艇出现，并通过视觉信号询问对方国籍。

指挥官劳埃德·布彻尔回应道是美国船只。朝鲜舰艇便命令普韦布洛号靠近，否则就开火。然而这艘美国潜艇没有反击能力，他们只有一台机枪，而且就算想用也是不可能的——因为它已经结冰封冻。不过布彻尔没有服从对方的命令，而是指出，国际海域内无须遵从对方指令。随后，朝鲜巡逻艇靠近并开始曲折盘绕普韦布洛号以防其逃走。

很快又有三艘朝鲜舰艇出现，将普韦布洛号团团围住。除此之外，空中还有几架苏联米格战斗机盘旋。身陷囹圄的普韦布洛号被命令跟随朝鲜巡逻舰向海岸行使。这对布彻尔来说的的确确是个难题，因为他只有两个选择：要么服从，要么弃船。前者有可能出卖威胁美国安全的机密，而后者则会牺牲他的 80 名船员。

走投无路之下，他选择了服从。他还未来得及有所行动，其中一只巡逻舰就朝着普韦布洛号开进并上船检查。船上的美国海员尝试用他们的个人武器进行抵抗，结果造成一人死亡几人受伤。很快大家就明白，所有的抵抗都是徒劳。

普韦布洛号已处在泄露机密的边缘。船舱里的一个装甲门后面，安装了一整套可以捕捉通讯和雷达发射的尖端电子系统，这些在现如今都可以通过卫星以极低的风险实现。不过船舱中的瑰宝是一个引人注目的盒子，沃克早已将这点告知了苏联方面。

这是一个信息编译器，KW7，二战期间德国军方使用的著名的恩尼格码密码机一个相当复杂的版本。一旦它落入共产主义之手，这将是场灾难，毕竟沃克拥有可以破译这台密码机所发信息的密钥。

船舱中的战士们尝试用斧子毁掉他们能毁掉的一切，将一袋袋文件掷入大海。但这样的拼命远远不够。成功缴获 KW7 的朝鲜共产党无疑是收获颇丰的。

普韦布洛号被带入最近的港口元山。而对于美军来说，这很是严酷，他们甚至不能承认普韦布洛号驶入了朝鲜领海。就这样，他们虚张声势，借口称这次验船是国际掠夺行径，名副其实的战争举止。而朝鲜方面自然是控诉美帝国主义的侵略。

在要求苏联外交干预未果后，美国要求动员部分后备役军人。他们着手重新部署在亚洲的武装力量。就这样，美方将越南战争中使用的武器搬到了韩国。以总统约翰逊为首的美国当局旨在让对方考虑到局部干预的威胁，而并非打算展开大规模行动。

美国最担心的，不是搜船这样的羞辱，而是可能还放在普韦布洛号船舱里的所有装备和绝密密码。军方考虑向元山港派几架轰炸机将船炸沉，船沉海底便可以保护机密。但这样的行动比较冒险，更何况，一旦朝鲜的反飞行器防御设施去攻打这些轰炸机，这类情况会让本来已是笑柄的美国涂上失败的阴影。这样一来，美国五角大楼提出了劫持普韦布洛号的设想。

这样的话只需要派几艘军舰包围住元山港，让突击队登船并控制普韦布洛号就可以了。这计划看起来简单易行，可出于担心朝鲜方面会向普韦布洛号的船员进行报复，约翰逊总统还是放弃了。这样的军事行动会陷入引发新冲突的恶性循环中，而约翰逊绝不愿看到这些。

这样一来朝鲜便掌握了主动权。除非开战，而美方此时没有这个能力，所以只能放低姿态。朝鲜运用宣传斯大林主义的最佳方式，驾轻就熟地利用这次机会。在普韦布洛号被捕后不久，他们就公开了船长的供词，布彻尔承认他在暗中侦查朝鲜。不论这份供词是真实可信的，还是严刑逼供出来的，在朝鲜同美国的这局较量中，无疑是共产主义取得了胜利。

劳埃德·布彻尔在供词中说道："上个月 12 月 2 日，我们收到驻日本美国海军指挥官、海军准将弗兰克·约翰逊的命令，让我们开展军事侦察行动并收集苏联沿海省份海岸及朝鲜共和国海岸一带的情报。中央情报局向我保证，任务成功后，每个船员都将获得一大笔美金，而我将得到特别嘉奖。为了掩人耳目，我们假装在执行海洋电子方面的探索工作。被捕后，我坦然这是公然违反停战协议的犯罪行径。我们最大的请求，是得到朝鲜人民民主共和国政府的宽恕。"

最终，朝鲜释放了普韦布洛号的船员，但扣留了潜艇。最严重的，是共产主义从此拥有了 KW7 密码机，且可以随心所欲地研究它。多亏了沃克提供的文件资料，美国海军的一举一动、一言一行，在东方的情报部门眼中完全是透明的。

就这样，沃克开始了他辉煌的且将从事很长一段时间的"鼹鼠"工作，毕竟要等到 1985 年他才被揭穿。在他同苏联大使馆首次冒失地直接联络后，他便不再能接触到克格勃的官员，除了有几次在欧洲的会晤。为了同他们联络，沃克优先使用废旧邮箱。根据苏联制定的具体规则，先是发信号表示是空邮箱，比如在林间小路上放置一个啤酒易拉罐。在这种情况下，通常会有一个垃圾袋，沃克拿走藏在垃圾下面他应得的现金，然后再把复印好的资料藏在里面。最后，就像去的时候一样，他发任意一个烟火信号表示邮箱已满。这个方法简单却十分有效，几十万条重要情报就这样通过放置在弗吉尼亚州树林中的垃圾袋被传送。

有时，沃克会让他的妻子陪他一起做事，毕竟夫妻在树林中安静地散步不会引起任何怀疑。更何况，沃克就想要把妻子拉下水，她不可能不疑心她的丈夫参与非法活动。不然，她该怎么解释沃克拿到的这些钱呢？她的陪同让她成了丈夫的同谋，这么做，是为了提防对丈夫情妇饱含嫉妒的巴拉巴拉·沃克不会因报复而戳穿他。不过最终她还是这么做了。尽管如此，不管情愿与否，妻子的参与让沃克慢慢地开始利用其他家庭成员。

他最先转向他的儿子米盖尔。米盖尔也是海军的一员，在尼米兹号航空母舰上服役。他答应了。作为证据，我们在沃克的文件中找到了来自尼米兹号的资料。他又用同样的方式找到他其中一个女儿，即加入武装部队的罗拉。不过，与兄弟不同的是，她拒绝合作。当父亲打算让她堕胎，借口孩子的出生会阻碍女儿升军衔，且不利于她升职调到一个接触敏感信息的部门的时候，她甚至还与他大吵了一架。不过沃克一点都没有因这次受挫而心灰意冷。

之后，他又拉入了另一名家庭成员——大哥亚瑟，一位退休的中校。沃克托关系将他安排到一家为海军工作的公司做军事顾问。亚瑟就这么做了“鼹鼠”。沃克需要人帮忙，因为此时，他已经从海军退休，不再能直接接触到机密资料。不过他并不想放弃克格勃那数额可观的补贴。从事私人侦探的他，便借此方式继续向苏联方面供应情报。

其实，他正在组建的网络不只局限于家庭成员。1973 年他成为海军无线电操作员学校的老师时，将他的一名同事——无线电操作长官杰瑞·维特沃斯拉进组织。杰瑞很快就被分到位于印度洋迭戈·加西亚基地的海军监听站。正如沃克一样，他掌握着分级资料及密码数据。这就是为什么沃克退休时杰瑞可以有效地替代他。

实际上，沃克和他的小型企业所提供的情报首先可以让苏联方面保持对美国海军技术发展动向的追踪。其次，他在越南战争末期的行动可谓难以置信的高效。沃克的确能够向苏联方面通报美国战舰在北部湾的一举一动。如此，有好几次比如美国海军船只正在演练的时候，都会发现苏联舰艇非常不可思议地出现在附近的海域。

更严重的是，虽然沃克属于海军，他却能得知跑到越南北部或胡志明市上空的 B52 轰炸机执行的轰炸任务。这样一来，他便可以在轰炸前及时提醒共产主义军队放弃锁定区域，帮了敌人的大忙。根据某些消息，莫斯科方面为了报偿他，给他授予了上校军衔。尽管是名誉上授衔，这却表明了克格勃对他的高度器重。的确，苏联方面不是不知道沃克做这些只是为了钱，但结果才是最重要的。沃克对他们来说确实是一位名副其实的伟大间谍。

尽管他酗酒纵欲、性生活混乱，约翰·沃克依旧清醒地知道，总有一天他会被叛徒告发，这是情报人员永恒的困扰。不过对于沃克，克格勃相当谨慎，里面极少有人知道他的存在。尽管如此，沃克刚满 40 岁时就从海军退役了，这多半跟他害怕被识破身份有关。实际上他的私人网络依旧活跃，只不过比起在海军办公室偷偷摸摸地微缩复印资料，风险要小得多。

危险却来自他处。1984 年，他刚刚离婚的妻子因太久被忽视而不断借酒消愁。这天，她找到了联邦调查局在波士顿的地方代表。

海恩尼斯市小办公室的一个公务员接待了她。她怀疑前夫是苏联特工，并讲述了沃克在弗吉尼亚州森林里的来来往往，还不忘提到他曾试图逼迫女儿变节。

联邦调查局的人一丝不苟地记录着证词，并没有给予额外重视。而他后来把文件转交到了波士顿办事处，由另一位员工将其备案。事件就此告一段落。

1985 年 1 月，罗拉 · 沃克找上联邦调查局，想询问她前妻举报的后续结果，却不由分说遭到拒绝。根据规定，初始报告被发到了其他办事处，这对反间谍机构真是万幸。其中一个办事处的一名职员看了报告，并觉得字里行间都具有无可争辩的真实性。

他决定得到上级的授权进行调查。就这样，私家侦探约翰 · 沃克被密切监视着：行动被跟踪，电话通讯被监听。紧接着，5 月的一个艳阳天，工作人员得到准确消息，称沃克打算将一批资料交给克格勃的接头人员。

因此，联邦调查局设了一个陷阱，想将间谍抓个现行。特工在远处观察着沃克的举动，他把一个塑料袋放在一个指示牌下面。随后，一辆持有外交牌照的汽车停在不远处。但是由于不了解沃克设置的安全系统，警察犯了一个错误，他们踢走了用来指明空邮箱的啤酒罐。在指定位置找不到易拉罐的苏联外交官匆忙离开。不过，任务并非完全失败：在垃圾袋底部找到了足足百来份机密文档，其中一些还涉及沃克儿子服役的尼米兹航母。“鼹鼠”彻底暴露了。

不多时日，这位前海兵就在临近的汽车旅馆被捉拿归案了。他是在抵抗未果后才缴械投降的。沃克夫人崩溃了，因为丈夫一直向她保证永远不会利用儿子。可惜米盖尔的的确确受到了牵连，并同他的父亲，以及其他两名组织成员即沃克的兄长和杰瑞 · 维特沃斯一同入狱。除了他儿子被判处了有期徒刑 20 年，其他人都将终身监禁。

对联邦调查局来说，这既是一次胜仗，但同时也是一次赤裸裸的曝光：将近 20 年的时间里，苏联轻而易举地了解了美国海军的大部分机密。这迫使美国各部门开展安全系统审核，并着手捕杀“鼹鼠”。但他们还是花了个把年头才揪出了阿尔德里奇·埃姆斯和罗伯特·汉森。

反之，沃克的逮捕也是对克格勃的一记反击。但苏联方面借此机会做了一次惊人的反情报行动。尤里·尤尔琴科是名副其实的伪叛徒，只往返过一次美国的他出现变节。这出现在沃克被捕后仅仅几个星期，真是诡异。然而，在中央情报局办公室里短暂停留时，他不断强调，多亏了沃克，苏联才能在军事竞争中遥遥领先。这样的谎言在于引发美国的不安并扩大其焦虑。

18 哥伦比亚计划——计中计

1993年12月，一个身材偏胖的男人，手里拿着枪，试图从屋顶逃跑。一阵枪林弹雨般的扫射后，这个男人倒下了，一切都结束了，他死了。这个20世纪最大的毒枭——巴勃罗·埃斯科巴（Pablo Escobar）终于被除掉了。这位哥伦比亚人曾直接或间接杀害了几十个法官、法警，好几个政客以及成百条无辜的性命……那个时候，他是世界上屈指可数的几个首富之一，通过非法买卖可卡因致富。

巴勃罗·埃斯科巴，占据了哥伦比亚20年的历史，是当时美国当权者打击毒品交易斗争中首要对象之一。由于美国的介入和尖端的窃听系统的运用终于使这位叱咤风云的大毒枭走上了灭亡之路。然而，美国的介入背后其实隐藏着其他动机——同时也要打击哥伦比亚现存的信奉马克思主义的游击队，这支游击队与毒品交易有关，也是血洗国家半个多世纪内战的主导。这支游击队的中坚力量是FARC（哥伦比亚革命武装力量），依旧控制着哥伦比亚的大部分区域。

然而，在这场秘战的背后，究竟隐藏着什么，让美国不遗余力花费了好几十亿美元呢？

麦德林集团的分离崩析，首先获益的是它的对手——卡利集团。卡利集团曾有力地帮助哥伦比亚政府消灭埃斯科巴，但这回，他们的头目罗德里格斯兄弟保持了中立和缄默。自那以后，可卡因的生产和贩卖仍旧如火如荼地进行着，依靠毒品而生的小集团也如雨后春笋般涌现出来。在游击队控制的区域，游击队监督着生产过程，因为他们大部分的经济来源是毒品销售所赚的利润。然而，游击队也一样拥有对手——民兵。这些极右派的私人民兵，得到了受贿的政治官员和国家军队官员（既有警察也有武装部队）的庇护，以他们的方式来对抗游击队，同时还从事毒品交易。

毒品就像一颗毒瘤不断侵蚀着哥伦比亚，但是，美国却不能任由其肆虐发展，在抓捕巴勃罗·埃斯科巴的时候，美国就已经介入其中并且充当了一个重要角色。实际上则是因为可卡因的主要消费市场是美国。但是，这支信奉马克思主义的游击队的存在，对美国政府极为不利，哥伦比亚计划因此而诞生！

哥伦比亚计划的官方说法是“为了维护和平、保持国家的繁荣昌盛的计划”。它是由美国总统比尔·克林顿拟订，于2008年8月由克林顿和哥伦比亚总统安德烈斯·帕斯特拉纳正式签订。原则上说是哥伦比亚总统倡导的提议。对于哥伦比亚总统来说，扫除毒品最好的方法就是帮扶哥伦比亚的农民们种植其他更能盈利的农产品来代替，比如说，鲜花、辣椒以及一些纺织工业所需的原材料等。为了达成这个目标，需要美国的帮助，降低美国农产品的进口税率。

克林顿并不能完全自由行事，因为在议会中，他的对手——美国的共和党们，占据着大多数席位。共和党派别并不信任哥伦比亚总统帕斯特拉纳，因为他为了结束内战，已经跟国内的FARC达成和平进程协定，甚至要在哥伦比亚首都建立一块非军事区域。游击队的人可以在那片广阔的区域随心所欲，来去自如。而这项建立非军事区域的举措没有得到哥伦比亚的将军们以及他们在美国的中间人——共和党人的支持。

政治上行动不能完全自由的克林顿，除了给予帕斯特拉纳总统军事上的帮助外，不能给予他任何正面直接的回复。就算要给予军事援助，克林顿也必须得保证获得共和党人的支持。因此，FARC 被控告参与了毒品交易的目的就有两个，一是为了打击毒品交易，二是为了打击游击队！

为了达到这个双重目标，美国投入大量资金，几年内的花费超过 70 亿美元。这些钱的实际用处是用最先进的装备来武装哥伦比亚的军队，并且对他们加以管理和训练，最终，将他们投入战斗中去。

在反毒斗争中，美国首先寄希望于技术。他们研究出一套根据古柯能够发射一种特别射线的原理，通过卫星识别古柯作物田的系统，然后，根据地理定位，采用烟雾喷洒法，也就是大量的小型飞机盘旋在农田上空，对作物喷洒除草剂。

这种方法在越南也使用过。为了更快找到越共的藏身之地，对越南丛林喷洒了一种能使植物快速死亡的高效除草剂——橙色剂[1]。而在哥伦比亚，使用的是破坏性相对较小的农达牌除草剂。很多农民都非常熟悉这种除草剂，孟山都农业生物技术跨国公司称，这种系统性的除草剂是可以被生物降解的，但无论如何，这是它的一面之词。大剂量地使用这种除草剂，对于环境和居民们的健康来说，肯定还是有害处的。另外，这种除草剂摧毁了所有植物，无论是古柯还是其他作物，这就意味着在古柯田旁边种植了一亩维持生计的菜园的哥伦比亚农民，要眼睁睁地看着自己的蔬菜萎蔫，最终，为饥饿所迫，不得不背井离乡。

这种烟雾喷洒法被大规模采用，2001 年利用这种方法清除了超过 5 万亩的古柯。然而，种植者们转移阵地，选择更为偏僻的地区继续种植古柯。古柯是一种极易耕种的植物，只需一小块开垦的丛林地，它就

1　详见第 9 章。

可以枝繁叶茂。结果就是，这边的古柯清除才刚开始，那边12万亩的古柯又开始种植起来。到2003年，古柯的种植面积达到了16万亩！不仅古柯的产量在不断增加，而且还破坏了环境，这真是一次彻底的失败！另外更糟糕的是，成千上万的农民投向了FARC，在农民的眼中，FARC的出现就像是他们真正的守卫者来临，队员们欢迎农民来到他们控制的区域，来到不受烟雾喷洒侵袭的区域，因为这里的小型飞机没那么容易进行烟雾喷洒。

哥伦比亚计划自一开始就错了，唯有哥伦比亚总统帕斯特拉纳想对了，一开始就该消灭祸患的根源，即让农民过上像样的日子，不必被迫种植古柯。可是，人们却采取了另一种办法：战争！

当然，他们选择战争并不是因为他们头脑简单，而是有很多原因的。首先，哥伦比亚计划中，有一笔惊人的巨额资款可供使用，这笔钱财引起了哥伦比亚国内一些官员和将军的垂涎，更引起了美国的官员和将军们的垂涎，他们想尽一切办法，希望侵吞这几百万美元。这笔资金主要是美国公司在使用，比如美国高科技公司就是用这笔钱研发出了昂贵的卫星定位系统和保障通信安全的系统。其次，还有几亿美元是用来购买最新款的具有强大火力的美国直升机的，这些直升机用于掩护喷洒药物的小型飞机。最后，在古柯种植田上方实行的烟雾喷洒法，是由美国一家私人公司达因集团进行的，这份利润极其丰厚的合同也导致了许多贪污案件的发生。这家公司负责摧毁古柯的个别飞行员犯事当场被抓到，他们不仅吸食可卡因，而且利用他们行动的自由参与到毒品运送中去。对于美国人来说，这是十分令人尴尬的。但这些并不妨碍乔治·布什从选举开始就进行巨额预算的更新，即使，这些预算用于实处的结果并没有什么意义。

《滚石》[1]：

一笔234,000,000美元的拨款在美国的康涅狄格州用来制造18架美式直升机——黑鹰。有三点是达成共识的：第一，这些直升机的确是真正最好的高科技产品。第二，这些直升机十分昂贵。第三，了解了这些直升机的强大的火力之后，对于用它们来反毒实在是太令人好奇了（会有人给辅警配玛莎拉蒂吗？）。那么，为什么哥伦比亚计划里会有这么厉害的武器呢？

事实表明，黑鹰飞机的目的是当达因集团的员工乘喷洒除草剂的飞机在古柯种植田的上空飞行时，阻止那些迟疑不决的农民、毒枭和游击队员们射击这些员工。不过，这一切都是理论上的，因为实际上这些直升机针对的目标就是游击队。因为一旦是FARC指挥得当的一击，只配备一把枪的游击队员们便可以杀死几十人，要不就是使得美国或哥伦比亚损失几千万美元。而且，貌似这些直升机还不够，于是在哥伦比亚计划中又额外拨发12亿美元来制造更多的直升机，这使得直升机的预算总额增至35亿4千万美元，是整个哥伦比亚计划总预算的40%。

尽管哥伦比亚计划已改名为“安第斯山脉反毒行动”，但它实际上的明确目的是打击游击队，反毒只是一个幌子罢了。

这支游击队是在20世纪40年代末内战结束后组建起来的，那场内战持续了5年，造成了成千上万人的死亡。人们称那个时期为“暴力期”。可怕的战争后，这些共产党游击队员们并没有缴械投降，而是选择隐匿丛林和山中，伺机而动……在哥伦比亚的中心地带，甚至存在一片自防区——由一些无地农民和马克思主义知识分子管理领导的独立领土。游击队员便在这样造反的混乱局面中产生，当然，起义长期被军队镇压。

---

1 2002年6月。

自1959年起，共产党员们就获得了卡斯特罗主义者的同情和主动帮助。后来，在国际共产主义运动爆发的大形势下，他们也搞了几次分裂活动。

尽管困难重重，这支游击队在曼纽尔·马鲁兰达的领导下成为了当今世界最古老的游击队之一，尽管遭过多次失败，但它依然是哥伦比亚计划时期一支无法攻克的强大力量。慢慢地，这支队伍壮大起来，组成了一支拥有近两万战士的队伍，成为一支真正的军队了！战士们着装统一，武器装备精良，有军饷，就像正规编制军队一样。然而实际上与正规军队有些不同的。出于战略考虑，战士们被分为一百或者两百人的小分队，驻扎在国家的各个地区，甚至在帕斯特拉纳总统为了和平进程让给他们的非军事区之外也有队伍。

游击队经济来源的一半是通过收取古柯、罂粟的种植税以及可卡因和海洛因等制成品的税；另一半则是来自于"革命税"（这其实是敲诈）以及通过绑架收来的赎金，这在哥伦比亚俨然形成了一种产业，仅2001年，就发生了3000起绑架案。

2001年，由于内战的爆发，将近4万无辜民众罹难，另外还有好几万人变得一无所有，因为他们不得不逃离战区。由于喷洒了除草剂，他们不得不背井离乡。

还是在2001年，阿尔瓦罗·乌里韦当选为新总统，他提出了一个明确的目标：誓死打击游击队！而游击队在当天以他们独特的方式向新总统问好，向总统宫殿投下火箭筒，致使20多人死于非命。

因此，乌里韦彻底中断了前任总统的政策，对于誓死剿灭游击队已经没有商量的余地了，因为他与游击队还有一些私人恩怨。乌里韦的父亲遭游击队杀害，而他自己也在选举成功前遭到15次的暗杀，万幸的是，他都成功逃脱了。因此，他选择了与游击队抗战到底，并加深与美国的合作关系。另外，乔治·布什在那次袭击总统府事件之后，立即向议会要求采取新的方法来打击哥伦比亚的恐怖主义。而且在之前，美国总统已经决定扩大对哥伦比亚计划的投入，向哥伦比亚提供一笔约好几亿美元的军事捐助。因此，哥伦比亚成为了继以色列和埃及之后，受美国资助最大的国家。华盛顿政府毫不迟疑地在这个时候迈出更大的一步，它正式准许哥伦比亚军队使用提供给他们的那些军事武器来打击被指控进行毒品买卖的游击队。

罗索·琼斯·瑟兰诺 (Rosso Jose Serrano)[1] 将军：

（瑟兰诺将军评估，在帕斯特拉纳总统执政的和平进程期间，游击队通过毒品交易赚得了20亿美元。）

20世纪80年代是黑手党的时期，大毒枭巴勃罗·埃斯科巴渴望跻身于福布斯亿万富翁排行榜，并且想与阿尔·卡彭相媲美。但是这些毒枭都以失败告终。相反，游击队是狡猾的，他们使得我们相信一个虚拟的和平进程，因为他们知道，毒品贸易可以使得游击队这个组织发展强大起来。其实，游击队并没有与帕斯特拉纳达成任何和平协定，因为他们已经习惯过着毒枭的生活。躲在森林里喝威士忌、吹空调的游击队是没有出息的。我很难想象列宁和斯大林肩上扛着一袋古柯的模样，要是让他们看见这些新的共产主义代表们，他们会气得又爬回坟墓里的。

在哥伦比亚直接介入到这场反毒斗争的美国教官们，其实就是白宫派去打击恐怖主义的另一个说法。

同时，乌里韦总统为了更好地打击游击队，宣布进入紧急状态，军队和警察从此无须法律证明便可以随时对有嫌疑的人进行逮捕和搜查。而最令人担忧的是一些军事化队伍越来越深入地介入到这场斗争中。这些“私人兵团”于20世纪80年代中期出现在哥伦比亚，完全是一些大

1 哥伦比亚前全国警察总监在接受马德里报社ABC的采访中的发言。

地主为了保护自己不受到游击队的迫害，或是为了更好地奴役在自己领土上工作的农民而创建的民兵队伍，另外，哥伦比亚安全部门效仿其他南美国家的警察，部署了一些民兵队伍来对抗反抗力量。这些私人兵团是真正的敢死队！

而毒枭们也开始参与到民兵队伍的创建中来，巴勃罗·埃斯科巴首先提出了一个想法，创建一支私人军队来领导自卫队的活动，他征召了一位以色列的雇佣兵来操练士兵，然而他没想到的是，后来正是这些人反咬了他：军队里的一些士兵加入到一个秘密组织——罗斯佩佩，即为埃斯科巴所迫害过的人组织起来的复仇者联盟，最终参与到追捕埃斯科巴的活动，并一步一步消灭了埃斯科巴的心腹们。

因此，就是在这些外国雇佣兵的基础上，诞生了一些军队化的武装力量。随后，这些力量联合起来，自称为哥伦比亚联合自卫队。原则上，这个组织是不合法的，而且应该被列入到华盛顿政府编制的恐怖主义黑名单上。而现实却完全是另一个样子，无论是美国人还是乌里韦总统都不会对一支高效打击 FARC 并成功驱逐了大西洋附近游击队的辅助武装力量持反对意见。

可是，要在官方上承认这样一个总违背人权并在国内犯下很多暴行如集体暗杀、执行酷刑的军队组织还是很困难的。这支军队的领头人菲德尔·卡斯塔诺在一次西班牙报社的采访中承认，他们的经费来源很大部分是获益于毒品交易，而且，哥伦比亚逾半的毒品输出港口都位于民兵武装的势力范围之内。

卡斯塔诺因此逍遥法外，否则，他怎么会在乘直升机飞越所有国家时，而不曾有一丝担惊受怕？还有就是，这些极右派分子其实和 FARC 一样，敲诈工厂和一些大地主，借口保护他们，或者说强行保护他们！他们还不忘去占领农民们被迫离开的土地。他们用自己的方式，进行了一场真正的反土地革命。

这些民兵武装依仗着军队中很多意识形态上与他们接近的干部的无形支持，给 FARC 制造了很多麻烦。随着他们的逐渐发展壮大，他们还建立了一些所谓的“安全地带”，这些地区吸引了美国的注意力，因为那些“安全地带”富含石油资源。

自哥伦比亚每日的石油产量达到 70 万桶后，哥伦比亚就成了北美重要的石油供给国，但是专家们认为，要是 FARC 最终被剿灭的话，石油的产量还会更大。而 FARC 对“偷石油的外国佬”经常发起攻击，他们经常破坏美国西方石油公司铺建的延伸到大西洋海岸的石油运输管道，石油开采工作不得不停工好几个月。这整片超过 1.1 万公顷的地区都被美国的军队占领了，这片地区也成为了由军队掌控所有权力的特殊地区之一，在这里，私人兵团来去自如。

在这种情况下，民兵武装每一次势力的扩大，对于美国的石油开发巨商来说就是一次幸运，就是一次开发新宝库的允诺。打击毒品交易的战斗就此宣告结束，由此开始了第二个计划，因为这些能够发挥作用的民兵武装现在代替了 FARC 成为哥伦比亚主要的毒品贩卖者。

哥伦比亚计划失败了，因为土地上的古柯依旧在肆虐疯长。而真正促使美国进行哥伦比亚计划的是石油资源，什么哥伦比亚信奉马克思主义的游击队根本不是重点！冷战宣告结束。如果要是非得歼灭游击队不可的话，则是因为游击队对美国的经济利益和石油开发计划造成了威胁，哥伦比亚计划只是一个诱饵，证据已经在本文中提及，即哥伦比亚政府和美国政府签订的协定。协定上表明，哥伦比亚政府应该进行紧急改革，完全打开向外的投资和外商的经济大门，尤其是石油工业！

威廉·雷蒙：

哥伦比亚的卡克塔和普图马约这两个地区汇集着各种势力，游击队、民兵武装、官方军队、工会联盟、美国缉毒局、美国中央情报局、美国多个跨国公司代表以及洒播农药的飞机，所有这些势力都在反毒之外另存野心。

卡克塔和普图马约毗邻厄瓜多尔，是两块巨大的石油宝地。似乎很多人在等待跨出这一步：从攫取白金到掠夺石油。民兵武装的发展伴随着暴力，他们让上千名农民被迫离开了自己的土地，那些被迫放弃的土地成为了研究碳氢化合物的场所。小乔治·布什上台时，强行要求美国石油公司为研究碳氢化合物提供经济支持，尤其是得克萨斯石油公司。这场活动的起因是能源危机，横跨了整个美国，尤其当涉及未来几年哥伦比亚计划的发展变化时。

19　埃德温·威尔逊——让人敏感的叛国

2004年，一出狱后，他便有力表达了为自己的清白做斗争的决心。因叛国罪被判了52年徒刑并在美国的一个监狱里被囚禁20多年后释放的埃德温·威尔逊，决定将尽自己最后一点力气来为自己平反冤屈。现在尽管已经80多岁，他仍然没有放弃。但是，他的目标似乎有些难以实现了，因为首先很明显这个奇异人物并不是清白无辜的。威尔逊显然不是美国的德雷福斯（正义人物代表），但是他神秘的存在让人仍然产生很多疑问。首先，作为中情局的前特工，威尔逊被宣判为黎波里的利益而背叛美国，难道他不是一个替罪羊吗？而且既然他是给性格暴躁而且令人困惑的卡扎菲提供武器、炸药甚至外国雇佣兵，为什么他不继续秘密地为中情局工作呢？一个可能性更小的猜测，他可能是被苏联国家安全委员会操纵的美国特工。

有一点仍需注意，威尔逊释放那天正巧是国际禁运的解除日，该禁运主要是针对黎波里的军火运输。一个古怪的巧合。

这个事件的最精彩之处在于主要人物并没有被谋杀。这可能也是事件的关键点之一：威尔逊，或者所谓的叛国者，让他活着比死掉更重要！

那么，这个如此神秘的人物究竟是谁呢？

埃德温1928年在美国西北部一个简陋的农场中出生，家里孩子众多而且家庭贫穷，人们并不期望这个小男孩将来有什么出息。但是有着商业头脑的威尔逊却十分机灵。通过进货再出售各种商品，很快他就有自己的一点积蓄了。这个大胆果断的人完全对金钱着迷了，并且一生都是如此。

在被商船吸引一段时间后，威尔逊在海军应募当兵。被紧急派去战争爆发的韩国后，他腿部受伤。除了唯利是图外，威尔逊还是个谎话连篇的人。说到他的行踪时，他总是对自己的住所十分谨慎。不管怎样，在服完役后，他似乎被中情局看上了。但人们从不知道威尔逊在美国中情局是真正的一员，还是只是名临时工作者，一个工作还可以的通讯员。

这个前海军陆战队士兵被中情局派去混入工会活动。在冷战期间，美国对这些工会监视密切。在此期间，威尔逊被派到欧洲那些被中情局煽动甚至资助的所谓的自由工会，比如说法国劳动力联盟。然而他的具体行踪仍是不清楚。唯一可以确定的是，威尔逊的雇主，可能是发觉到了他的商业才能，派遣他去秘密运输武器。

为了有效完成这些本不该中情局插手的秘密行动，需要建立一些表面上看起来正当的公司。以同样的方式，在亚洲东南地区，中情局彻头彻尾捏造了民航公司来负责运输武器以及一些毒品。在前法属中南半岛，美国干预的越来越多。威尔逊完全负责这次秘密的运输任务，并且为此建立了由中情局资助的航海公司。

但这绝不影响他自己的如意算盘，很快他就成为无数小公司的头儿。他打着效率名义的行为多多少少令人怀疑，在兰里的中情局总部却睁一只眼闭一只眼。但在1971年，威尔逊却与中情局疏远了，至少表面上是这样的，因为一旦与谍报活动的黑暗世界有所来往，就无法真正摆脱它的势力范围。

证据便是，他并没有与那些机密行动断绝联系。恰恰相反，威尔逊加入了一个叫作157特遣队的奇特组织。这是肯尼迪创建的秘密组织，是海上命令的执行者。在那个时期，他的目的是为了收集古巴的资料。但是渐渐地，组织的功能就扩大了，任务就变成了监视几乎世界各地的苏联海军，并建立了一个国际特工及通讯网。

为了完成任务，海军需要威尔逊的公司来帮忙掩护所有的秘密行动。但对威尔逊来说，这些公司并不只是皮包公司。这些公司让他的积蓄逐渐膨胀。1971年，威尔逊离开中情局时已经有20万美元的积蓄。很快，这笔积蓄涨了10倍，随后他便在弗吉尼亚买了一套豪宅。

威尔逊一直都在弄虚作假。他在闲暇之余进行非法买卖，将商品以更高的价格卖给顾客。他也在诈骗中情局的财物，在这种地下交易中，什么都是允许的。因此在157特遣队里，他诡计百出。除去他一直在积攒的数额相当惊人的金钱外，首先在情报处中心的信息阶层中，他建立了重要的通讯簿。威尔逊与许多负责人和头目经常来往。这些关系是有利的，这让他差点被任命为陆军助理来负责军用设备和军需品。然而在最后一刻被另一个候选人取代。

不管怎样，在1970年，得益于他的公司，威尔逊在他人不知情的情况下积蓄了几百万美元。另外，他也知道如何利用他的财富去款待他人。中情局无数的大人物都很欣赏威尔逊对他们的招待。为了扩大朋友圈，威尔逊继续进行非法买卖。在那些邀请面前威尔逊十分大方，为了取悦这些有影响力的人物，他也给了不少贿赂。

1976年，在中情局骇人听闻的丑闻泄露后，事态开始对他不利起来。当人们知道中情局试图谋杀那些外国领导人后，威尔逊的新上司，斯坦福海军上将决定来一次大清洗活动除去一些害群之马，不少于800个特工被清理出门。

当然，威尔逊并不是中情局的正式一员，他的行为却很异常，而且在这次清理行动中，他与首犯有着联系。然而他却成了漏网之鱼。他只是被要求离开这个赫赫有名的157特遣队。但他仍然能自由进行他的犯罪活动。对他更有利的是，他从此对近东产生兴趣，并且与闻之色变的穆阿迈尔·卡扎菲建立了密切的联系。卡扎菲此时还并不是美国的眼中钉，但已经被怀疑在世界各地制造混乱，尤其是被怀疑利用石油资源获取的巨额财富来资助国际恐怖组织。在当时，利比亚的石油在美国进口货物中排第10。这就是为什么在吉米·卡特统治时期，华盛顿不敢与如此重要的商业伙伴闹矛盾。

另一个重要事件：尽管威尔逊的唯利是图和肆无忌惮众所周知，他仍然是在中心地段开着有名气的商店的巨商，他主要公司的门面都不错，并且在华盛顿都是完全合法的。尽管道德上靠不住，但威尔逊在过去所做出的努力不可忽视。他所有的人际关系对他都有着保护作用。比如他与上议院军队委员会的主席打得火热。所有和中情局或多或少有着合作的人彼此间都休戚相关并相互扶持，尤其是面临风险的时候。

皮特·马斯：

他的工作主要是向未被发现中情局插手的各地运输货物，如拉丁美洲、非洲、中东或者亚洲的东南地区；向智利、巴西和委内瑞拉运送燃烧弹、扰敌装置及散步射弹；也向当时发动政变的多米尼加共和国提供武器；向摩洛哥提供错综复杂的通信系统；向安哥拉提供各种武器；向伊朗提供一系列极其精密的电子设备；在印度尼西亚，为中情局支持的制造政变方提供武器；向中国台湾和菲律宾提供零件和军用设备；为老挝战争提供中情局准备的后勤服务。他也运输船只甚至舰队，比如用于对古巴时刻侦察的舰队。

在威尔逊与利比亚最终建立商业关系之前，有件与威尔逊的事情仍需提一下。NHB，纽甘·汉德银行，简单地说，是由一名贫穷的律师弗兰克·纽甘和一个曾在美国“绿色贝雷帽特种部队”服役过的米歇尔·汉德在1973年创立的澳大利亚银行。他们在西德尼开的一家餐馆相遇，西德尼也是美国人，来自霍顿。这三人中的两个人都在亚洲的东南部进行着秘密活动。他们都负责协助武装老挝赫蒙族游击队，一个亲美反越共游击队的民族。自然，赫蒙族的行动被中情局监察到了，因此这两个美国人都间接或者非间接地为中情局工作。很有可能当时这两人就遇到了负责为中情局组织的秘密战争运输军火的威尔逊，有可能他们私下联系过。

这三个人在开始时用很少的资金和财力在澳大利亚创立了纽甘·汉德银行。但是他们的目标是让他们这个小公司成为中情局的银行，使中情局能够谨慎地资助地下活动以免惊动华盛顿。他们的计划完美地实现了。几百万美元经过了纽甘·汉德银行。这是个在真实银行和那些存在着被收买的政治家、军火交易、欺诈和低级阶层人物的国家之间的中介。之后几年，纽甘·汉德银行开了几个分行，在中国香港以及沙特阿拉伯。在沙特阿拉伯，那些放逐在外的美国人，主要是军官，向银行委托自己的财产。

但是再美好的事情都是有结尾的，纽甘·汉德银行最终破产。实际上，这三个新手银行家最初没有一分资产。在银行经营期间，他们不过利用与中情局的高级关系，起着卒子的作用。因此，一旦稍微有点敏锐的审计员对纽甘·汉德银行产生兴趣的时候，系统便崩溃了。在这些受牵连的人中，有理查德·西科德将军，国防部的副部长，也是后来伊朗门丑闻事件中的一员。也混杂着希欧多尔·沙克利和托马斯·克莱，以及其他中情局的高级官员，巧合的是，这些人都是威尔逊的朋友。

重要的是，1980年7月中情局掌控的这个银行破产一年后，威尔逊就倒台了。人们不禁将这两个事件联系在一起。稍后我们会说到这个。

1976年威尔逊接近利比亚当局。当时，他与中情局的两个前特工有联系，凯文·马尔卡系和伊安特·特普利。这两个人同他一样都嗜酒。当然，这只不过是件不足挂齿的小事。但是马尔卡希的嗜酒很快引起威尔逊的反感。

似乎是伊安特·特普利让威尔逊与利比亚有联系的，特别是与卡扎菲的堂兄弟赛义德·卡扎姆，即驻扎在伦敦的采购负责人有联系。此人负责避开西方国家禁止船只出港令而将各种武器和军用设备运到的黎波里。因此他想方设法要得到C-4塑料炸弹，一种美国最强炸药之一。

这并没有吓到威尔逊，他说将尽自己最大的努力来满足他的新客户。但是要求的数量却是惊人的：需要几吨炸药以及五十万爆炸剂。这些炸药的破坏程度不过相当于C-4炸药的十几克，威尔逊还是有些担心。但是利比亚人小心解释道是为了炸毁二战后埋在沙漠中的矿产，这样能更好安装石油设施。很显然，威尔逊并没有上当，不过他很放心。至少他有证据打发那些好奇心太重的人。

为了弄到数量如此庞大的炸药和爆炸剂，威尔逊向中情局的军火提供商求助。至于炸药运输这个棘手的问题，威尔逊自有办法。炸药都被藏在用于石油工业的一种特殊的泥浆中。他完美地完成了这次任务，这使得他在黎波里的身价立刻上涨并收到了新任务：招收人手，或者说得更直截了当些，招收杀手。实际上卡扎菲决定除去相当数目阻碍他目的的流放者。

威尔逊差点就接受了新任务，但是事情却突然有了转机。威尔逊向以前很熟悉的反卡斯特罗主义古巴人求助，他们得知报酬丰厚后很快就同意了。但是当得知他们必须要除掉利比亚异见者后却拒绝了。并不是因为他们觉得这不道德，而是不愿意接受卡扎菲这个肮脏的任务。在他们眼里，卡扎菲是苏联同盟，而他们则是极端反共产主义者。

然而，古巴人不仅仅拒绝了，他们还警告了其他与中情局有联系的人。奇怪的是，这次又什么都没有发生。威尔逊并没有被责问，同时，他的军火运输商同谋之一，凯文·马尔卡希遇到了信任危机。他逃走了，并草拟了关于威尔逊和其在兰格利即中情局总部行动的一篇长报告。

没人正式关注这份由众所周知的酗酒的前特工煞费苦心写出来的作品。马尔卡希最终推断出，既然威尔逊毫不担心并继续逍遥法外，其实他是被中情局派去欺诈卡扎菲的。

人们必然注意到是中情局不想知道威尔逊在利比亚的一举一动。或者，尽管这次招收杀手的任务失败，美国仍对利比亚有信心，甚至，提出了新的合作!

约瑟夫·古尔登：

1976年夏天，凯文·马尔卡希重新酗酒。对威尔逊真正工作的猜疑使他很痛苦：他是真的如他所假装的那样为中情局工作吗？当威尔逊来伦敦察看正在进行的计划时，马尔卡希更加困惑了。他在英国首都发现了可疑的间谍、外国雇佣兵和其他的军火贩卖者。对于一个习惯了通过华盛顿办公室里的卫星而得知信息和监视的人来说，这个过程是痛苦的。

这些冒着生命危险的运输商每个周六十一点在海军上将科德林顿酒吧见面，氛围如同同学聚会。他们交流有关正在进行的计划的信息和流言，客户国家的军火需求以及可能的提供商名单。在这个他很快就发现肮脏不堪的封闭的小社会里，马尔卡希对于被当作威尔逊的伙伴并不感到自豪。

每一个谍报活动或者几乎每一件无足轻重的小事都有可能使整个事

情出现偏差。至于威尔逊，便是两名知名记者，伍德沃德和伯恩斯坦，导致了最终结果。在水门事件中使尼克松下台的这两个人，在1976年就因智利反派在华盛顿的谋杀案而调查研究德国前总理奥尔兰多·勒泰利耶。他们查到罪证，此次行动是由中情局的前特工埃德温·威尔逊组织的。但是他们弄错了，威尔逊并不总是万能的，他与这次事件没有任何关系。但错误已经铸成，消息已经传达给一个很顽固的并最终某天记起威尔逊这个名字的检察官。

与此同时，威尔逊继续欺骗利比亚，以至于人们认为他对卡扎菲是个不可或缺的人物。一旦涉及军火及炸药购买，或者是为国家海军船队购置零件，利比亚就向威尔逊求助。甚至有时候为卡扎菲的飞机和直升机招聘飞行员。

另外，这个喜欢自称为利比亚领路人的卡扎菲在军事方面却怀有野心，他想让美国绿色贝雷帽特工队来训练他的士兵。威尔逊对于能为一个如此大方的顾客服务而感到无比荣幸，便急于向卡扎菲献殷勤。十几个特工队成员来到利比亚训练当地突击队。很难知道这些军人是否得到了美国官方许可。然而中情局似乎并不是毫不知情。也许这些久经战场的士兵有时也为中情局服务。

然而卡扎菲的野心更大。他计划在20世纪70年代末建立一支独特的伊斯兰教的军队，以便派去推翻那些太西方化的国家或者是那些仅仅对卡扎菲为建立一个理想国家而采取的无数计划抱以敌意的国家。因此卡扎菲试图煽动突尼斯军队。但这个领路人也觊觎着巴基斯坦的宪兵团。不管怎样，为了训练他的军队，卡扎菲都十分信任这个负责招收绿色贝雷帽特工和飞行员的威尔逊。

威尔逊对于完成如此有野心的任务似乎无能为力，并且他的势力在黎波里一点一点减弱。作为军火运输商，他也有其他需要担忧的事。美国法院对于他所参与过的非法买卖产生兴趣。在1979年，首先是威尔逊的同谋之一，弗兰克·特普利被之前提过的检察官逮捕。同时，威尔逊在中情局的主要支撑人物都降职了。风水轮流转，很快在马里中途着陆时，威尔逊被逮捕了。他十分谨慎，决定再不踏出黎波里，但是很明显时机对他不利。在利比亚人眼里，他已经变得几乎没有用处了，他再也没有靠山了，甚至成为了累赘。

另外，由背叛他的马尔卡希提供消息，美国媒体开始报道这个向利比亚这样如此危险的国家贩卖军火的美国人。最有名的美国记者之一，西摩·赫什开始调查威尔逊和中情局之间的关系。

为了迫使威尔逊离开他在利比亚的巢穴，在一些在威尔逊身边无关紧要的人的帮助下，这个检察官成功使威尔逊相信将有协商，使他离开利比亚前往圣多明戈。一到达他就被逮捕并立刻被递解到美国。

他的诉讼开始了。重要指控比比皆是：贩卖军火，非法炸药的出口，招收外国雇佣军……为了自辩，威尔逊坚持说他是服从中情局命令的。对他来说，判他有罪是不可能的。他保证他与利比亚所有的非法交易是为了获取黎波里政权的同盟前苏联的信息。中情局否认他所有的证词。几次诉讼之后，威尔逊被判 52 年徒刑。他的原告马尔卡希在 1982 年最后一场诉讼前非自然死亡。

在撤销他的主要罪证后，威尔逊被假释。联邦法院实际上断定中情局在调查中隐藏了一些事实。在 2004 年，威尔逊出狱，并决定将自己的清白告白天下。但他有时间吗？

必须要承认的是，不管是逮捕还是对威尔逊沉重的徒刑宣判在档案中都不清晰明了。根据官方版本，威尔逊不过是个可憎的叛国者，一个为了挣点钱可以什么都做的贪婪的人，甚至可以叛国并嘲弄一切道德准则。当然，这个人物也并不杰出。但是这个解释并不完全让人满意。美国官方很早就知道威尔逊的行动，在深知底细的情况下，中情局任由威尔逊继续随心所欲。因此，二者必居其一，要么在中情局内部，有些比人们想象中受贿更多的领导人，要么，更有可能的是，作为中情局前特工，威尔逊实际上仍私下为中情局工作。

得益于像威尔逊这样的人渗入利比亚当局最高层，哪怕提供可能被恐怖组织利用的炸药，美国至少可以得知卡扎菲的阴谋。如果威尔逊真的为中情局工作，为什么又被判这么重的刑？有可能让威尔逊入狱是为了避免被怀疑为间谍，然后再设法将他偷偷释放。

如果事情不是这样发生的，那肯定是因为猜测是错误的。

实际上，威尔逊是中情局派去利比亚的间谍。这就解释了为什么威尔逊迟迟没有引起人们的注意。然而，由于纽甘·汉德银行的破产显示出威尔逊并不适合这种行动，同时，在白宫出现了罗纳德·里根，卡扎菲立刻成为了眼中钉。再也不能和这个利比亚领导人玩躲猫猫的游戏了，只能动用武力。从 1982 年起，美国歼击队在西尔特海湾上空击下了两架利比亚飞机。随后，黎波里被轰炸。

在越来越被怀疑为叛国者后，威尔逊更加没有利用价值了。在 1980 年，沃尔多·杜贝斯坦，一名中情局的分析员自杀了。这个人十分了解威尔逊并且向他提供了关于近东十分机密的文件，他是一名东方国家的特工。那些反间谍的美国人因此得出结论，威尔逊也是个东方间谍！真是个两面派的中情局！

根据这次猜测，唯一可以解释这份复杂文件的种种矛盾之处的是，很明显威尔逊被委以重任，要不择手段地通过指控情报处来连累美国。所有由威尔逊提供后来被恐怖主义者利用的武器，如 C-4 炸药或者炸弹，都带有明显的中情局的标记。那些威尔逊招收的特工，他们一口咬定是为中情局的人工作的。

在这次事件中，另一个人也参与其中：摩萨德。伊斯兰行政部门不可能对像威尔逊这样一个人的行动产生兴趣。在这一方面，即使没有任何证据，他们对这个美国人的失败也毫不感到惊奇。

21 私人武装

“雇佣兵”，这名字着实有些刺耳，特别对企业主而言。听上去像是在说那些肆无忌惮、粗野的战争走狗。他们更喜欢美国“承包人”的叫法，或是“契约者”或“合同员工”。虽然这么说显得更有内涵，可实际上还是在指商业公司从平民招募而来的同军队签订合约，承担军事相关职能的准军人。原则上来讲，这就是雇佣兵。

这些私人士兵，曾被称为“临时兵”，在全世界的数量越来越多。首先分布在当下热点地带，比如伊拉克和阿富汗，在这里，雇佣兵和正规军的人数旗鼓相当。其次，他们也在其他事件区域，负责维护联合国官员、外交官或者外籍员工的安全。甚至在某些地区，这些新生的“敢死队”取代了实战经验近乎为零的联合国维和部队。毕竟后者来自一些落后国家，装备陈旧落后。

然而这种私有化的趋势不免让人担心。不仅因为雇佣兵会滥杀无辜，还在于战争变成了商业筹码。对于这类私人公司的股东和高层来说，只有一个目标——挣钱！捞更多的钱！那么可想而知，冲突的深化会让他们有更多的利益可图。

最后一点不可小觑，就是这些英美公司背后强大的压力集团意图干预雇佣国的内政。而由于私有化正逐步深入到情报部门，这变得尤为容易。最近一位美国专家甚至表示，中央情报局每天早晨向总统递交的绝密报告，部分由私人公司分析员撰写。

2007年9月16日13时，位于巴格达的尼苏尔广场，四辆荷枪实弹的装甲车出现在人潮拥挤的十字路口的正中心。这些庞大可怕的家伙既非伊拉克军队所有，也并非属于驻地美军，而是来自美国“黑水”保安公司——它是世界几大私营军事公司之一。

而早在三年前，这个同联军相比更加深入伊拉克的黑水公司就曾被人们谈论过。四名负责美军物资补给的后勤兵在费卢杰市被俘——这里长期抵抗美军进驻伊拉克。一众人在狂欢中将他们迫害并焚尸，还把其中两具烧焦的尸体悬挂在横跨幼发拉底河的一座大桥横梁之上示众。

这些触目惊心的照片在全世界疯狂传播。它让美国人回想起1993年索马里“黑鹰”行动中的海军惨剧，同是令人震撼的画面。

黑水公司由此浮出水面，饱受指责。显而易见的是，员工毫无特殊保护地被随意地扔在费卢杰市的街头。受难者家属为此将黑水公司告上法庭。

这场灾难事件发生后，美军采取了大规模报复行动，一洗雪耻：因为即便死者是雇佣兵，他们也都是美国人！就这样，联军统帅决定惩罚这座被视为逊尼派叛乱核心的费卢杰市。一场大规模军事战斗，逼全城的人离家出逃。1400名叛军或疑似叛军被杀，百来名美国士兵阵亡。数条街区被夷为平地。

这次行动标志着驻伊部队在策略上彻头彻尾的转折。美国参谋部也知道应该给这些同正规军并肩作战的雇佣军建立一个全面的保护机制。而此事交由另外一家私人公司负责。这就形成了美国私人士兵保护私人士兵的局面。

当车队通过尼苏尔广场时，总有那么一名交通官员前去疏导车辆。

为了避免可能发生的恐怖袭击，他们享有绝对优先权。而后者总是被滥用，疾速行驶的车辆全然无视交通法规。且为了走得更快，他们还逆向行驶，不惜把道路搞得人仰马翻。

警员虽尽力而为，可路口的确非常拥挤。装甲车见状掉头驶到一条逆行车道上。未出几米就停滞不前，无路可走。就在这时，一个大胡子硬汉突然出现在一辆装甲车的车顶一通机关枪扫射。先是对着一辆刚刚驶入广场的车，上面坐着一个年轻男子和他母亲。男子被当头一枪击毙，而汽车仍在行驶。这下射击者像是失心疯般不停地扫射直到它爆炸起火。与此同时，其他装甲车的士兵也纷纷对着车辆行人开火。着实是场屠杀，造成 17 人死亡。

事件发生不久后，黑水士兵声称遭受袭击在先，开火实属正当防卫。然而，事件目击者看到的及美国联邦调查局与伊拉克警方的调查结果却显示并非如此。

此事引起了轩然大波。尽管伊拉克交给了联军，但政府对此事表示严正抗议。事件无疾而终。五年之后，惨案的肇事者始终没有受到惩罚。而美国联邦法庭甚至在 2010 年将其释放。然而我们希望这个逆天的判决不会阻断巴格达政权和受害者家属的法律诉讼之路。

那么该如何解释这种无耻的野蛮行径呢?

当然，我们肯定会考虑到当时伊拉克的紧张局势。但终其原因，还得归结为 2004 年联盟驻伊拉克临时管理当局及时任美国驻伊最高行政长官保尔 · 布来莫签署的“第 17 号法令”。法令规定，私人安保公司享有不受伊拉克政府法律制裁的特权。这张王牌让他们吃了定心丸，遇事时便成了名副其实的杀人许可证。先开枪再确认——这些雇佣兵打着镇压所谓威胁他们的恐怖分子的幌子，滥用豁免权。

众多无辜的伊拉克平民因此死于非命。还有一些无动机杀人的案例。仅举一个例子：2006 年 12 月，黑水公司的保安莫奈闯入巴格达绿色区域，这一带属于保护区，驻扎着联盟指挥部和主要的伊拉克行政机关。莫奈没在当差而且喝多了，在经过伊拉克副总统的官邸时，被值班警卫拦下盘问。然而他拒不服从，一场激烈的口舌之争随即而来。突然，莫奈掏出一把尖刀将警卫捅倒在地。

接下来的事简直离谱：副总统上诉并强烈要求伊拉克法庭传讯莫奈。但黑水公司拒绝交出人犯，甚至都没有解雇他，只是将他遣返。而两个月之后，莫奈就被另一个私人军事公司派往了科威特。

就是因为“第 17 号法令”他才免于责罚。与此同时，数十名美国士兵却不得不因为对伊民众施加暴行而接受军事法庭的审判。而伊拉克的私人安保公司从未有人遭到过刑事制裁。他们甚至还大肆吹嘘：要是我们犯了重罪，上头会帮我们洗清罪责。

美国政府对此睁一只眼闭一只眼。若是事态在媒体或舆论中扩大，比如尼苏尔广场枪杀平民事件，美政府也仅仅是让这些私人公司给遇难者家属赔钱了事。

事情是如何发展到这个地步的？又为何这些私人安保公司能起到举足轻重的作用？

据该方面专家估计，当今的雇佣兵市场年交易额最低也有 700 亿欧元左右。自然会有众多企业家垂涎这块肥肉。除了黑水这样的大型私人军事公司，还有着无数个为大公司干活的分包公司。

先不提古代，就说宗教战争，也就是黑色的欧洲三十年战争中的德籍骑兵，他们正是为大封建主或欧洲国家效力的雇佣兵。近代殖民引发的冲突中，无论是刚果的“战争狂人”，特兰基耶的疯狂士兵，还是罗伯特 · 肯尼迪 · 德纳尔的战争走狗，都是战争私有化的“先驱”。然而，同现如今在伊拉克和阿富汗活跃的真正私人军队比，他们不过是召集了几十名战士和退伍老兵的小工头。

20 世纪 90 年代，军队私有化有了质与量的飞跃。南非取缔种族隔离后，第一波以南非籍士兵为主的大型雇佣公司拔地而起。南非战略资源公司EO和英国的桑德莱恩国际公司招募的雇佣兵中，有些曾镇压过革命或独立运动，还有些是精英大队或特种部队的退伍兵，比如英国特种空军部队[1]。如此一来，私人武装得到迅速发展。军队配有大量尖端武器，利用空袭和凝固汽油弹，在非洲冲突中为国征战。

20世纪90年代末，这种原始的雇佣制基本消失殆尽，取而代之的是更让人惶恐的新模式。

艾克·艾森豪威尔在1961年1月的卸任演说中讲道：

军权集团同重要的私人武器装备工业之间这样一个局势是美国历史上的新现象。我们既不能忽视也不可无视这种发展带来的严重后果。必须警惕军工联合业企图以公开或隐蔽的手段谋取非法权力。而这种权力有无限扩大和泛滥的趋势，直至超出可控范围。我们绝不允许这种利益联盟的权势将自由和民主置于险境。事实上，没有什么能得到绝对的保证。而只有警醒并知情的人民才能意识到这庞大军工业构建的权力网，只有你们才能运用民主的宗旨和手段与其对质，让安全和自由之花在这片土地繁荣盛开。

原则上说，新型雇佣兵不再参与战场作战，他们承担所有原本附属于部队的职责：包括后勤、交通运输、物资供给，甚至还有安保工作，这点相当矛盾。部分岗位或军事设施，例如拘留中心，也都交由他们管理。如此一来，阴森的伊拉克阿布格莱布监狱里审问、虐囚的，三分之一都来自私人公司。就是在这里，狱卒用拍摄虐囚过程取乐。

即使雇佣体制在性质上发生转变，但20世纪90年代期间几个举足

---

1 正是种族隔离结束后的南非通过了最严格的反雇佣兵法规。

轻重的人物依旧活跃非常。例如桑德莱恩国际公司的创始人蒂姆·斯派塞，这位在业内始终位居高位的企业家，他的个人经历极具代表性。

20世纪50年代初生于英国，是大不列颠军队精英的后代。从著名的桑德赫斯学院毕业后，他加入了苏格兰近卫团这个精英团队。期间他先后参加了马尔维纳斯群岛战争，进入波斯尼亚的维和部队，并在北爱尔兰维护治安。然而他却卷入一桩丑闻：游行过程中，他的两个下属开枪打死了一名手无寸铁的天主教激进青年。他们事后对罪行供认不讳并被处以重刑。而斯派塞想方设法帮他们洗罪，以致最后他们不仅幸免了牢狱之灾，居然还重新归队！

1995年，跟众多退伍的英国特种部队官兵一样，斯派塞离开部队投身雇佣军行业。受著名的南非战略资源公司影响，他创立了自己的桑德莱恩公司，并在巴布亚新几内亚签订了第一份合同。表面上是负责一大型铜矿的安全工作，其实是平息那些反对英国财团破坏当地环境的人民起义。

此后，斯派塞又来到塞拉利昂，正逢非洲大陆最血腥的内战之一。装备精良的斯派塞部队不顾联合国的禁运令，向当地输送武器并在必要时奔赴战场。

此事被公之于众后引起了轩然大波。曾或多或少与桑德莱恩公司有过往来的托尼·布莱尔政府遭到牵连。但狡猾的斯派塞居然出书歌功颂德，吹嘘自己在当地向人道主义机构提供援助。总而言之，他必须得让自己摆脱这种恶劣形象，而这跟那些在非洲或其他地区打仗并服务参与犯罪的雇佣兵脱不开干系。为了息事宁人，斯派塞在1999年解散了桑德莱恩公司。不过这只是为了他随后创立一个接一个的新公司做铺垫。从今以后，他就只有被人尊敬的份儿了！他聚拢了几个英国军队元老，甚至还有美国前总统罗纳德·里根的顾问。不幸的是，后者曾是伊朗门事件的主使之一。

很难就此罢休的斯派塞又把目光转向伊拉克这片私人军事公司的新乐土。自打入侵伊拉克以来，私人公司间的竞争就非常激烈，所有人都想分到一杯羹。斯派塞的英国公司并不起眼，毕竟其他大部分公司都是美国公司。然而，在艰难的开始过后，斯派塞和他的新公司“安吉斯”大获成功。2004 年的费卢杰惨剧后，盟军参谋部认为有必要协同所有私营公司以加强保护。斯派塞的安吉斯公司一举脱颖而出，负责保护所有在伊私人公司的外出和行动安全。

斯派塞给所有车辆都配备了恐怖袭击报警系统，还构建了旨在援助受困人员的快速反应部队网。他总共调动了 1400 人，包括曾在英国特种空军部队服役的士兵，也有著名的印度和尼泊尔廓尔喀雇佣兵。这支军队是伊拉克最庞大的武装力量之一。

与此同时，一直致力于改善形象的斯派塞又创办了一个基金会，交由一个前伞兵团神父管理。基金会旨在面向伊拉克民众开展医疗、卫生，甚至重建方面的小型援助计划。但斯派塞不会广善布施却毫无所图：他和其他私人公司老板所虎视眈眈的，是一个比战争本身更加庞大的市场——维护和平！

乔治·亨利·布里塞·德瓦隆在其书中[1]讲道：

这些冠以私人军事公司名义的慈善活动和慈善基金的创立，实际上是私人军工业这 20 年来始终坚持实施的“渗透”政策，在当时初见成效。而联合国维和行动一直是私人军事公司的宏伟目标，只有这样才可能获得长远的发展。公司高层非常清楚，企业通过在人道主义领域的定位，有助于其存在的合法化。安吉斯不是唯一摆出资助者姿态的公司，从 2003 年起不断壮大的“三叶丛林”公司也企图占据市场的一席之地。

1《伊拉克——雇佣兵的世界，私人军队取代美国部队》，法国 Favre 出版社，2010 年。

这样一个道德合法的事业有利于改善私人部队几乎负面的形象，也可以帮助联合国决策者扫除心理障碍。

为了更好地解释私人军事公司能以如此特殊的方式发展的缘由，我们得追溯到小布什第一届总统任期的初期。当然，我们不能否认比尔·克林顿对此事的推动。甚至在更早之前的越南战争阶段就已初露端倪：五角大楼准许雇用7500名平民执行后勤任务。而克林顿当政的八年中，允许美国私人公司与外国军队签署合作协议。另一方面，当时美国国防部已有部分职责外包。国防部负责人在当时预计，这种私有化能够节约大笔财政开支，尽管这从未得到证实。

20世纪90年代，国防部有10万多名联邦公务员转入私人公司，成为军工联合业的雇员。这种人事动迁则随着小布什入主白宫而变得更加声势浩大。

2001年9月10日，也就是“9·11”惨剧发生的前一天，国防部秘书唐纳德·拉姆斯菲尔德发表定调言论。在面向国防部和军事行业的几位政要的演讲中，他花了大篇幅抨击美洲的新敌人。他说，苏联解体后，危机转向内部。我们的新对手就是国防部的官僚主义！他还直言道：“我并不是想要打击国防部，我是要解放它！”

拉姆斯菲尔德的理由很简单：为了保证良好运转，五角大楼应该借鉴私企的运作方式，顺便趁机削减员工数量。而次日发生的“9·11”恐怖袭击则印证了他的观点，因为那些“无所不能”的情报机构——无论是军用的还是民用的，都没能预料到此次事件，更没能保护美国！

这样一来，拉姆斯菲尔德鼓吹的私有化进程便顺理成章地被加速推进。在白宫，拉姆斯菲尔德得以依靠布什安排的鹰派支战者，而最具影响力的，就是副总统迪克·切尼。后者掌管着哈里伯顿石油公司，刚刚发财。这个石油巨头旗下也建有自己的雇佣公司，而切尼没少推波助澜。他之前的公司大肆掠夺，捞走了伊拉克大选期间军队供给中相当可观的一部分，以及几百亿的合同金。

对于所有意图涉足传统军队任务的公司来说，“9 · 11”简直是就上帝的恩赐。不过同时它也带来了更危险的因素。早在美国世贸大楼恐怖袭击发生之前，布什和他的手下就打算将萨达姆 · 侯赛因作为罪魁祸首。为了说服美国舆论，执政党想尽办法编造了一个弥天大谎，称这位伊拉克独裁者持有大规模杀伤性武器。为了让阴谋得逞，并让谎话听上去更有说服力，白宫就需要借助情报部门。不过中央情报局对此却不以为然，他们对大规模杀伤性武器的存在抱有相当的质疑。要避开障碍，国防部计划建立一个内部独立的间谍网。这个同中央情报局抢饭碗的组织，雇用了部分私企人员。这就是外包机构——“特殊计划办公室”，其主要任务就是筹备白宫鹰派的活动计划并使其合法化。

主战派或新保守主义者从此有了全权为其效力的机构，而这同样有助于削弱军事情报对那些盲目相信中情局的统领的影响。最后一点很重要：“特殊计划办公室”不受国会管控，后者的吹毛求疵让人避之不及。最终，美国国务卿科林 · 鲍威尔才能在联合国大会上诚恳地拿出有关萨达姆在伊持有大规模杀伤性武器的彻头彻尾的伪证。

2003 年入侵伊拉克之后，私人军队在悄无声息地发展。他们早在联军士兵进入伊拉克之前就有所动作了。在科威特沙漠进行袭击部署工作时，一些私人军公司就开展了士兵集训，甚至还有调度演习。同 1991 年的第一次海湾战争相比，这是一个名副其实的转变，当时的民兵还只占总人数的百分之一！

除了要在思想层面让私有化得到认可，最主要的目标就是挣钱。换句话说，要让兄弟企业家获得更多的利润。也要考虑到一些实际因素：在入侵伊拉克的筹备阶段，许多将领都反映军队的调配人数不足。五角大楼拨给他们 135,000 人，但他们还想要更多。而这既不是为了击垮萨达姆军队，也并非是为控制进攻失败后的局面，以防万一。

如果说军队首领总是表现得更加贪婪，比如刚刚提到的，那么接下来的事便能证实这一点。然而由于美军刚刚投入到阿富汗战争，所以政府没办法满足他们。而要派遣额外的士兵，就得从后备军中调遣更多人。深受越南战争影响的美国民众是断然不会接受的。或者征召更多的外籍士兵，就像第一次海湾战争中的多国联盟一样。

第二种设想并不讨好新保守主义者，因为他们并不愿意共享指挥权。他们希望用自己的方式操纵战争，不去担心联军插手他们的好事。可他们仍然接受了英国士兵，毕竟当时英国首相布莱尔和布什完全处于一条战线。至于那些最终还是加入美国联军的士兵，都来自美国的盟国。

这种情况下要弥补士兵人数不足，雇佣兵是个不错的选择。更何况这与外包部分军队任务的初衷相吻合。

这样一来，美国军事历史上首次出现了战争自给自足的局面。通过将部分军事领域的职责交由私人士兵承担，战争的筹款也得到了私有化——军工联合体将部分利润再次投入了战争。然而话说回来，埋单的其实是美国民众！正如最出名的新保守主义者之一、拉姆斯菲尔德的助理保罗·沃尔福威茨承认的，所有有关战争的费用都会从“收入”扣除。这“收入”就是联邦的预算！

最后，对于布什和其盟友来说，这种机制有个巨大的好处，即有利于摆脱著名的“艾布拉姆斯信条”的束缚！艾布拉姆斯是越南战争后期的美军将领，他曾说到，政府没有民众的支持是不能投入战争的，这就要求美国两院达成一致。而私有化则可以跳过议员投票表决这一步，无须他们同意。

有些政治家，尤其是民主党人士，已经意识到了私有化的危机。例如 2008 年希拉里·克林顿在大选初选阶段，就揭露了军队日益发展的外包现象。她力争要结束这一切。而现如今作为国务卿和美国最具威望的人物之一，她并没有在这方面有所作为。在出访阿富汗期间，她甚至还接受雇佣兵的保护，而几个月前她还在发表言论攻击后者。她卸任后，一切似乎都回不去了：塔利班战争期间，美军极其依赖这些私人公司。这种表现实在是太过明显，以致有些观察家称之为“瘾”，跟吸毒者一样。

在交通运输、物资供给，甚至美国机构的安保方面，美军已完全落入私人之手，其中很长一段时间都由黑水公司的创始人管理。如今43岁的埃里克·普林斯是一名汽车加工领域企业家的百万富翁继承者。家族信奉基督教基要主义，很自然地与共和党中最保守的势力走得很近。年轻的小伙子身上带有政治和宗教的烙印。尽管之后皈依了天主教，他始终把自己当作一名斗士，时刻准备抄起武器反抗恐怖主义和伊斯兰教。

1992年，年轻的他加入了美国海军特种部队，这是埃里克真正向往的。他被派往海地、中东、波斯尼亚。1996年，得知父亲过世的消息后，他不得不放弃军事生涯继承家业。可他对汽车加工业不是很感兴趣，很快就以十多亿美元的价格出售了家族企业。

然而普林斯并不打算坐吃山空。他在北卡罗来纳州购置了一大片地，那一片地被当地人称作“阴森不毛之地”！这位曾经的精兵用这潭水的颜色命名了他的第一家公司——“黑水”。这一带极为偏僻，是普林斯建设训练场的绝佳场所，比如给武警部队或私人民兵。在美国这样一个过分热衷军火的国度，存在着众多射击或体能训练的小团体，以备不时之需……

这些带有阴谋主义色彩的举动，对这个被指责想要统领、干预一切的联邦政府来说颇具敌意。必须要有能力抵抗这样的政权，甚至借用武器，不能让它毁灭所有极右派斗士的自由。

在这片土地上反革命训练相继展开，诸如模拟公开格斗或战争格斗。不过“9 · 11”事件之前，这些基本只停留在民间。当时普林斯已经在治安部队担任将领，甚至在一些特种部队官员中小有名气。“9 · 11”发生后，美国白宫并不隐瞒其欲打击塔利班分子和萨达姆 · 侯赛因的想法。那么在这种背景下，埃里克 · 普林斯自然会受到青睐。因为美国需要他这样的人士，既能组织领导，又可以训练军队。

一切都发展得很快，更何况他早就有些关系。首先是他曾服役三年的海军。2000 年美国科尔号驱逐舰在也门海域遭到基地组织袭击后，美国海军找到普林斯，让他给海员进行反突袭训练。

普林斯很快同美国中央情报局建立了联系。甚至黑水公司都可能是应中情局而成立的。这些都在意料之中，就算普林斯一直为自己辩白，但都不能隐瞒其中情局雇员的身份。

2002 年，普林斯签订了第一批大订单。当时的美军参与了北约“持久自由军事行动”，出兵阿富汗，意图捣毁基地组织，围剿塔利班分子。美国政府委托黑水公司保护位于阿富汗喀布尔的中情局司令部总部。这是第一份 500 万美元的合约。而这只不过是开始。联军军队侵占伊拉克后，普林斯又将目光转到伊拉克。他又一次借助中情局执行官揽下了一个肥差——保护美国首席行政官保罗 · 布莱默的人身安全。

尽管 2004 年发生了费卢杰惨剧，对普林斯来说前景仍是光明的。黑水公司相继被指派了其他安保任务以及负责美军前哨岗位的供给。公司业务就此大幅度增长，并招募了更多的雇佣兵，配备了极为昂贵的武器装备——大型 4 × 4 轮式装甲车、直升机、飞机，甚至还购置了无人驾驶飞机。

黑水公司的雇佣兵都是高度武装的。这同时也给了他们肆意横行的资本。除了尼苏尔广场射杀平民事件，黑水雇员还同恐怖分子，或者说是其眼中的可疑分子进行了大大小小 195 场短暂交火。这些雇佣兵素有

“开枪不眨眼”和“宁可错杀，不可放过”的“美誉”，而80%的情况都是他们先开火。

这些老兵大都有过战争经验，他们不仅仅负责后勤。至少在纳贾夫，在同美国士兵一同对抗伊斯兰教什叶派教长穆克塔达·萨德尔拥护者的激烈战斗中，我们看到了前所未闻的画面：一些黑水的雇佣兵居然在向美军士兵发号施令。

普林斯的事业似乎凌驾于法律之上。不过好景不长。这些超武装的准军人将目光愈来愈多地集中到伊拉克百姓身上，后者对他们蔑视、傲慢和侵略性的态度忍无可忍。一位美国记者这样写道，这帮人出动时都拿武器当喇叭用！后果是恶劣的。这些暴力行径让伊拉克民众对占领军队的敌意越发强烈，而他们原本是来解放伊拉克的。

可伊拉克民众根本分不清雇佣兵和正规兵，在阿富汗也是一样。不过要到2009年，黑水公司才被巴格达政府吊销了经营许可，并入了美国政府的黑名单。自那以后，普林斯带着他的公司和妻儿移步阿布扎比。他需要改变，至少外表一定要改头换面！

杰瑞米·斯卡希尔在其2008年法国南方文献出版社出版的《黑水内幕：私人保安公司如何崛起为世界最强大的军事公司》一书中这样讲道：

公司的标志要更能让人感到平和：之前卧于神枪手瞄准线上的一只熊掌，现如今换成了两个半球形状拼接成的一只熊爪，世界地图的轮廓让人隐约联想到联合国的徽章。重整后的网站鼓吹构建一个“公平、创新与和平社会”的愿景。而员工则以“世界稳定的维护者”的形象被展现出来。普林斯还接受了一系列采访，大多数都是些阿谀奉承、没有判断力的业余记者。他用自己的那一套推销公司，说什么是“军队爱国的深层表现”。2007年12月1日，更是上演了系列形象推广活动中离奇的一幕。黑水公司的伞兵背着国旗和公司颜色的降落伞，在既非巴格达亦非喀布尔，而是圣地亚哥米逊古高通体育场上空从天而降，正值美式橄榄球圣地亚哥州队对杨百翰大学比赛中场休息时间！

黑水的暂时隐退自然使它流失了一部分订单，主要是在伊拉克的业务。取而代之的是另一个私人军事公司。人们这才知道，普林斯的公司在承接安保任务期间每年获利达 10 亿美元。

已经深深扎根阿富汗的黑水公司换了个全新的称呼“Xe”。不过招募雇佣兵的负责人依旧没变：是智利军事独裁者皮诺切特国民警卫队的一名退伍军人。

在征兵问题上暴露出了埃里克·普林斯业务中棘手的一面。一般来说，当地人或南美人的佣金是美国白人雇佣兵的十分之一，后者每天最高可拿 1000 美元。不过平均来讲还是 500 美元。所以得让那些参与外部军事行动的正规美军士兵得到数目相近的工资，因为算上奖金的话，中士每天只能拿到 150 到 200 美元，这几乎仅仅是雇佣兵的三分之一。

这种差距让我们更明白，为何雇佣兵和其他人关系不太和谐。侧面看来，让军人离开部队加入私人公司的，是传说中这高额的佣金。然而话说回来，二者所要承担的风险也不尽相同：比如 2007 年，平均每周就有 9 名雇佣兵死亡。这个数字比联军军队所有死亡人数的总和还要高出许多。原因很简单：雇佣兵的职责不得不增加他们出行的频率和距离。这样一来，他们受到攻击的风险也会提高。但这一点构成了私人军队饱受争议的方面之一，因为惨重的人员死亡一般是无人知晓的。他们不被计入美军士兵死亡人数，也就不大可能引发美国民众的复杂情绪。而这些雇佣兵完全是被当作炮灰罢了！

对于美国政府来讲，这是私人军队的另一大优势。死亡人数的保密也让他们有更充足的理由同私营公司继续合作。

要知道，黑水公司的业务不只局限于伊拉克和阿富汗，这方面所有雇佣公司都一样。在高加索地区也会见到保护从里海向土耳其运输石油的巴库-第比利斯-杰伊汉（BTC）输油管道安全的黑水员工。但有一事更加不可思议，就是2005年卡特琳娜飓风席卷新奥尔良市过后，黑水公司的武装人员居然也出现在该市的大街小巷。普林斯为了宣传公司，向新奥尔良市派遣了雇佣兵以维护治安和打击抢劫。他觉得这么做只会往他脸上贴金！

如今，黑水公司与其分公司组建了一支2.3万人的军队，介入到十多个国家，每年有15亿美金的公共合同。这些合同一般不采用招标的形式，交易完全是在暗地中进行。这就能解释为了绕过招标这一步，为什么普林斯创建了那么多分公司：当达到规定的合同数目上限时，美国政府会强制多个公司参与竞争。普林斯就是利用这一办法进行合同分割的。

在伊拉克获得一席之地后，黑水公司将其部分业务转移到了伊拉克。尽管它易名换标，但它并未放弃它旧日的行当。2009年5月，黑水某分公司的四名雇员对一辆汽车一通扫射后，导致一死四伤！其员工再次以同样的傲慢示众，如同在伊拉克一样，遭到众人唾骂。而这必然引发了民众对北约士兵的憎恶之情，他们常被看作是外来入侵者。然而这帮人到那儿本就不是为了积德行善让人爱戴的。他们从不做无用功：来阿富汗就是为了挣钱！只是为了挣钱！由此导致的恶劣后果就是，这些根本不是什么渴望为和平而奋斗的人士，都是战争的寄生虫罢了！

黑水公司，即“Xe”在阿富汗负责警察培训，与此同时另一个私人公司承包了阿富汗国家军队的培训任务。而给这支军队制定军规的任务则落到了第三家雇用公司手中。这可是一张两亿美金的大单啊！

让私人公司起草国家军队的军规已经够让人吃惊了。可更让人费解的是，所有这些涉及培训的合约都未附有任何时间限制。所以这些人完全不用着急完成任务。而这让人有种可怕的猜测：要是任务圆满完成，他们以后就会变得一文不值。也就不得不跟摇钱树说再见了！

玛丽·多米尼克·沙利叶，前阿富汗援和国际部队指挥将军的政治顾问，在2010年2月的《法国世界外交论衡》中描述到：

“培训”是一个特别赚钱的领域。这些公司招聘、培训、安排了八位教师负责阿富汗军队的扫盲工作。而对利益最大化的追求驱使他们延长教育期限。很显然，阿富汗军队内在修养的提高并非迫在眉睫。在后勤方面也是一样，私人军公司垄断的另一大优势体现在，阿富汗技术人员的培训也没有规定时限。这样一来，拥有上千名员工的私人公司的金钱利益同国际部队的军事利益发生冲突：正如他们不想取得疾速成功那样，也不希望运转机制有过于突然的改变。私人军事公司必须能够干预热点事件，并在必要时调整行动和方针策略。

出于对金钱的考虑，这些公司不断拖延战事。但更严重的事情发生在2012年6月，美国参议院一位民主党人士约翰·特纳领导的委员会公开了一份报告，抨击那些在阿富汗的私人承包商，揭露了其军队在后勤链中存在的敲诈勒索和腐败现象。美国政府每年给一个拥有八家公司的集团拨款20多亿美元，后者负责保障运输车辆和供给的安全。为了完成任务，他们征用军阀举荐的阿富汗雇佣兵。我们发现，这些军阀通过这种方式可以高价供养自己的军队。其次，要是这些私营承包商拒绝付款或者试图压价，那么车辆就会默认遭到袭击。

这根本就是敲诈。简言之，就是要付过路费！事实上，这帮军阀暗地里与塔利班分子勾结，而后者必然会索要他那份钱，这就使得一部分本该用于保护车辆的资金落入塔利班之手。这就成了五角大楼在间接资助塔利班！

阿富汗总统卡尔扎伊表明，他决心终止这些权力的滥用现象。更何况他也清楚私人雇佣兵的暴力行径早就激起了民众对外国军团的敌视，他们自诩可以在这里为所欲为。因此，他想尽快吊销阿富汗境内英美雇佣公司的营业执照。然而卡尔扎伊真的能办到吗？他必须要事先获得联军指挥部的批准。而这对美国来说意味着其在阿富汗整个军事结构的重组。

不过话说回来，尽管卡尔扎伊是受美国扶持当上的总统，但华盛顿方面还是得照顾他，给他一点控制余地的。

私营军事公司并不非得卷铺盖走人。首先，有人在暗中搞鬼。卡尔扎伊表态的背后，隐藏了一个难以察觉的阴谋。他想要的，无非所有私人军事公司的阿富汗化，以此结束英美垄断的局面。鉴于已经存在一些阿富汗公司，这方面是可以实现的。这样的公司有十来个，通常没有许可证，而且有些就是军阀私人民兵的翻版。这些地方军阀在阿富汗呼风唤雨，连统治者都得让其三分，万事好商量。确保其忠诚的最简单方式就是给他们分配一些官方的职权，比如指挥当地警察等。这几乎是阻止军阀及其佣兵为塔利班效力的唯一途径。

但这不是最重要的，毕竟大部分阿富汗私人军队已在总统卡尔扎伊家族与其亲信的掌控中。私人承包商的阿富汗化会带来巨额财富，而这些会最先让卡尔扎伊一派有利可图。要是美国不希望军队断水断粮，就必须一直合作。

至于英美私营军事承包商，他们已经找到了解决方案：要么同阿富汗雇佣公司签署合作协议，要么投资入股。这样一来事情就了解了。由于英美已经征用了很多阿富汗雇佣兵，所以这些实施起来更加容易。另外，这些公司继续承担使馆或其他政府驻地的安保工作。卡尔扎伊自己的护卫队就是“Xe”即前黑水公司的分公司配备的。

上文中谈到的军事私有化还体现在另一个方面，即私人公司对情报领域与日俱增的影响和控制。

来看两个数据：2000 年，美国情报部门招募雇佣兵的预算是 170 亿美元。而八年后，这个数字达到了 820 亿！

如今，私人公司征募的雇佣兵分别占美国中央情报局和美国国防情报局特工人数的 50% 和 35%。也就是说，这些人百分之百会参与美国国家侦查局的间谍卫星计划。私营承包商简直无孔不入，甚至中央情报局每日向奥巴马递交的报告中，都留有私人雇员的撰写痕迹，而这些可都是美国的绝密文件啊！若是美国总统只根据这份报告就妄做决定，那着实是令人担忧。不过要了解雇佣兵盛行的趋势，还是要看过美国情报机构令人叹为观止的数量再做定论。最近一篇刊登在《华盛顿邮报》的文章指出，“9 · 11”恐怖袭击事件发生后，以反恐为由成立了 260 多个情报组织遍布全美。

然而随之而来的是非同一般的巨额信息量。尽管设立了协调部门，但根本不可能准确，特别是高效地完成信息的筛选处理。

这就构成了美国国家安全方面的缺口。国防部长罗贝尔 · 盖茨最近在确认指挥中心和情报机构的泛滥时才承认了这一点。

最后，这种极端的私有化真的能节省开支吗？这曾被小布什及其顾问在大选中提到过。可看来并未属实。事实证明，国家公务员比私人公司雇员的价格低四分之一。这是罗贝尔 · 盖茨吐露的，他同时还表示，业务外包是一个无底洞。

奥巴马入主白宫后进行了一些不起眼的改动。民主党政府宣布，预计两年内用于私人承包商的预算将削减 7%。而这在私有化中所占的比例中简直是九牛一毛。话说回来，新一届政权同这些军工联营无所不能的财团的关系是唇齿相依手足相连的。因此要终止职能外包是非常难办到的。而这些任务本该属于军队和官方情报机构的职责范围，且传统意义来讲是一个国家的最高权限，不得外包。

然而众所周知，进入伊拉克或阿富汗美军营地的哪怕是最小的东西都是由私人军事公司供给和运输的，他们又如何才能摆脱这种局面呢?甚至在巴基斯坦对塔利班基地进行的无人机轰炸大都是雇佣兵指挥的。

最后说明一点，如今的私人军团原则上是不招募作战部队的。但总有例外，且极其隐秘，并不为人所知。美国中央情报局拥有一支3000人的秘密部队，由“Xe”的分公司征募而来。这些受过战争洗礼且训练有素的雇佣兵负责追捕基地组织首领，并偶尔参与暗杀行动。而自从20世纪70年代的丑闻发生之后，暗杀行为在中情局是被严令禁止的。这就是为什么让私人承包商接手以避免直接参与。包揽那些官方部门不便插手的“脏活”，而这不正是私人军事公司的最大优势吗?

22 阴谋幻影

有这样一群人，他们觉得阴谋无处不在，一切都是阴谋！我们将其称为阴谋主义者，抑或是阴谋家。他们尤其充斥在美国，而“9 · 11”恐怖袭击事件的发生让这种趋势愈演愈烈。对他们来说，每场事件的背后都有隐形的手在暗中操控。

而古老的欧洲也未曾置身事外。正是在18世纪的欧洲诞生了阴谋的概念。如今，阴谋论在这片土地依然有着一席之地，看看诸如丹 · 布朗的作品和他的《达 · 芬奇密码》，或是热播的电视连续剧《X档案》就知道了。再者，若飞碟派是被操纵的，那么那些对外星人存在于地球深信不疑的人则更是如此！正如鲍威尔斯和贝尔吉耶在他们的著作《魔术师的早晨》中断言的：外星人不仅造访过地球，还培养了一批资深的行家。

这样看来，阴谋主义学说并非新兴。是不是这些阴谋论者、幻影的缔造人本身就是阴谋的始作俑者，意图制造恐慌，摧毁坚定的信念呢？

对一个富有洞察力的观察家来说，能让其陷入险境的有两种事物：体系化的批判思想，以及它的对立面——无知的罪恶。人们可以不相信阴谋论者和专门散布诸如“艾滋病病毒出自美国中情局实验室”之类的假情报的人，但却不得不承认，德黑兰美国人质事件中的确有里根的亲信在“运筹帷幄”，旨在为了里根能在大选中击败吉米·卡特获胜而助其一臂之力。

那么，这个如今大获成功的阴谋论又是从何而来呢？先决条件就是，这种学说不仅能得到疯人狂者的推崇，连众多领袖也对此深信不疑。罗纳德·里根就是他们中的一个，他曾向戈尔巴乔夫提出在面临外星人威胁时合作抗敌的主张。他甚至还在联合国大会上重提此事并做了如下总结：“你我之间难道不存在这股外来势力吗？”听他这样说，莫非是掌握了地下情报？可既然如此，他为何没多说？

如果说现代的阴谋论打上了美国的烙印，那先驱和启蒙者就要追溯到法国的巴鲁尔神父。在 18 世纪末出版的一部作品中，巴鲁尔神父奠定了阴谋学说的基础，阐述了被阴谋主义者沿用至今的所有观点和论据。为了圆他的假说，他用法国大革命做例子。在他看来，18 世纪末发生的这场重要事件是长期密谋的结果。而共济会会员和神秘的巴伐利亚“光明会”才是这场反基督阴谋背后的主使，意图推翻欧洲所有君主政体。

作为一个欲在文化和哲学方面有所建树的秘密团体，“光明会”的存在是毋庸置疑的。特别是在宗教上，它极端反对耶稣，而巴鲁尔正是其中一员。如此才有了他的大揭秘。

无论如何，巴鲁尔给予“光明会”的比后者自己能够做到的多太多。然而就算法国大革命让一些人如愿以偿，它跟“光明会”也没有任何渊源。

尽管如此，运动的序幕已被拉开。在随后的整整一个世纪里，无数持有阴霾和不祥思想的作者传播延续着这一思想的火种。20 世纪初诞生于俄罗斯的《锡安长老议定书》内容颇为阴暗险恶，是阴谋主义文学的直接产物。沙皇间谍部门的建立，他们通过各种胡诌的文章企图向世界揭示犹太人称霸世界的野心。这部《议定书》被反犹人士广泛传播，首当其冲就属希特勒。当今的一些伊斯兰国家仍在兜售这种谣言，甚至推波助澜。大多数阴谋主义者同时也是反犹派，而这种意识形态完全是极右思想。

简单来讲，这类人对历史的解读几近偏执。他们总感觉自己被威胁被利用，深信存在着一个高级精英组织，暗中主导一切，破坏自由。这也解释了为何他们中的一些人总有被包围的感觉，并在必要时拿出武器对付警察。他们眼中的警察就是为世界霸权效力的。而这种视角自然而然地被应用到了绝大部分事件上。最悲惨的就是世人皆知的纽约双子塔恐怖袭击，在他们看来，这是犹太人、金融寡头甚至军工联合业阴谋的得逞。

接下来还要谈一下戴安娜王妃之死，这是近年来蹊跷的死亡案件之一。而其影响具有极端的危害性，各种说法都是把既定的事实同彻头彻尾的猜测杜撰搅在一起。

话说回来，阴谋主义在法国诞生后，鼓动了19世纪末众多反犹刊物的出版发行。后来，法国流言四起，联合政体的说法被四处传播。据说这是一个秘密团体，召集了权贵、巴黎综合工科学校学生和一些高官。这些才是真正握有实权的人，民主只不过是个绝佳的用来掩人耳目的幻象罢了。尽管我们不能否认某些巴黎政治学院学生或精英院校毕业生的确存有等级观念，但这件事纯属捏造。不过没人将这个联合政体同另一个真实存在的组织联系起来，它就是“三边委员会”，一个集结了几位世界巨头和权贵的隐秘组织。这样一个以交流和思考为目的的团体，硬是被夸张成了统治世界的工具。同样，名字颇为诡异的半秘密组织“骷髅会”则汇聚了美国耶鲁大学的毕业生。阴谋主义者又将其曲解为巴伐利亚“光明会”的东山再起。可实际上，这只不过是以中学生的形式展现学生的情谊而已。当然，从中也走出了众多美国总统和领袖。

可这仅仅是因为耶鲁是顶尖学府。

这些都不妨碍阴谋主义具有相当实用的一面，尤其当人们对事情缺乏解释或是难以接受甚至质疑它们存在的时候。伟大的安伯托·艾柯经典地总结道：当人们不再相信上帝时，就已经准备好了相信一切！丹·布朗的成功便源于此：他将锡安隐修会、雷恩堡宝藏还有墨洛温王朝基督血统等故事混杂在作品中，仅仅是为了唤起人们心中沉睡的对未知事物的新鲜感。

信奉阴谋论最多的国度当属美国。而其中很多人都是美国公民，他们相信有人在密谋建立世界霸权，有些人甚至认为这个凌驾国家之外的组织已经存在。这种信仰招致的后果非常严重：一些邪教组织由此产生，他们通过自省的方式逃离高层政权的管束，却时常以悲剧收尾。例如在圭亚那，一位美国教主将900多名教徒引入了死亡的深渊。还有在得克萨斯州的韦科发生的大卫教派血腥惨案。事件起源于另一位“预言家”大卫·考雷什，他自诩为耶稣转世，同50多名全副武装的成年人生活在得克萨斯州偏僻且严防固守的“天启”牧场，以及20来个孩子，大多是大卫的，因为只有他才有权和女人发生性关系。一天，就在联邦政府打算查验他们的军火库时，教徒们迅速开火，几名警察当场死亡。于是在用了几天时间将牧场包围后，联邦调查局打响了致命一击。大火吞噬了整个牧场，所有人都在火海中丧生。不过可以肯定的是，一些信徒在火灾前就被枪击身亡了。那么开枪的无疑就是考雷什和他的副官。

法国记者和历史学家弗雷德里克·查尔皮耶在2005年布兰出版社出版的《阴谋之顽念》中写道：

2005年，寡头政权依然坚挺。世界大亨也还健在：不论是石油巨头、军火商、鲁伯特·默多克、比尔·盖茨，还是几家世界银行，较以往更加杂散地投资债券商、保险公司，或是大型医药集团。而阴谋论者仍借助惯用的伎俩从中牟利，提炼出相同的结论：寡头政治即富人政权之所以能够称霸全球，是因为民主根本就不存在，更不要说与民主有关的一切。民主仅仅是表象，一个假想的事实而已。导演奥利弗·斯通在他的电影《华尔街》中没有多说，但有这样一幕：一名玩世不恭肆无忌惮的证券商在反驳一个年轻有为充满抱负却突然迷茫的小伙子时说道："你不会天真地以为我们生活在民主社会吧？要知道在这里，2% 的人掌握着美国一半的财富。"

美国的阴谋论始祖当属这位林登·拉鲁什。这名年过 90 的加拿大籍老人的事迹说来话长。二战刚一结束他便踏入了政坛，加入了美国托洛茨基党。不久，以极左派为起点的拉鲁什便投转了极右派。他首先成立了自己的政党——国家工党委员会，企图进行暴力活动。20 世纪 70 年代初，他的妻子跟他的一个支持者私奔了，这让他颇为低落。然而他很快从灰暗中走出来，让他的团体变得更加强硬激进，并发动成员去对付那些"胆小怕事"的美国共产党员。

就是从这时起，拉鲁什慢慢暴露出他的真实本性：让这个拥有一千来人的政党散布着十足的宗派气息，到处都充斥着恐惧。他还强迫一些党员同家人和所有与活动无关的朋友断绝联系。摇身成为领袖的他开始演唱阴谋主义论调，并解释他妻子的离开若不是克格勃搞的鬼，就是中央情报局指使的！

拉鲁什还声称受到死亡的威胁，出行时必须要有卫兵保护！并要求党员研习兵法和武器操作。与此同时，他的思想发生了转变，和三 K 党一位高官勾结起来。这位新兴的"极左极右"人士又创办了一本杂志来扩散他的论断。人们能够读到他激昂澎湃的诗文和阴谋主义的谐语，但其中也不乏真实情报，且大都是绝密。也就是说，他消息灵通，并在地缘战略或地缘政治领域拥有可靠的情报来源。

1975年，拉鲁什去了巴格达。萨达姆·侯赛因庄重地接见了他。这着实让人匪夷所思，毕竟他只是美国一个弱小团体的头儿。在1976年参加美国总统竞选时他只获得了区区一票！

竞选的败北并没能阻止拉鲁什对获胜者吉米·卡特展开猛烈的抨击，他谴责后者是秘密精英组织实现国际阴谋的工具。他还趁机对其他政客横加指责，不论是美国的还是其他国家的。蒙代尔、基辛格、布兰迪，还有简·方达，都被他指为莫斯科的走狗。就连之后弗朗索瓦·密特朗当选法国总统时，拉鲁什还把他当作“给克里姆林宫跑腿的”！突如其来的彩虹勇士号沉船悲剧也被拉鲁什描述成是绿色和平组织在莫斯科指使下，上演了自行沉船的一幕。随后，他还谴责英国女王操纵世界毒品交易。而最后，他当然绝不会忘记揭露那些犹太银行家以及诸如洛克菲勒这样的世界巨头。

尽管有着这些狂妄偏执的想法，但他还是扬扬得意于自身的威望。他的第二任妻子是德国人，他们在威斯巴登创立了“席勒研究中心”，并办了一本名为“Fusion”的科学杂志，大量普及核知识，并以资深专家的身份谈论经济和策略问题。

1980年罗纳德·里根当选美国总统后，拉鲁什开始向共和党靠拢，并在白宫的顾问中寻觅到了倾听者。特别是其中有一位还是美国国家安全理事会的成员，而美国国家安全理事会是总统身边相当有影响力的机构，在华盛顿也非常有权势。他之所以会听从拉鲁什，是因为后者时常在他的阵营中拾到“金子”——获取到可靠情报。这样一来，不久之后拉鲁什便有资格声称，里根总统部署美国战略防御计划的决策与他有着千丝万缕的关系，也就是我们俗称的“星球大战”。

这些极其保守的共和党人和拉鲁什之间着实达成了思想上的默契。他们把他引荐到美国政府最机密的部门——情报局。他的杂志中出现了越来越多的部长或是国会要员访谈。拉鲁什运筹帷幄，利用个人团队搜集了众多重要情报，而这些让他一跃成了白宫难能可贵的得力助手。朋友们的圈子因他而扩大。威廉·克拉克很快和拉鲁什成了朋友，这名纯粹和强硬的保守派是里根最亲近的合作者之一，也是后来里根内阁的国务卿。

有趣的是，阴谋论中的字眼也落入了里根口中，比如“邪恶帝国”！这个将苏联称之为恶魔的概念似乎是从拉鲁什口中脱口而出的。也许这就是事实。

拉鲁什就这样潜入民主党，投入这场名副其实的阴谋中。但作为一名曾经的托派分子，他很清楚打入敌人内部意味着什么。连任时的里根政府好景不再。也差不多在这个时候爆发了“伊朗门”丑闻。里根似乎觉得是时候该清理门户了。拉鲁什从中嗅到了火药味儿。另外，里根进行改组的同时，阴谋主义也在白宫失去了靠山，例如克拉克就没能留下。而拉鲁什失信的另一个原因就是，他被法庭盯上了。

法国保卫家庭和个人协会全国联合会总结道[1]：

1. 拉鲁什自称是21世纪最伟大的思想家、哲学家、政治家、智者、经济学家和音乐家。他将自己与毫无争议的伟人同日而语，比如马丁·路德·金、西奥多·罗斯福等。

2. 这位“伟人”宣布一场史无前例的经济危机即将到来，而只有他才有“解药”。

3. 他是这样对年轻的成员介绍自己的可靠性的：“拉鲁什从未出过错。”

---

1 这个反邪教组织很关注林登·拉鲁什组织的法国分支，即雅克·舍米纳德领导欧洲工人党，他曾多次参与总统竞选。在谨慎仔细地研究了拉鲁什在网站发表的文章后，法国保卫家庭和个人协会全国联合会得出这些结论。

4. 其追随者的网站到处都是这位“伟人”的文章，就是为了制造其举足轻重的假象。新兴的拉鲁什主义者认为，一切宣传都是面向世界的，因为一个“伟人”应该让他的思想得到传播。这也是他们每天上街要做的事。

5. 新生的拉鲁什派只有一种评价标准，即拉鲁什。所有外在的都被妖魔化，特别是父母和朋友，以及一切没有受到拉鲁什“洗礼”的艺术、科学和政治观念。

美国司法部门对拉鲁什组织的资金供应来源提出质疑，因为单靠信徒的钱是无法满足公司运转的。另一方面，远离政权核心使得其结余所剩不多，几个大订单都被终止。拉鲁什因此不得不另谋财路。

20 世纪 80 年代中后期，他第一次被怀疑诈骗。但由于诉讼期限过长，他逃过此劫。不过不久后他便重操旧业，用的是邪教，甚至是一些激进政治党派惯用的伎俩。这伎俩不是别的，正是利用已不具有完全判断能力的老人骗取其遗产。而对于拉鲁什这样一个帮派首领，他懂得该如何做才能说服这些弱势群体在遗嘱中写上他的名字。想必他甚至还打算给这些建立一套系统。他的一位法国竞争对手也是这么做的。

而接下来的一件事让拉鲁什被重判了 15 年的有期徒刑，在狱中度过了 5 年时间。他自然会怒斥这是场阴谋，指控是亨利 · 基辛格设计陷害他。

尽管这份判决让拉鲁什名誉大损，但拉鲁什依然继续着他的勾当。口口声称民主派的他又参与了 1992 年的美国总统竞选，同样落选。接着是 2002 年。前前后后他总共八次作为候选人参与竞选。这种顽固的做法并非像看上去那样毫无意义：每次他都能阐述自己的观点，并深入发展他的阴谋论幻想，虽然这时常近乎怪诞。举一个例子：在一篇文章中，拉鲁什声称1986年时美国政权曾试图谋杀他。军队和装甲车封锁了报纸厂，上级在最后一刻下令取消了行动。之所以要扫除他，是由于他“所谓地”卷入到刺杀瑞典首相奥洛夫·帕尔梅的行动中。美国同戈尔巴乔夫达成一致决心惩处他。苏联首领也想借此机会向他报仇，因为是他向里根总统提出了星球战争的倡议。

这种诳语来自一种迫害心理。不过还是要承认，这样一个拥有才华和魅力的男子依然吸引着一些人物，例如劳伦特·穆拉维奇。这位定居美国的法籍新保守主义分子是一个重要智囊团的成员，第二次海湾战争时极其活跃。他与拉鲁什合作了8年，可当他最终醒悟时，已悔不当初。另一位同拉鲁什非常亲近的法国人就是雅克·舍米纳德，他同前者一样，多次参与总统竞选。这说明他收集了至少500个选民签名。对欧洲工人党，也就是不久后的团结进步党，这样一个微不足道的政党首领来说，这是一场辉煌的胜利。其举动同他的政策纲领一样含糊不清：揭发了金融寡头，向饶勒斯亡灵求助，并打着柯尔贝尔和戴高乐的幌子宣扬基督教社会主义。

他毕业于国立行政学校，最初是名高级公务员，直到在纽约做商贸顾问时遇到了林登·拉鲁什，他立即辞职并担任了拉鲁什的欧洲代表。舍米纳德还在席勒研究中心主持了多年工作。他避免传播拉鲁什阴谋论的妄言，而只是想在全球金融体系内倡导一场迫在眉睫的改革，或揭露全球化。但他从不错过任何机会颂扬拉鲁什的美德和他的视觉高度。

然而，拉鲁什派也有着更厚黑的一面。比如这样一件事：2001年，一名英国犹太学生来巴黎索邦大学求学。这名被称作杰瑞米的年轻男孩同“团结进步党”的一位成员会面后，便立即动身去了威斯巴登，加入了席勒研究院。几天之后，他给一个法国朋友打了个奇怪的电话。

他听起来非常恐慌，发现了一些不为人知的秘密。紧接着就传来了他的死讯。根据警察的初步报告，他匆忙离开住处跑了近5公里后，被一辆汽车撞翻，最终被另外两辆车结束了生命。可不管怎样，他的家人和朋友都对警察给出的自杀论断提出了明确的质疑。

拉鲁什虽然是最具代表性的阴谋论者，但美国绝非仅此一人。恰恰相反，这似乎有与日俱增趋势。

历史上最古老的阴谋组织是一个名为约翰·柏奇会的反共激进团体。艾克·艾森豪威尔就曾是其中一名共产党联络员。还有尤斯塔斯·穆林斯、理查德·斯普拉格、米凯尔·罗伯特、安东尼·萨顿等。众多人在联邦政府中总能发现敌人，意图阻碍他们同世界政权进行勾结。除此之外还有深信罗斯威尔事件的飞碟派：一艘外星飞船坠毁时生还了一名外星人，发现后立即被空军抓去进行鉴定。士兵们对此次发现的相关事宜都三缄其口。而美国报刊和舆论总会时不时地拿它来做文章。

阴谋论者相对巧妙的一点就是抓住事实的冰山一角去编织他们的幻想，正所谓无风不起浪。

然而，自掘坟墓的情况也偶有发生。就曾有人们口笔相传，说反共的拉鲁什的真实身份是苏联克格勃探员。这也说明了为何苏联解体后他会一度陷入困境。这还真是让人大开眼界！

弗雷德里克·查尔皮耶：

（在作者看来，2001年的“9·11”事件对阴谋主义者来说是天赐良机。下面是作者的解读。）

2001年12月21日，拉鲁什的亲密合作者杰弗里·斯坦伯格写下一系列有关驱逐五名以色列人的文章。这五名以色列人在哈德逊河畔拍摄火中的世贸中心大楼时遭到质问，随后于新泽西州被联邦调查局逮捕。在接受测谎仪审讯后被下令驱逐出境。此事经拉鲁什阴谋论解释